Clemens M. Hutter · Thomas Neuhold

SKITOURENATLAS
SALZBURG · BERCHTESGADEN
555 ROUTEN

Clemens M. Hutter · Thomas Neuhold

SKITOUREN ATLAS

SALZBURG
BERCHTESGADEN
555 ROUTEN

VERLAG ANTON PUSTET

Impressum

Bibliografische Information der Deutschen Nationalbibliothek
Die Deutsche Nationalbibliothek verzeichnet diese Publikation in der Deutschen Nationalbibliografie; detaillierte bibliografische Daten sind im Internet über http://dnb.d-nb.de abrufbar.

Coverfoto: Peter Mathis
Rückseitiges Foto (Niedere Tauern): Thomas Neuhold
Lektorat: Martina Schneider
Layout: Tanja Kühnel
Karten: Arge-Kartografie
Druck: Druckerei Theiss, St. Stefan im Lavanttal
Gedruckt in Österreich

ISBN 978-3-7025-0636-0

www.pustet.at

Inhaltsverzeichnis

1 Voralpen
(Flachgau und Tennengau nördlich der Linie Golling – Pass Gschütt)

2 Chiemgauer Alpen

3 Berchtesgadener Alpen

4 Gosaukamm – Dachsteingruppe

5 Tennengebirge

6 Hochkönig, Steinernes Meer
Loferer und Leoganger Steinberge

7 Grasberge (Dienten, Maria Alm, Saalbach, Leogang, Jochbergtal)

8 Pinzgauer Salzachtal Nord

9 Venedigergruppe Nord (Wildgerlostal, Krimmler Achental, Habach- und Hollersbachtal)

10 Felber Tauern – Venedigergruppe Ost und Süd

11 Stubachtal – Kapruner Tal – Fuscher Tal

12 Glocknerstraße – Glocknergruppe Süd

13 Rauriser Tal – Gasteiner Tal

14 Großarltal – Kleinarltal

15 Flachau – Radstädter Tauern

16 Schladminger Tauern

17 Lungau

18 Liesertal – Maltatal – Hafnergruppe

Der Weg in den Winter

„Närrischer Einfall"

„Alle echten Freuden im Leben sind Kinder der Unvernunft. Den Genuss des Schilaufens zum Beispiel verdankt der Mensch dem närrischen Einfall, an seine weichen Fußgelenke lange Bretter zu binden und dann aus Leibeskräften daran zu drehen, wobei der ebenso seltsame Umstand mitwirkt, dass das, was sich aus einem solchen Versuch notwendig ergeben müsste, in der Regel nicht eintritt."

Als Karl Heinrich Waggerl das 1957 schrieb, galt es als „zünftig", mit verleimten, möglichst steifen und 210 Zentimeter „langen Brettern" zu fahren. Sie kosteten umgerechnet 450 Euro. Und weil es Auslösebindungen noch nicht gab, behauptete manch Einer: „Lieber den Haxen brechen, der wächst eh von selbst wieder zusammen." Die elitäre Kaste der Tourengeher plagte sich mit diesen „steifen Böcken" trotzdem vergnügt durch den Tiefschnee talwärts. Denn die geradezu butterweichen Metallskier von „Head" kosteten doppelt so viel. Deshalb betreuten Skilehrer jeden amerikanischen Gast besonders aufmerksam – in der Hoffnung, dass er ihnen seinen „Head" billig überlasse.

Skivergnügen

abseits der Pisten erlebt auch dank hervorragender Ausrüstung einen Boom. Der stetig wachsenden Zahl von Tourengehern bietet diese verbesserte und erweiterte Neuauflage in Form eines Tourenatlas die Möglichkeit, durch ein dichtes Angebot in den Regionen und Tälern die Wahl zu erleichtern und sogar noch während einer Tour das Ziel zu ändern. Das geschieht durch Varianten, die Anfahrt und/oder Teile des Anstiegs mit einer anderen Tour gemeinsam haben.

Skivergnügen ist auch grenzenlos, weshalb dieser Skitourenatlas für das Land Salzburg und Berchtesgaden über die Landesgrenzen hinausgreift; und zwar dort, wo die Anfahrt dank Tauernautobahn oder Felbertauernstraße wesentlich verbessert oder eine Kleinregion sinnvoll abgerundet wird. Diese Erweiterung begünstigt auch die Planung von Touren-Ferien.

Gewiss könnten Geografen oder Geologen die Nase über die Zuordnung von Berggruppen rümpfen. Gleichwohl erleichtert das die größtmögliche regionale Übersicht der Tourenplanung. So ergibt sich das Ordnungsprinzip des Tourenatlas beinahe von selbst.

Die Beschreibung der Routen und die Ausschnitte der Landkarten beschränken sich auf die wichtigsten Anhaltspunkte, die dem umsichtigen (und mündigen) Tourengeher genügen.

Der Vorteil dieses Tourenatlas besteht darin, dass der Tourengeher seine Wahl aus einem breiten Angebot treffen kann und nicht im Voraus wissen muss, wohin er gehen möchte und welche Tour er im Internet suchen soll.

Die Grundzüge der Lawinenkunde im Anhang dieses Tourenatlas sollen den Tourengeher befähigen, sich im Gelände selbstverantwortlich und umsichtig zu bewegen.

Der Wald – ärgerlich?

Die wahre Skilust entbrennt in unseren Bergen erst jenseits der Waldgürtel, die zwischen 1200 und 1800 Metern verlaufen (können). In den Voralpen und besiedelten Alpenländern gehen Bauernwiesen und Almböden häufig ineinander über. Das sind willkommene Breschen im Waldgürtel. Allerdings fehlen solche Durchschlupfe, wo steile Bannwälder Schutz vor Lawinen bieten. Abfahrten sind nicht immer des Skivolkes Freude. Daher mag man sie als Beweis für jenes berühmte Wort werten, dass die Götter vor den Preis den Schweiß setzten. Dieser Tourenatlas weist den Weg durch die Wälder entlang der Sommermarkierungen. Doch das durchschnittlich gute technische Können der Tourengeher nimmt den Wäldern ihren „Horror". Also kann man sie als eine Art „Matura" für den Zugang zur „Meisterklasse" werten.

Vorausgesetzt

für die Sicherheit auf Skitouren ist: Orientierung – das heißt Beherrschung des Umgangs mit Landkarte, Höhenmesser (auch als Wetterbarometer) und Kompass.

Zur Planung der Tour ist die Information des Salzburger Lawinenwarndienstes im Internet www.lawine.salzburg.at unerlässlich. Der Blick in das Wetterpanorama von ORF 2 und Webcams in den Skigebieten bietet zusätzliche Anhaltspunkte für die Beurteilung des Wetters und der Schneelage. Stabiles Schönwetter ist Grundbedingung für Touren oberhalb der Waldgrenze.

Gegebenenfalls frühzeitig telefonisch Informationen bei Gemeindeämtern, Verkehrsvereinen oder Polizei über die Schneeverhältnisse einholen.

Gletscher sind keine Skiwiesen, auch wenn sie so aussehen mögen. Sie sind ausnahmslos mit Gletscherausrüstung zu betreten. Dazu gehört unbedingt auch die Beherrschung der Technik zur Bergung aus Spalten.

Verantwortlich

ist jeder Tourengeher für sein Verhalten und nicht dieser Tourenführer. Denn der umsichtige Tourengeher hat zu beurteilen, was kein Tourenführer leisten kann: Schneelage, Art des Schnees, Sonneneinstrahlung je nach Jahreszeit, Veränderungen des Geländes durch Schneeverfrachtung und den Grad der Lawinengefahr (dazu Lawinenkunde ab Seite 21).

Deshalb unterbleibt auch bewusst die Qualifikation der Touren nach Schwierigkeit – sie hängt nämlich auch vom technischen Können und besonders von der Beschaffenheit des Schnees ab, die selbst auf „ganz leichten" Touren sehr wohl lehrreich bis selektiv sein kann. Der Hinweis „schwierig" bezieht sich daher auf das Gelände.

Die angegebenen Zeiten (meist nur für den Anstieg) sind faire Richtwerte, die flotte Geher leicht unterbieten können.

Selbstverständlich

sind Tourengeher auch Freunde der Natur und nette Typen. Das unterscheidet sie von den Alpin-Rowdys und Berg-Lümmeln: Wald wird in Aufstieg und Abfahrt möglichst auf oder entlang der markierten Sommerwege oder Forststraßen durchquert (woran sich dieser Tourenatlas konsequent hält), um Schaden an jungen Pflanzen und Beunruhigung des Wildes zu vermeiden.

Aufforstungen mit Bewuchs unter drei Meter Höhe dürfen gesetzlich nicht betreten werden. Futterstellen für Wild sind durch eine Sperrzone von 200 Meter Radius geschützt. Öffentliche (und andere markierte) Wege dürfen allerdings durch Kennzeichnung einer Sperrzone nicht blockiert werden.

Zäune um Jungwald oder vor Geländeabbrüchen auf Almen sind keine Bosheit gegenüber Tourengehern. Vielmehr schützen solche Zäune Wald und Almvieh.

Touristenmüll aller Art – wie Dosen, Plastik, Essensreste, leere Tuben – entsorgt nur ein Ferkel in der Landschaft.

Dächer, Balkone oder Terrassen von Almhütten und Wochenendhäuschen sind Privatbesitz, also keine Sonnenbadestrände für den allgemeinen Gebrauch und daher nicht zu betreten.

Wer seinen Pkw auf dem Privatgrund anderer Leute abstellen möchte, ersucht selbstverständlich um Parkerlaubnis, andernfalls verdient er eine Klage wegen Besitzstörung.

Gelegentlich ist auch die Zivilcourage gefragt, um alpinen Rowdys, Lärmerzeugern und Müllabladern ruhig nahezulegen, sich zivilisiert zu verhalten.

Die gestreckte Tourensaison

In unseren Skibergen schlummern ungenutzte Reserven an Skitouren. Das sind keineswegs 300 oder 400 noch nicht beschriebenen Routen, die ohne besondere Mühe im Land Salzburg noch zu sammeln wären. Vielmehr sind das unsere gepflegten Skipisten in jenen Zeiten, in denen sie nutzlos vor sich hin frieren, weil noch nicht oder nicht mehr Saison und daher auch kein Rummel ist. So werden plötzlich ehedem berühmte und deshalb mit Liften erschlossene Skiberge wieder besteigenswert. Das eröffnet zwei neue Perspektiven: Der erste ergiebige Schneefall macht (besonders die sanften) Pisten gut befahrbar – und zwar umso mehr, je höher die Talstation liegt. Man kann also auf Pisten ansteigen und abfahren. Im Regelfall endet die Skisaison zu Ostern, selbst wenn immer noch Mengen besten Firns auf den Bergen liegt. Auf den wieder vereinsamten Pisten finden Skibergsteiger den niedergewalzten Sommer- oder Regenfirn. Im Gegensatz zum Frühjahrsfirn weicht dieser kompakte und „schmierige" Sommerfirn nicht mehr zu grundloser Sulze auf (sofern nicht Neuschnee darauffällt). Unter den verwaisten Firnpisten verdienen jene an Nord- bis Südwesthängen den Vorzug, weil sie nicht in der Morgensonne liegen.

Die nächtliche Sperre erschlossener Skigebiete ist unbedingt einzuhalten, damit Unfälle mit Pistengeräten oder gespannten Seilen unterbleiben. Wer diese Sperren missachtet, riskiert Strafen und nach Unfällen sogar saftige Kosten. Über die zeitliche Begrenzung solcher Sperren informieren die Seilbahngesellschaften.

„Geschwätz der Welt vergessen"

Seine Gedanken über den „närrischen Einfall" Skilauf beschloss Waggerl 1957 philosophisch – und geradezu auf den Tourengeher gemünzt: „Es ist offenkundig, dass die höheren Mächte dem Schiläufer wohlwollen. Mehr noch, sie überschütten ihn mit ihren Gaben, das Joch der Schwere nehmen sie ihm ab und schenken ihm die selige Leichtigkeit des Vogels. Sie schließen seinen Mund und lassen ihn das Geschwätz der Welt vergessen."

Die eigene Spur ziehen

Grundzüge der Lawinenkunde

Jährlich sterben in Österreich annähernd 30 Menschen durch Lawinen. Knapp drei Viertel davon fallen keineswegs unvorhersehbaren Katastrophen zum Opfer. Vielmehr begeben sie sich aus Leichtsinn, Geringschätzung von Sachkenntnis oder „Mut" in tödliche Gefahr.

- Mehr als 90 Prozent der Lawinenunfälle werden von Tourengehern und „Variantenfahrern" selbst verursacht.
- 90 Prozent dieser Unfälle rühren von Schneebrettern her, der häufigsten, am schwersten erkennbaren und daher tückischsten Form der Lawinengefahr.
- 90 Prozent der Lawinenunfälle tragen sich auf nordost- bis nordwärts gerichteten Hängen zu – ausgerechnet dort, wo im Regelfall der beste Pulverschnee lockt.
- 90 Prozent der überlebenden Lawinenopfer erleiden erhebliche bis schwere Verletzungen.

Statistisch anders betrachtet: Verwüstete Bergdörfer, zertrümmerte Betongebäude, um Hunderte Meter verschobene Baumaschinen oder völlig zerquetschte Autos machen die Zerstörungskraft der Lawinen überdeutlich. Dazu ein Rechenbeispiel: Ein Schneebrett von lächerlichen zehn mal zehn Metern Fläche und 50 Zentimetern Dicke ergibt 50 Kubikmeter von je etwa 300 Kilogramm Gewicht – zusammen also 15 Tonnen. Feuchter Schnee wiegt aber bis zu dreimal so viel. Donnern Schneemassen mit 50 bis 120 km/h talwärts, entwickeln sie bis zu 100 Tonnen Druck je Quadratmeter Fläche eines auftauchenden Hindernisses. Mehr noch: Kommt eine Lawine zum Halt, dann verdichtet sich der Schnee derart, dass ein Kubikmeter an die 1200 Kilogramm wiegt. Ein Opfer ist also regelrecht einbetoniert.

Und noch eine alarmierende Statistik: Die Wahrscheinlichkeit, dass Verschüttete überleben, beträgt bis 15 Minuten nach dem Unfall 93 Prozent, nach 40 Minuten 30 Prozent und nach 90 Minuten nahezu null – sofern das Opfer im Schnee eine Atemhöhle und für den Brustkorb genügend Raum zum Atmen hat und andere Verletzungen nicht ins Gewicht fallen. Ohne solche Glücksfälle beginnt nämlich bereits nach 18 Minuten die Erstickungsphase des Verschütteten.

Vorbeugen statt Therapie

Statistiken erhärten diese Tatsache: Lawinengefahr bedeutet ohne Wenn und Aber Lebensgefahr. Deshalb propagieren profilierte Alpinmediziner wie der Kapruner Dozent Franz Berghold, seine Südtiroler Kollegen Hermann Brugger und Markus Falk oder der Innsbrucker Lawinenexperte Peter Höller schon lange das „Umdenken von der Therapie zur Prophylaxe". Das heißt: Das Schwergewicht der Ausbildung zum Tourengeher liegt keineswegs auf Ausrüstung, Rettungsgerät und den Bergetechniken NACH der Katastrophe, sondern auf der Lawinenkunde als VORBEUGUNG gegen vermeidbare Unfälle. Nichts und niemand zwingt nämlich einen Wintersportler dazu, sich der tödlichen Lawinengefahr auszusetzen.

Ein Lawinenopfer bis zum Beginn der Erstickungsphase nach 18 Minuten zu orten und zu bergen setzt entsprechende Ausrüstung und Hilfe von geschulten Kameraden voraus: Alle Begleiter können mit dem Verschüttetensuchgerät (Piepserl) umgehen und beherrschen die Bergetechniken. (Woraus zwingend folgt: Skitouren und Variantenfahrten unternimmt man keinesfalls allein.)

Eingespielte Retter benötigen unter idealen Testbedingungen annähernd fünf Minuten, um einen Verschütteten in einem Meter Tiefe mit dem Piepserl zu orten, und nochmals mindestens zehn Minuten, um das Opfer auszugraben. Es ist aber höchst zweifelhaft, dass in der Hektik eines dramatischen Ernstfalls die Bergung binnen 15 Minuten gelingt.

Die Rettungsausrüstung des Tourengehers besteht aus Piepserl, Sonde, Schaufel und Airbag. Der professionelle Umgang mit diesen Geräten bedarf allerdings der Schulung und Übung.

Das gilt besonders für den Umgang mit dem Piepserl. Erst wiederholtes Training im Gelände – und keineswegs allein die Lektüre der Gebrauchsanweisung – schafft und festigt seinen schlafwandlerisch sicheren Gebrauch. Und selbst diese Fähigkeit nützt nichts, wenn nicht alle Partner einer Skitour das Piepserl beim Start einschalten.

Aus bitterer Erfahrung warnt der Alpenverein: „Ein Piepserl ist zwar ein wertvolles Hilfsmittel für Kameradenhilfe, falls trotz aller Vorsicht ein Gefährte in eine Lawine geraten ist. Es ist aber kein Schutz gegen Lawinen, schon gar nicht eine Versicherung gegen die Folgen von Leichtsinn oder Dummheit und gegen den Tod in der abgehenden Lawine."

Sehr gut bewährt hat sich der Airbag. Löst man diesen aus, wird er aufgeblasen. So halten sie den Skifahrer an der Lawinenoberfläche und verhindern seine Verschüttung. Gleichwohl verhindert dieser Airbag nicht, dass das Lawinenopfer (auch schwere) mechanische Verletzungen erleidet. Nicht zu vernachlässigen sind allerdings Bedenken von Sportpsychologen: Der Airbag verleite zumal bei Gefahrenstufe drei dazu, die Lawinenwarnung zu „vergessen" und jenes Risiko einzugehen, das ein bereits geflügeltes Wort so definiert: „no risk – no fun!" Und diesen „Fun" verspricht eben steiles Gelände.

Verleih der kompletten Skiausrüstung ist heute Standard in fast allen Skigebieten. Also entspräche es einer Optimierung der alpinen Sicherheit, würde in den Verleih auch die komplette Lawinenausrüstung einbezogen.

Über alle präventiven Maßnahmen gegen Berg- und Lawinenunfälle sowie entsprechende Kurse informiert die Salzburger Bergrettung unter www.bergrettung-salzburg.at (Tel. 0662 830888).

Umsicht statt ängstlicher Vorsicht

Der Lawinenwarndienst ermittelt mit wissenschaftlichen Methoden die meteorologische Vorgeschichte sowie den gegenwärtigen Stand und die vorhersehbare Entwicklung der Lawinengefahr – allerdings nur großräumig und nicht nach der kleinräumig unterschiedlichen Topografie (= Geländeformen). Dabei fällt schwer ins Gewicht, dass die Lawinen bildenden Faktoren zu drei Vierteln von den meteorologischen Verhältnissen und nur zu einem Viertel von der Topografie bestimmt werden. Deshalb hilft die Lawinenkunde, die Lawinenwarnung mit sachkundiger Umsicht statt mit ängstlicher Vorsicht auf das Gelände anzuwenden.

Lawinenkunde will dem Skibergsteiger keinesfalls beibringen, was er dank theoretischem Wissen „gerade noch riskieren" könnte. Vielmehr vermittelt sie brauchbares Wissen darüber, warum wann und wo Lawinengefahr lauert und wie man ihr entgeht. Der Kundige weiß daher auch zu begründen, warum eine Tour abzubrechen oder ein Umweg zu wählen ist.

Was der Lawinenwarndienst leistet

Die immer noch strittige Frage, ob es zwölf, 16 oder noch mehr Schneearten gibt, ist für den Tourengeher von geringem Belang. Er schätzt Pulverschnee und Firn, hält Pappschnee, Sulze oder Bruchharsch für lehrreich bis selektiv und entdeckt gelegentlich auch den „Gries" (= Schwimmschnee) – jenes körnige und nicht gebundene „Kugellager" zwischen Boden und der Schneedecke oder auch zwischen einzelnen Schneeschichten. Der Tourengeher muss auch nicht ein Profil der Schneedecke freilegen und das meteorologische „Archiv" lesen und professionell interpretieren können – nämlich die Schichtung der Schneedecke und deren Beschaffenheit, den Stand der Umwandlung von Schneekristallen und daher die variablen Faktoren der Lawinengefahr. Diese variablen Daten ermittelt und veröffentlicht der wissenschaftliche Lawinenwarndienst. Wohl aber sollte der Tourengeher einschätzen können, welchen topografischen Bedingungen die Lawinengefahr ausschließen oder verschärfen.

Ausgezeichnete und erschöpfende Informationen über die Lawinenlage im Land Salzburg liegen im Internet bereit, man muss sie lediglich abholen: Salzburger Lawinenwarndienst **www.lawine.salzburg.at.**

45 automatische Wetterstationen zeichnen alle zehn Minuten alle relevanten Daten auf und übermitteln sie der Lawinenwarnzentrale. Zudem erstellen 65 örtliche Lawinenkommissionen für die Zentrale täglich einen Bericht über Schneeverhältnisse, Schneedeckenprofil und Verfrachtungen. Alle dafür erforderlichen Daten sammeln ca. 660 qualifizierte Fachleute, die sich jedes Jahr der Fortbildung in Spezialkursen unterziehen. Ihre örtliche Einschätzung der Lawinenlage deckt sich zu 90 Prozent mit den regionalen Gefahrenstufen.

Die Topografie

Der umsichtige Tourengeher kennt den Einfluss der Topografie auf die Lawinengefahr.

Die Schwerkraft zieht die Schneedecke unmerklich talwärts und erzeugt deshalb in ihr Spannungen. Je steiler ein Hang, desto mehr drängt ihr (unterschätztes!) Gewicht die Spannung in den Bereich ihrer Grenzwerte: verstärkter Druck am Hangfuß (Druckzone), vermehrter Zug in den obersten Hangabschnitten (Zugzone). Stört ein Skiläufer bei Lawinengefahr das labile Gleichgewicht einer Druckzone, dann bricht die Stütze einer großflächigen Schneedecke und eine Lawine geht ab. Schon eine geringe Zusatzbelastung kann die Stabilität in der Zugzone überfordern und den Abriss einer Lawine auslösen, die den Skifahrer mitreißt.

Reichlich gegliederte Hänge sind im Allgemeinen lawinensicherer als großflächige und einförmig glatte. Quer zur Fall-Linie eines Hanges ziehende Geländeformen (Wellen, große Buckel, Terrassen, massige Felsblöcke) stützen die Schneedecke. Hingegen bieten Rinnen, Gräben oder lang gestreckte Mulden entlang der Fall-Linie der Schneedecke minderen Halt.

Die Anrisse der Lawinen liegen im Allgemeinen in einem Gefälle zwischen 22 und 45 Grad, denn jenseits von 45 Grad findet Neuschnee weniger Halt und rutscht in kleinen Portionen ab. In Gelände von weniger als 22 Grad Neigung besteht Lawinengefahr, wenn es im kaum abschätzbaren „Auslaufgebiet" unterhalb steilerer Hänge liegt, weshalb beispielsweise Trogtäler bei akuter Lawinengefahr zu meiden sind.

Die Neigung eines Hanges ist mit einem kleinen quadratischen Stück Papier (hat leicht in der Geldtasche Platz) verblüffend einfach zu ermitteln: Man faltet es einmal diagonal, dann misst der spitze Winkel 45 Grad. Faltet man es nochmals, dann kommen 22,5 Grad heraus. Die Messung ist aber nur auf Augenhöhe mit dem Hang von der Seite verlässlich.

Eine andere Methode ist die Pendelmethode: Man legt einen Skistock in der Fall-Linie des Hanges in den Schnee und macht einen Abdruck. Dann stellt man ihn mit der Spitze zum oberen Ende des Abdrucks und lässt den zweiten Stock senkrecht nach unten pendeln. Wird dabei das Ende des Griffabdrucks erreicht, ist der Hang 30 Grad steil. Pro 10 Zentimeter Abweichung ist der Hang 3 Grad steiler oder flacher.

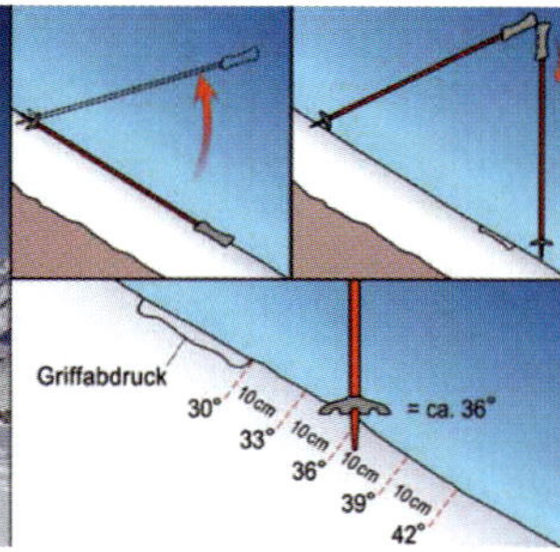

Das Gefühl für dieses Gefälle lässt sich an berühmten Alpenstraßen entwickeln. 22 Grad ist ungefähr doppelt so steil wie die steilsten Anschnitte der Glockner- oder der Gaisbergstraße. Das reicht allemal für eine vergnügliche Abfahrt. Und noch ein Vergleich: Die Großschanze in Bischofshofen hat im Aufsprung 36 Grad, die Festungsbahn in Salzburg ist 30 Grad steil. Als Näherungswert kann man auch sagen, dass felsdurchsetztes Steilgelände mindestens 40 und Spitzkehrengelände mindestens 30 Grad steil ist. Im Handel sind zudem Neigungsmesser verschiedenster Bauarten erhältlich.

Die Schneedecke

Den von außen nicht erkennbaren Aufbau einer Schneedecke und deren Veränderungen ermittelt der Lawinenwarndienst. Gleichwohl kann auch der umsichtige Tourengeher anhand von Beobachtungen die Lage ungefähr abschätzen.

Fällt der erste Schnee auf „warmen" Boden oder ist der erste Schneefall unergiebig und folgt darauf eine Frostperiode, so ist das Fundament der Schneedecke den ganzen Winter hindurch ziemlich labil.

Beginnt der Winter mit reichlichem Schneefall, dann bleibt das Fundament der Schneedecke im Regelfall stabil. Und weil Schnee besser als Holz isoliert, ist die Bodentemperatur bei ausgiebigem Einschneien zu Winterbeginn von eher geringem Belang.

Nordwest- bis nordostwärts gerichtete Hänge sind besonders gefährlich, weil sie im Winter vorwiegend im Schatten liegen (und deshalb sehr lange den begehrten Pulverschnee bieten). Das ergibt in der Schneedecke im Regelfall ein großes Temperaturgefälle, das besonders bei dünner Schneedecke, nach langen Kälteperioden und in größeren Höhen die äußerlich nicht erkennbare Bildung von Schwimmschnee fördert.

Durch Neuschneefall nach langem, strengem Frost entstehen in der Schneedecke wegen des eingeschneiten Raureifs gefährlich labile Zwischenschichten aus Schwimmschnee („Kugellager"). Sie verhindern die Bindung zwischen den Schneeschichten.

Langsame Erwärmung nach Schneefall lockert vorübergehend die Festigkeit der Neuschneeschicht, beschleunigt aber dann deren Setzung und Verfestigung. Starke Erwärmung (Föhn, Regen) löst die Festigkeit der oberen Schneeschichten rasch auf und bewirkt akute Lawinengefahr.

Stark fallende Temperaturen nach Wärmeperioden bannen die Lawinengefahr in kurzer Zeit.

Erstmalige Durchfeuchtung der gesamten Schneedecke durch anhaltende Wärme eröffnet die Zeit der nassen Grundlawinen. Dann allerdings bedarf es längerer Kälte, bis die gut isolierende Schneedecke wieder völlig durchfriert und stabil wird.

Das Temperaturgefälle

Schnee fällt im Regelfall in Form von feingliedrigen sechszackigen Kristallen, die sich allerdings unter dem Einfluss von Wind und Temperatur stark verändern. Erst verlieren sie ihre Zacken, weshalb eine Neuschneelage binnen etwa zehn Tagen auf ein Drittel seiner Dicke zusammensinkt und nach kurzer Destabilisierung an stabiler Dichte gewinnt.

Entscheidenden Einfluss auf die Umwandlung der Schneekristalle hat das Temperaturgefälle in der Schneedecke – der Unterschied zwischen Außentemperatur und Bodentemperatur. Für die Praxis von höchstem Belang ist die Bildung von Schwimmschnee an der Basis: In Bodennähe „verdampfen" Schneekristalle und der aufsteigende „Dampf" legt sich an die darüberliegende Kristalle, die zuletzt die Form von kleinen Bechern annehmen und ein „ideales" Kugellager bilden, auf der die Schneedecke mangels Bindung an den Boden als Lawine abrutschen kann. Dieses Verdampfen schafft Hohlräume in Bodennähe. Das schwächt die Stütze der Schneedecke, die dann bei zusätzlicher Belastung einbrechen und eine Lawine auslösen kann. Gelegentlich erleben Tourengeher das, wenn die Schneedecke plötzlich mit einem dumpfen „Wuuupp" nachgibt. Das signalisiert ernste Lawinengefahr.

Den Schwimmschnee an der Basis der Schneedecke kann man mit dem umgekehrten Skistock ertasten: Stößt er plötzlich ohne fühlbaren Widerstand zum Boden durch, dann lauert in Bodennähe ein „Kugellager".

Aber Vorsicht: Dieses stark vereinfachte „Rammprofil" liefert nur eine grobe Information über die Härte der einzelnen Schichten, gibt aber keinen Aufschluss über die Tragfähigkeit der Schneedecke insgesamt.

Ähnlich verändern sich auch eingeschneite Raureifkristalle zu Kugellagern zwischen den einzelnen Schneeschichten.

Temperaturgefälle bestimmt den Prozess der Kristallumwandlung in der Schneedecke. Im Regelfall gilt: Je dicker die (ursprüngliche) Schneedecke, desto geringer das Temperaturgefälle und daher auch die Lawinengefahr.

Umgekehrt steigt das Temperaturgefälle in dünnen Schneedecken und damit auch die Lawinengefahr. Die Annahme, dass in schneearmen Wintern auch geringere Lawinengefahr herrscht, ist somit ein gefährlicher Irrtum!

Anhaltend tiefe Außentemperaturen erhalten die bestehenden Schnee-Eigenschaften und ändern die gegebenen Verhältnisse (Lawinengefahr oder nicht) nur sehr langsam. Das begünstigt zwar die Setzung und Bindung des Schnees, ebenso aber die Bildung von Schwimmschnee – und zwar umso nachhaltiger, je dünner die Schneedecke ist.

Der Wind

Bliese niemals Wind, so entstünde überall eine gleichmäßige Schneedecke. Das aber verhindert der Wind außerhalb von Wäldern. Denn er entwickelt ab knapp 20 km/h (Zweige werden bewegt) Schleppkraft. Dann „verschleppt" er lockeren Schnee in windschattige Räume (Lee), in denen er ein Vielfaches jener Schneemenge aufhäuft, die im Winter fällt. Diese Verfrachtung von Triebschnee begünstigt die Bildung von Schneebrettern, die je nach Unterlage bei zusätzlicher Belastung brechen und als Lawine abgehen.

Das gilt besonders für den Wechtenkeil – jene starke und leicht erkennbare Ansammlung von Triebschnee knapp unterhalb von überwechteten Kämmen und Graten. Ungleich schwerer erkennbar sind hingegen Hangwechten, die der Wind unterhalb einer Hangversteilung oder neben hangabwärts ziehenden Rippen und Rücken aufbaut. Schwer erkennbar ist daher auch die Ansammlung von Triebschnee in Rinnen und Mulden. Diese tückische Gefahr wird allerdings offenbar, wenn die Ränder solcher konkaven Geländeformen abgeblasen sind.

Folglich leuchtet die Faustregel ein, dass der Wind auch Baumeister der Lawinen ist.

Heidelbeeren, Almrausch, Latschen, lichte Lärchenwälder

Gras, Kleinsträucher und Gebüsch geben geringen Schneemengen auf Hängen sicherlich Halt. Ist dieser Bewuchs aber völlig eingeschneit, dann begünstigt er die Bildung von Schwimmschnee an der Basis der Schneedecke. Zweige und Äste hemmen oder verhindern nicht nur die Setzung des ersten Schnees. Sie bilden zudem „Kamine“, in denen „warme“ Luft vom Boden her leichter in die kälteren Schichten der Schneedecke aufsteigt und somit die Bildung von „Kugellagern“ und Hohlräumen außerordentlich begünstigt. Die wachsende Schneedecke ruht also auf einem schlechten und wenig tragfähigen Fundament.

Die Hanglage

Ganz erheblichen Einfluss auf die Schneedecke und damit die Lawinenlage hat die Richtung des Hanges. Es macht nämlich einen großen Unterschied, ob er nord- oder südwärts oder (vorwiegend) im Schatten der Sonne und des Windes liegt.

Auf Schattenhängen – also nordwest- bis nordostseitig – ist der Schneedeckenaufbau im Regelfall erheblich ungünstiger als auf besonnten Hängen. Naturgemäß herrschen im Schatten kältere Außentemperaturen. Und weil diese das Temperaturgefälle in der Schneedecke vergrößern, wird die Umwandlung der Kristalle und damit die Bildung von Schwimmschnee intensiviert. Im Gegensatz zu besonnten („wärmeren") Hängen setzt und stabilisiert sich auf „kalten" Schattenhängen die Schneedecke auch erheblich langsamer. Deshalb lockt dort auch besonders führiger Pulverschnee. Folglich ereignen sich in diesen Hanglagen 90 Prozent der Lawinenunfälle.

Besonnte Hänge – südost- bis westseitig gelegen – bergen erheblich weniger Gefahren, wie die Quote von zehn Prozent aller Lawinenunfälle belegt. Einmal sorgt erwärmte Außentemperatur für geringes Temperaturgefälle in der Schneedecke, mithin für gute Setzung und geringe Schwimmschneebildung. Außerdem wird an solchen Hängen niedergeschlagener Raureif von der Sonne abgeschmolzen. Das verringert die Gefahr, dass eingeschneiter Raureif eine äußerst gleitfähige Zwischenschicht bildet. Gefährlich werden jedoch besonnte Hänge, wenn wärmende Strahlen auf Neuschnee fallen und die Neuschneeschicht vorübergehend destabilisieren.

Außentemperaturen knapp unter null Grad und wenig Wind verwandeln den Schnee auf besonnten Hängen in Firn. Wie tief der Schnee auffirnt und ob er nachts zu einer tragfähigen Harschschicht gefriert, hängt von den Tages- und Nachttemperaturen und davon ab, wie viele Tage dieser Wechsel vorhält. Es kommt also auf den Spürsinn des Tourengehers an, im Anstieg zu ermitteln, wo der Harsch (nicht) trägt. In gut gegliedertem Gelände kann ein Unterschied der Sonneneinstrahlung von nur wenigen Grad auch den durchaus verblüffenden Unterschied zwischen Pulverschnee und Harsch/Firn ausmachen. Daher lohnen Anstiege in weit ausholendem Zickzack.

Andererseits: Harsch ist eine instabile Unterlage für Neuschnee.

Die Hanglage bestimmt auch den Einfluss des Windes, der in unseren Breiten vorwiegend aus Nordwest bläst und Triebschnee im Windschatten zwischen Ost und Süd aufhäuft. Hingegen verfrachten gelegentliche Föhnstürme den Triebschnee in nordwärts gerichtete Hänge.

Störzonen im Gelände

Die Tücke bei Schneebrettern besteht besonders darin, dass die Lawinengefahr von extrem labilen Störzonen („Hot Spots") von der Fläche eines Wohnzimmers aufwärts ausgeht. Das sind unsichtbare Hohlräume unter dem Schnee oder ungenügende Bindung zwischen Schneefeldern entlang der Fall-Linie (Scherspannung). Ein winziger Zuwachs an Spannung in der Schneedecke – etwa durch das Gewicht eines Skiläufers – kann schon zum Bruch der inneren Bindung führen und die Lawine auslösen. Das Schneiden eines Schneeprofils im Gelände sagt also leider nichts darüber aus, ob und wo in der näheren Umgebung labile Störzonen lauern. Natürlich mindert das keinesfalls den Wert der Analyse eines Schneeprofils. Die Tücke der Störzonen erklärt jedoch auch das Glück von Leichtsinnigen auf Skiern oder Snowboards, die Spuren (selbst bei Lawinengefahr) durch lahnige Hänge ziehen, schlicht durch Zufall keine Störzonen anschneiden und völlig unbeschadet davonkommen.

Generell sind Spuren keine Wegweiser für Anstiege und Anfahrten. Sie können nämlich von eben genannten Leichtsinnigen oder aber unter Verhältnissen gebahnt worden sein, die sich mittlerweile verändert haben. Wie sonst wäre es möglich, dass auf „erfolgreich" gespurten Hängen Lawinen abgehen?

Störzonen im Kopf

Eine andere Störzone nistet im Kopf und heißt „Erfahrungsfalle". Eine Reihe von sportpsychologischen Studien ortet sie in der Selbstsicherheit „Erfahrener". Sie äußert sich in erhöhter Entscheidungsfreude bei sinkender Bereitschaft, neue Informationen aufzunehmen und den Stand des eigenen Wissens infrage zu stellen. Mit dem Lernwillen nimmt auch die Bereitschaft zur Selbstkritik ab. Damit steigt ausgerechnet jenes Risiko, das Erfahrung auszuschalten vermeint.

Euphorische Fehleinschätzung aus trügerischer Selbstsicherheit rationalisiert nur zu leicht Bedenken weg: „Das kennen wir, haben wir x-mal gemacht", „da ging noch nie eine Lawine ab", „das geht schon noch" oder das erwähnte „no risk – no fun". Als ob es „Übungslawinen" zum Sammeln von Erfahrung gäbe. Selbstsicherheit wächst auch aus der lebensgefährlich irrigen

Annahme, dass Sachwissen und Erfahrung die Kontrolle alpiner Verhältnisse gestatten. Überprüfbar wahr ist nur das Gegenteil: Habe ich Erfahrung gesammelt, dann weiß ich, wie wenig ich (außerhalb meines eigenen Verhaltens!) unter Kontrolle halten kann. Wie leicht die Erfahrungsfalle zuschnappt, belegt die statistisch vielfach erhärtete Tatsache, dass die weitaus meisten Lawinenunfälle bei Gefahrenstufe 3 (von deren 5) „passieren". Stufe 3 meint „nur" deutlich eingeschränkte Tourenmöglichkeiten. Die durchaus kritischen Stufen 4 und 5 – große bis sehr große Lawinengefahr – schrecken offenbar hinreichend ab. Die fünfteilige Gefahrenstufenskala ist übrigens kein Schulnotensystem. 3 bedeutet nicht „befriedigend", sondern „erhebliche Lawinengefahr". Der Salzburger Lawinenwarndienst stellt den Zusammenhang zwischen Lawinenwarnstufe und Hangneigung in einer leicht verständlichen Grafik so dar:

Gefahrenstufe	Schneedeckenstabilität	Lawinen-Auslösewahrscheinlichkeit	Auswirkungen	Hangneigung
1 gering	Die Schneedecke ist allgemein gut verfestigt und stabil	Auslösung ist allgemein nur bei großer Zusatzbelastung** an sehr wenigen extremen Steilhängen möglich. Spontan sind nur kleine Lawinen (sogenannte Rutsche) möglich.	Allgemein sichere Tourenverhältnisse	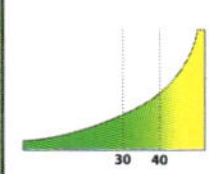
2 mäßig	Die Schneedecke ist an einigen Steilhängen* nur mäßig verfestigt, sonst allgemein gut verfestigt.	Auslösung ist insbesondere bei großer Zusatzbelastung** vor allem an den angegebenen Steilhängen möglich. Größere spontane Lawinen sind nicht zu erwarten.	Unter Berücksichtigung lokaler Gefahrenstellen günstige Tourenverhältnisse.	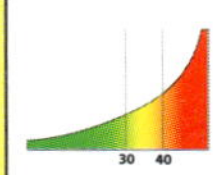
3 erheblich	Die Schneedecke ist an vielen Steilhängen* nur mäßig bis schwach verfestigt.	Auslösung ist bereits bei geringer Zusatzbelastung** vor allem an den angegebenen Steilhängen möglich. Fallweise sind spontan einige mittlere, vereinzelt aber auch große Lawinen möglich.	Skitouren erfordern Erfahrung in der Lawinenbeurteilung; Tourenmöglichkeiten stark eingeschränkt.	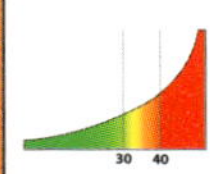
4 groß	Die Schneedecke ist an den meisten Steilhängen* schwach verfestigt.	Auslösung ist bereits bei geringer Zusatzbelastung** an zahlreichen Steilhängen wahrscheinlich. Fallweise sind spontan viele mittlere, mehrfach auch große Lawinen zu erwarten.	Skitouren erfordern viel Erfahrung in der Lawinenbeurteilung. Tourenmöglichkeiten stark eingeschränkt.	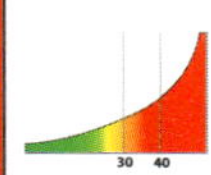
5 sehr groß	Die Schneedecke ist allgemein schwach verfestigt und weitgehend instabil	Spontan sind zahlreiche große Lawinen auch im mäßig steilen Gelände zu erwarten	Skitouren und Variantenfahrten sind allgemein nicht möglich	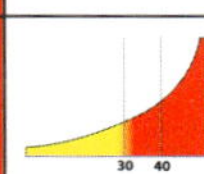

* Im Lawinenlagebericht im Allgemeinen näher beschrieben
** Zusatzbelastung
– groß: z. B. Skifahrergruppe ohne Abstände, Pistenfahrzeug, Lawinensprengung
– gering: z. B. einzelne Skifahrer, Fußgänger

Die Risikofreude

Sportpsychologischen Studien verdanken wir äußerst erhellende Einsichten: Ein Tourengeher, der prinzipiell zum Umdrehen in ungewisser bis kritischer Lage bereit ist, dies aber per Zufallsentscheidung tut, hat 16 Prozent Risiko, unter eine Lawine zu geraten.

Nur intuitive Einschätzung der Lawinengefahr im Gelände anhand des Lawinenwarndienstes und der Wetterwerte birgt 30 Prozent Risiko.

Kenntnisse des Wetterverlaufs seit Winterbeginn und die Untersuchung eines Schneeprofils am Hang mindern das Risiko auf 10 Prozent.

Gute Kenntnis der Lawinenkunde und hohe Bereitschaft, das gesteckte Ziel unbedingt zu erreichen, bergen also weit höhere Risiken als geringes Wissen mit hoher Verzichtbereitschaft, die offenkundig mit Vernunft und nichts mit Feigheit zu tun hat.

Folgerichtig zieht erhöhte Risikobereitschaft – aus welchen psychologischen oder sozialen Gründen immer – den Verlust an Kontrolle nach sich. Hier lauert also die Verlockung von „no risk – no fun".

Abkürzungen

Wh	Wirtshaus
h	Stunden
hm	Höhenmeter
↑	Anstieg
↑↓	Anstieg und Abfahrt
⇆	Hin- und Rückweg

Konsequenzen zusammengefasst

- Keine Skitour ohne Abruf des Lawinenwarndienstes im Internet.

- Der umsichtige Tourengeher legt die Aufstiegsrouten über konvexe Geländeformen (Rücken), reichlich gegliederte Hänge, Abflachungen und Terrassen. Er wählt zur Abfahrt jenes Gelände, das er beim Aufstieg gut überblicken und beurteilen kann.

- Im Gelände unterhalb der Waldgrenze – etwa Bauernwiesen – herrscht ungleich geringere Lawinengefahr als im Freigelände oberhalb der Waldgrenze und Steilgelände lässt sich meistens umgehen.

- Bei Gefahrenstufen 1 oder 2 folgt man keinesfalls Geisterfahrern in steiles Gelände. Denn Leichtsinn, Übermut oder Dummheit setzt nicht nur das eigene Leben aufs Spiel, sondern das von Unbeteiligten oder von Rettungsmannschaften.

- Das sogenannte „Restrisiko" verschleiert die Tatsache, dass damit der höchstmögliche Einsatz gemeint ist – das Leben.

- Es gibt nur wenige Wintertage ohne jede Lawinengefahr.

Lawinengefahr herrscht nicht wegen der Topografie, sondern erst unter bestimmten meteorologischen Bedingungen – also zu bestimmten Zeiten.

Hochwinter am Schmittenstein

1 LOIBERSBACHER HÖHE

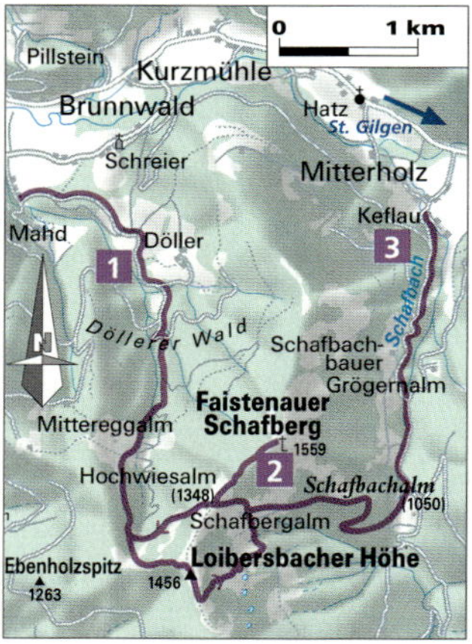

1456 m, 700 hm, ↑ 2 h

Anfahrt: Faistenau – ca. 3 km in die Tiefbrunnau – Zenzenbauer (Kapelle).

Anstieg vom Zenzenbauer südwärts auf einem Sträßchen durch ein Waldstück zum Gehöft Döller, nach kurzem Flachstück an einer Gabelung rechts zu einem Holzplatz (bis hierher Anfahrt möglich), links nach der Markierung des Sommerweges durch den Wald zur Mittereggalm, südwärts durch eine Schneise auf den Westkamm und über diesen zum Gipfel. Lohnende Variante: Vom Gipfel südwärts auf dem breiten Rücken ca. 400 m weit sanft bergab, links durch eine breite Schneise hinunter zur Schafbergalm (200 hm), 100 hm Anstieg zur Döllereralm (auch Hochwiesalm), Abfahrt auf dem Almweg westwärts zurück zur Mittereggalm.

Notizen:

2 Variante FAISTENAUER SCHAFBERG

1559 m, 800 hm, ↑ 2 h

Anstieg bis zur großen Lichtung vor der Mittereggalm, gerade südwärts nach der Markierung zur Hochwiesalm auf dem Sattel und nordostwärts über den teilweise bewaldeten Kamm zum Gipfel. Der steile Südhang ist nur bei stabiler Firnlage zu befahren.

Notizen:

FAISTENAUER SCHAFBERG ÜBER SCHAFBACHALM 3

1559 m, 750 hm, ↑ 2h

Anfahrt: Faistenau – Tiefbrunnau – Mitterholz.

Anstieg auf einer Forststraße südwärts durch den Schafbachgraben zur Schafbachalm, westwärts auf dem Sommerweg quer über die Südhänge des Faistenauer Schafbergs zur Dölleralm und zum Gipfel.

Notizen:

ZWÖLFERHORN 4

1521 m, 700 hm, ↑ 2 h

Anfahrt: Faistenau – Talschluss Tiefbrunnau.

Anstieg vom Parkplatz der Bundesforste auf der Forststraße bis kurz vor die Sausteigalm (Abkürzer entlang der Stromleitung günstig). Dann südwestwärts auf einer Straße zur Stubneralm, weiter nach Südosten auf den flachen Sattel zwischen Pillstein und Zwölferhorn und vorbei an der Arnikahütte entweder über den Nordrücken oder über die Pistenspur zum Kreuz. Abfahrt wie Anstieg oder der Piste entlang bis zur Sausteigalm und über die Forststraße retour.

Notizen:

PILLSTEIN/Westanstieg 5

1478 m, 700 hm, ↑ 2 h

Anfahrt: Faistenau – Talschluss Tiefbrunnau bis zu einer Kehre, an der die Schneeräumung endet.

Anstieg von diesem Punkt südwärts über eine Brücke und auf deutlich erkennbarem Weg steil über eine Wiese (Kühleiten) hinauf, durch ein Waldstück zur Mehlsackalm, über einen freien Hang zum Ochsenwaldköpfl und ostwärts am Gartenberg vorbei auf einen Kamm, der zum Pillstein leitet.

Notizen:

6 SCHAFBERG

1782 m, 1200 hm, ↑ 3,5 h

Anfahrt: St. Gilgen – Winkl/Aich.

Anstieg von der Waldschänke in Aich ostwärts entlang des bezeichneten Schafbergsteigs (auf einem ausgeprägten Riedel parallel zum Kesselbachgraben) rund 500 hm teils durch hochstämmigen Wald, dann rechts an einem Schlag vorbei, steil nochmals 300 hm durch lichten Wald zu den Böden der Schafbergalm und nordostwärts beliebig über den breiten Gipfelhang noch 400 hm zum Ziel.

Notizen:

7 SPITZECK

1355 m, 800 hm, ↑ 2,5 h, Karte S. 39

Anfahrt: St. Gilgen – Gschwandt – Mautstelle Brunn.

Anstieg von der Mautstelle ca. 4 km auf der Straße bis zu den Wiesen der Stübleralm. Über die Wiesen hinauf, bis man am oberen (nordwestlichen) Ende wieder auf die Straße trifft. Weiter auf der Straße, an der Braunauer Hütte vorbei zur Illingerbergalm und in einem Linksbogen über flache Hänge nach Südosten auf den Gipfel.

Notizen:

8 Variante PILLSTEIN/Südanstieg

1478 m, 900 hm, ↑ 2,5 h, Karte S. 39

Von der Illingerbergalm in einem Rechtsbogen auf Nord drehend auf den Gipfel.

Notizen:

BLECKWAND 9

1541 m, 900 hm, ↑ 2,5 h

Anfahrt: Zinkenbach am Wolfgangsee – Landauerwirt – Abzweigung südwärts nach Vitzen am Berg.

Anstieg vom Mautschranken in Vitzen auf der kurvenreichen Niedergadenalm-Straße bis zur neunten Kehre (links zweigt eine Forststraße ab) und knapp dahinter auf dem links abzweigenden Sommerweg steil durch den Wald zur Unteren Bleckwandalm. Nun auf Almböden und durch schütteren Baumbestand vorbei an der Oberen Bleckwandalm und der Bleckwandhütte zum Kreuz auf dem Vorgipfel. Für die Abfahrt noch südostwärts eben zum Hauptgipfel, dann steil südwärts hinunter durch einen Waldgürtel, über freie Hänge zur Niedergadenalm und auf der Straße zurück nach Vitzen.

Notizen:

Variante WINDKOGEL 10

1547 m, 900 hm, ↑ 2,5 h

Anstieg von Vitzen auf der Straße zur Niedergadenalm, weiter südwärts durch eine steile Mulde hinauf zum Nordrand der Postalm und scharf nach rechts auf den Gipfel (oder wahlweise ostwärts auf die Thorhöhe).

Notizen:

11 VORMAUERSTEIN

1450 m, 850 hm, ↑ 2,5 h, Karte S. 41

Anfahrt: Salzburg – Strobl/Schwarzenbach – Wh Mostbauer.

Anstieg vom Parkplatz an der Dreiergabelung knapp vor dem Wh Mostbauer entlang des Sommerweges parallel zum Tiefenbach hinauf auf die Forststraße, kurz nach rechts und nach der Mauruskapelle über den Sommerauweg nordwärts, bis man wieder auf die Straße kommt. Auf der Almstraße nordwestwärts zur Sommeraualm, dann am nördlichen Waldrand entlang des markierten Weges westwärts durch Wald zur Vormaueralm und über Wiesen nach Süden direkt zum schrofigen Gipfelaufbau.

Notizen:

12 LEONSBERG

1745 m, 1200 hm, ↑ 3 h

Anfahrt: St. Gilgen – Strobl/Rußbach – Wh Branntweinhäusl.

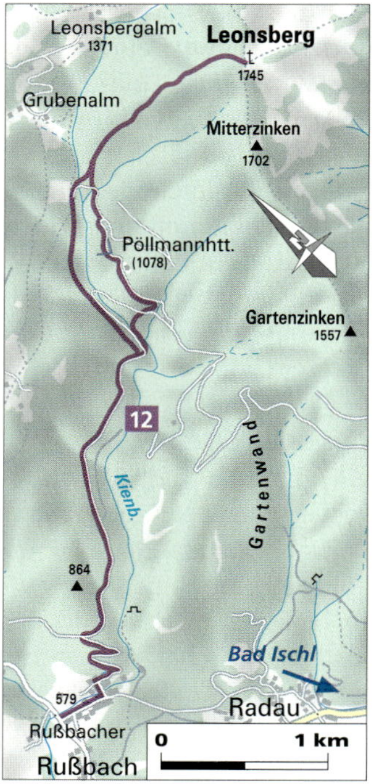

Anstieg vom Wh auf der Straße ca. 300 m nach Osten bis zur Abzweigung der Forststraße, auf dieser nordostwärts nach der Markierung „Leonsbergalmen" durch mehrere Kehren in den dunklen Graben. Kurz bevor die Forststraße den Kienbach ostwärts überquert (1000 m) nach links in den deutlich erkennbaren und etwas verwachsenen Weg abzweigen. Auf diesem ca. 1 km im Graben weiter bis unter die licht bewaldete Westflanke des Leonsbergs, nun nach Osten und zuletzt etwas steiler auf den Gipfel. Abfahrt wie Anstieg, den verwachsenen Teil des Anstiegsweges umfährt man aber besser auf der Forststraße an der Pöllmannhütte vorbei.

Notizen:

RETTENKOGEL 13

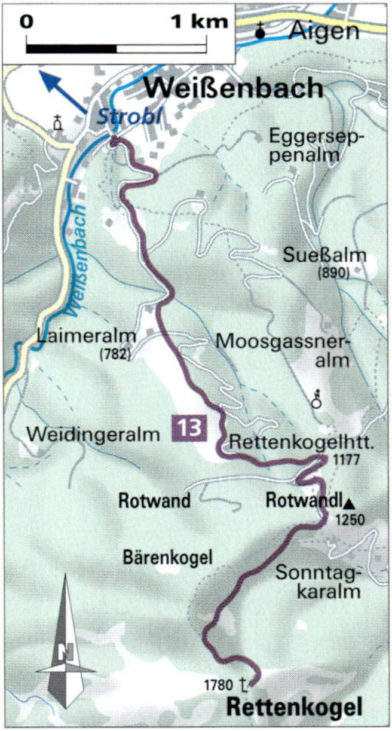

1780 m, 1200 hm, ↑ 3,5 h, steiler Gipfelaufbau

Anfahrt: Strobl – Weißenbach, man folgt ab der Bundesstraße den Wegweisern zur Straße auf die Laimeralm – Parkplatz am Beginn der Almzufahrt.

Anstieg Richtung Laimeralm entlang der Liftwiese gut 300 hm zu einer Forststraße, auf dieser ostwärts (links), bis einem der Sommerweg (Markierung Nr. 892) in die Quere kommt. Auf diesem scharf nach rechts (südwärts), nun erst steil durch ein Waldstück und dann etwas luftig über den Grat zum Gipfelaufbau.

Abfahrt: Auf dem Anstiegsweg über den Grat so weit zurück, bis man nordostwärts (rechts) in die steile Mulde zur Sonntagkaralm einfahren kann. Spätestens auf Höhe 1200 m nach Westen zurück zur Aufstiegsspur und entlang dieser zum Ausgangspunkt.

Notizen:

POSTALM

1180 m, größtes Almgebiet Österreichs

Anfahrt: Strobl – Postalmstraße – Parkplatz nahe der Postalmhütte.

Notizen:

WIESLER HORN 14

1603 m, 300 hm, ↑ 1 h

Vom Parkplatz auf der Postalm nordwärts an Liften vorbei direkt zum Gipfel (oder wahlweise nordostwärts auf die Thorhöhe).

Notizen:

15 PITSCHENBERG

1720 m, 450 hm, ↑ 1,5 h

Anstieg vom Parkplatz auf der Postalm westwärts vorbei am Wh Huber zur Labenbergalm, nun nordwestwärts zur Pitschenbergalm und über den breiten Hang zum Gipfel.

Notizen:

16 LABENBERG

1642 m, 350 hm, ↑ 1,5 h, nur bei stabiler Schneelage

Anstieg vom Parkplatz auf der Postalm Richtung Pitschenberg bis zur Labenbergalm und in weit nach Osten ausholendem Bogen auf den Gipfel.

Notizen:

17 BRAUNEDLKOGEL/Westanstieg

1894 m, 700 hm, ↑ 2 h, steil, Karte S. 53

Anstieg vom Parkplatz beim Lienbachhof südostwärts links um die Liftanlage Gschlößl etwa 1 km bis zu einem Kreuz, nun ostwärts auf dem Sommerweg steil durch schütteren Baumbestand hinauf zur rechten von zwei deutlich erkennbaren Rinnen, links von dieser hinauf bis knapp an die Baumgrenze, dann links hinausqueren auf den Westkamm und über diesen auf den Gipfel.

Notizen:

18 WIESERHÖRNDL

1567 m, 900 hm, ↑ 2,5 h

Anfahrt: Hallein – Gaißau – Abzweigung der Spielberg-Mautstraße bei einem Sägewerk 1 km nördlich von Gaißau.

Anstieg auf der Mautstraße über eine Geländestufe, über flache Wiesen ostwärts vorbei an einem auffallenden Wirtshaus zum Mautschranken und auf der Straße durch den Wald zur Spielbergalm. Hier unter dem Sessellift hindurch, an einem Babylift vorbei, links zum Wald und durch diesen steil auf den Kamm. Auf diesem nach rechts (ostwärts) durch eine kleine Scharte direkt zum Gipfel.

Abfahrtsvariante bei absolut stabiler Schneedecke: Hinunter zur Kleinen Scharte, nach rechts (nordostwärts) sehr steil durch

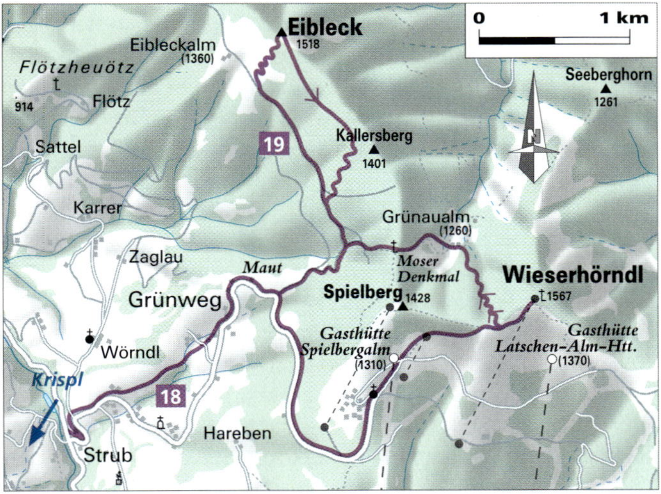

eine Rinne hinunter zur Grünaualm, 120 hm Anstieg westwärts zum Grünaualmsattel und Abfahrt nach Gaißau.

Notizen:

Variante EIBLECK 19

1518 m, 850 hm, ↑ 2,5 h

Vom Mautschranken auf der Spielberg-Mautstraße 200 m weiter bis zur Weggabelung (Wegweiser), nach links auf dem markierten Sommerweg durch den Wald zur Eibleckalm und direkt über den großen Hang und durch ein schmales Waldstück zum Gipfel. Anspruchsvolle Abfahrtsvariante bei sehr guter Schneelage: Vom Eibleck auf dem bewaldeten Kamm südostwärts leicht fallend etwa 700 m weit bis zu einer Senke vor dem Kallersberg und südwestwärts 250 hm durch steilen, aber schütteren Wald hinunter zur Aufstiegsspur.

Notizen:

REGENSPITZ/Nordanstieg 20

1675 m, 900 hm, ↑ 2,5 h, erfordert bei Harsch auf den letzten 100 hm besondere Umsicht, Karte S. 49

Anfahrt: Faistenau – Hintersee/Parkplatz 1 km südlich des Ortes. Anstieg erst kurz gemäß dem Wegweiser „Bergalm“, dann ca.

300 m nach dem markanten Satzstein links auf dem Weg über eine Brücke zur Unteren Tiefenbacheralm. Nun durch ein Waldstück zur Feichtensteinalm, südwärts über den breiten Rücken durch ein Waldstück und über den ostseitig meist überwechteten und zunehmend schmalen Kamm zum Gipfel.

Notizen:

21 Variante AUHOFKÖPFL

1480 m, 700 hm, ↑ 2 h, Karte S. 49

Anstieg vom Parkplatz in Hintersee auf einem Almweg durch den Tiefenbachgraben zur Bergalm. Hierher auch als lohnender Zusatz vom Regenspitz, Abfahrt nordwestwärts zur Storchenalm und nordwärts weiter zur Bergalm. Ab Bergalm noch ca. 500 m eben weiter Richtung Schmittenstein und in langem Rechtsbogen steil auf das Auhofköpfl. Steile Einfahrt in den Nordhang, aber sogleich nach rechts auf den Nordostgrat und über die Obere Tiefenbacheralm zurück zum Ausgangspunkt.

Notizen:

22 KÖNIGSBERGHORN

1621 m, 900 hm, ↑ 2,5 h, das Be- oder Umfahren des 400 m hohen Gipfelhanges hängt von der Schneelage ab

Anfahrt: Faistenau – Hintersee – noch 2 km Richtung Lämmerbach nach Aschau/Unterzagl.

Anstieg erst nordostwärts direkt über den Schlusshang der Abfahrt, durch eine Lücke im Baumbestand auf eine Forststraße und auf dieser weiter über eine Brücke und an einer Gabelung (Hütte) nach rechts durch einen Wald bis zu einem Holzplatz. Nun südwärts durch einen schmalen Waldgürtel und (vorzugsweise) rechts im Zickzack über den steilen Gipfelhang oder rechts davon durch den schütteren Wald auf den Grat und über diesen zum Gipfel. Die Schneelage entscheidet darüber, ob man über den im unteren Teil zunehmend mit Stauden verwachsenen Gipfelhang oder durch den Wald abfährt.

Notizen:

TOURENREGION GENNERALM

1295 m, 500 hm, ↑ 1,5 h

Anfahrt: Hintersee – Lämmerbach.

Anstieg auf der Forststraße zur Genneralm.

Notizen:

HOHER ZINKEN 23

1764 m, 450 hm, ↑ 1,5 h

Von der Genneralm ostwärts über eine große Bodenwelle in eine Senke und auf dem markierten Sommerweg durch einen schmalen Waldgürtel erst auf der rechten Seite und dann nach links querend über den steilen Nordwesthang hinauf und über ein freies Flachstück zum Gipfel.

Notizen:

Variante OSTERHORN 24

1746 m

Vom Hohen Zinken ostwärts auf dem Kamm ca. 60 hm abfahren und knapp 40 hm hinauf zum Ziel (⇆ ca. 40 min).

Notizen:

Variante GROSSER RADL 25

1742 m

Vom Hohen Zinken bei stabiler Schneelage Abfahrt ca. 200 hm über den steilen Südosthang und Anstieg südwestwärts ca. 160 hm auf den Gipfel (⇆ ca. 1 h). Von hier lohnend noch

250 hm Abfahrt südwärts zur Hochzinkenalm. Rückkehr zur Genneralm über den Hohen Zinken.
Notizen:

26 **Variante EGELSEEHÖRNDL**

1782 m, 1150 hm, ↑ 4 h, beim Rückweg 200 hm Gegenanstieg, mühsam, Karte S. 47
Vom Hohen Zinken Abfahrt ostwärts in den Sattel zwischen Zinken und Großem Radl, weiter nach Osten bis an den lichten Lärchenwald, südwärts über das Rossfeld auf den langgezogenen Nordrücken des Egelseehörndls ansteigen und in stetigem bergauf-bergab auf dem Rücken (Vorsicht Wechten) auf den weit nach Süden vorgeschobenen höchsten Punkt. Auf dem Rückweg 200 hm Gegenanstieg auf den Hohen Zinken.
Notizen:

27 **GENNERHORN**

1735 m, 450 hm, ↑ 1–1,5 h, nur bei stabiler Schneelage
Von der Genneralm westwärts über den steilen Osthang bis zu einem Felsband, nach links durch eine deutliche Lücke und über den Südostgrat zum Gipfel. Abfahrt wie Anstieg oder nach ein paar Metern Abstieg auf dem Nordwestgrat durch eine deutlich erkennbare Lücke im Felsband in den steilen Nordhang und an der rechten Seite eines ausgeprägten Grabens hinunter zur Gruberalm. Auf der Forststraße zurück nach Lämmerbach.
Notizen:

28 **DÜRLSTEIN**

1697 m, 400 hm, ↑ 1,5 h, schwierig, nur bei stabiler Firnlage
Von der Genneralm zuerst südostwärts auf dem markierten Sommerweg in das Kar zwischen Gennerhorn und Gruberhorn. Nun je nach Verhältnissen südwestwärts über schwach ausgeprägte Geländestufen in eine Scharte (Schaflucken) und zum Gipfel.
Notizen:

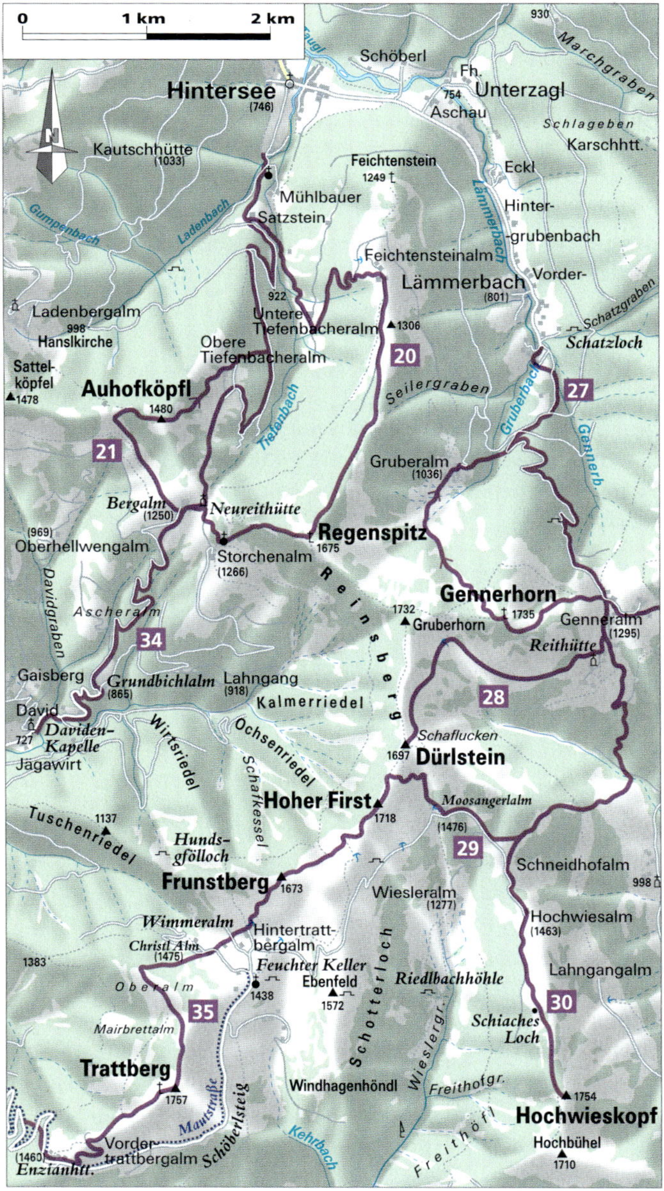
0
1 km
2 km
Hintersee
(746)
Schöberl
Fh.
754
Unterzagl
Aschau
930
Marchgraben
Schlageben
Karschhtt.
Kautschhütte
(1033)
Feichtenstein
1249
Eckl
Mühlbauer
Satzstein
Gumpenbach
Ladenbach
Lämmerbach
Hinter-
-grubenbach
Feichtensteinalm
Lämmerbach
(801)
Vorder-
Schatzgraben
922
Untere
Tiefenbacheralm
1306
Ladenbergalm
998
Hanslkirche
Schatzloch
Obere
Tiefenbacheralm
20
Sattel-
köpfel
1478
Auhofköpfl
1480
Seilergraben
Gruberbach
27
Tiefenbach
Gennerb
21
Gruberalm
(1036)
Bergalm
(1250)
Neureithütte
(969)
Oberhellwengalm
Storchenalm
(1266)
Regenspitz
1675
Reinsberg
Davidgraben
Ascheralm
Gennerhorn
1732
1735
Gruberhorn
Genneralm
(1295)
Reithütte
34
Gaisberg
Grundbichlalm
(865)
Lahngang
(918)
Kalmerriedel
28
David
727
Daviden-
Kapelle
Jägawirt
Wirtsriedel
Ochsenriedel
Schafkessel
Schaflucken
1697
Dürlstein
Hoher First
1718
Moosangerlalm
(1476)
Tuschenriedel
1137
Hunds-
gfölloch
29
Schneidhofalm
Frunstberg
1673
Wiesleralm
(1277)
998
Wimmeralm
Hintertratt-
bergalm
Hochwiesalm
(1463)
Christl Alm
(1475)
1383
Feuchter Keller
Ebenfeld
1572
1438
Oberalm
Schotterloch
Riedlbachhöhle
Lahngangalm
35
30
Schiaches
Loch
Mairbrettalm
Trattberg
1757
Mautstraße
Schöberlsteig
Windhagenhöndl
Wieslergr.
Freithofgr.
1754
Hochwieskopf
Vorder-
trattbergalm
(1460)
Enzianhtt.
Kehrbach
Freithöfl
Hochbühel
1710

29 HOHER FIRST

1718 m, 700 hm und 300 hm Gegenanstieg, ↑ 2 h, Karte S. 49

Abfahrt von der Genneralm südwärts durch ein Waldstück in das Ackersbachtal. Dort nach Westen über den Bach, teils steil bergauf durch schütter bewaldetes Gelände über den Kamm zur Moosangerlalm, durch eine breite Rinne in eine Senke zwischen Dürlstein und Hohem First und nach links zum Gipfel. Bei der Rückkehr Gegenanstieg zur Genneralm.

Notizen:

30 HOCHWIESKOPF

1754 m, 750 hm und 300 hm Gegenanstieg, ↑ 2 h, Karte S. 49

Abfahrt in das Ackersbachtal, über den Bach, südwestwärts steil bergauf über schütter bewaldetes Gelände zur Hochwiesalm und südwärts über den breiten Rücken zum Gipfel. Bei der Rückkehr Gegenanstieg zur Genneralm.

Notizen:

31 SCHLENKEN

1648 m, 1150 hm, ↑ 3,5 h

Anfahrt: Hallein – Adnet – Waidach.

Anstieg erst auf der Straße ostwärts durch zwei Kehren und ein kurzes Waldstück, dann geradewegs über Wiesen hinauf zum Gehöft Lacken, weiter auf einem Sträßchen und über einen steilen Hang nach Zillreit (hierher Straße von Krispl), auf dem Sommerweg über die Formau und die Jagernase zum Gipfel. Abfahrt durch die auffallende Schlenkenrinne nur bei absolut stabiler Schneelage, sonst über den breiten Westhang zu den Almhütten und auf der Forststraße zurück nach Zillreith. Lohnende Abfahrtsvariante: Vom Gipfel nordwärts über den Kamm bis knapp vor die Jagernase und westwärts durch schütteren Wald steil hinunter zur Forststraße nach Zillreith.

Notizen:

Variante NIGELKAR 32

1175 m, 500 hm, ↑ 1,5 h, nur bei stabiler Firnlage

Vom Schlenken steil südostwärts in das Nigelkar, in der unteren Hälfte rechts neben einem Wald durch eine Engstelle und dann über Almböden zur Nigelkaralm.

Rückkehr auf dem Almweg durch ein Waldstück zur Schlenkenalm und zum Gipfel oder nach 200 hm ab der Schlenkenalm nordwestwärts unter dem Gipfelhang vorbei zurück nach Zillreit.

Notizen:

SCHMITTENSTEIN 33

1696 m, 800 hm, ↑ 2 h

Anfahrt: Vigaun – Sommerau – etwa 400 m weit in das Taugltal – Abzweigung links hinunter über den Hohen Steg und hinauf nach Kasbach.

Anstieg auf dem Almweg nordostwärts über eine Folge von Lichtungen zur Schlenkensteinalm und über einen breiten Rücken zu dem ostseitig meist stark überwechteten Kamm, der zum Schmittenstein leitet. Skidepot knapp unter dem Gipfel vor einem ca. mannshohen und gestuften Felsband, das keine technischen Schwierigkeiten macht.

Notizen:

34 **REGENSPITZ/ Westanstieg**

1675 m, 900 hm, ↑ 2,5 h, Karte S. 49

Anfahrt: Vigaun – Sommerau – durch das Taugltal bis zum Talschluss.

Anstieg erst auf der Straße bis zum (im Winter meist geschlossenen) Wh Grundbichl, gemäß der Sommermarkierung zur Ascheralm und weiter bis knapp an den Sattel der Bergalm, nun ostwärts parallel zum ausgeprägten Kamm auf den Gipfel.

Notizen:

35 **TRATTBERG**

1757 m, 1000 hm, ↑ 3 h, Karte S. 49

Anfahrt: Vigaun – St. Koloman – Sommerau – Großhorn (Mautschranken).

Anstieg vom Schranken auf der Mautstraße erst durch einen Wald, dann durch mehrere Kehren über den Westhang des Trattbergs (Abkürzungen möglich) zur Vorderen Trattbergalm (Wh Enzian) und über den breiten Rücken zum Gipfel.

Notizen:

36 **MOOSANGERL-RUNDTOUR**

2000 hm, 20 km horizontale Distanz, 6 bis 8 h reine Gehzeit, mehrere Rhythmuswechsel zwischen Anstieg und Abfahrt, zwei Steilstufen, nur bei absolut stabiler Schnee- und Wetterlage, gut geeignet als Vorbereitung auf Hochtouren.

Anfahrt: Vigaun – Sommerau – Großhorn (Mautschranken).

Zuerst 750 hm Anstieg auf den Trattberg und Abfahrt nordwärts bis an den Wald, über eine Steilstufe ostwärts hinunter zur Hinteren Trattbergalm. Nun nordostwärts 200 hm Anstieg auf den Frunstberg, Abfahrt in eine Senke, 150 hm Anstieg auf den Hohen First, Abfahrt durch eine steile Mulde zur Moosangerlalm und südwärts gemächliche 300 hm auf den Hochwieskopf. Abfahrt zurück zur Moosangerlalm und 200 hm Anstieg auf den Hohen First, Abfahrt in die Senke und 100 hm auf den Frunstberg. Dann Abfahrt zur Hinteren Trattbergalm, 300 hm mühsam entlang der Abfahrtsspur auf den Trattberg und am Ende Abfahrt nach Großhorn.

Notizen:

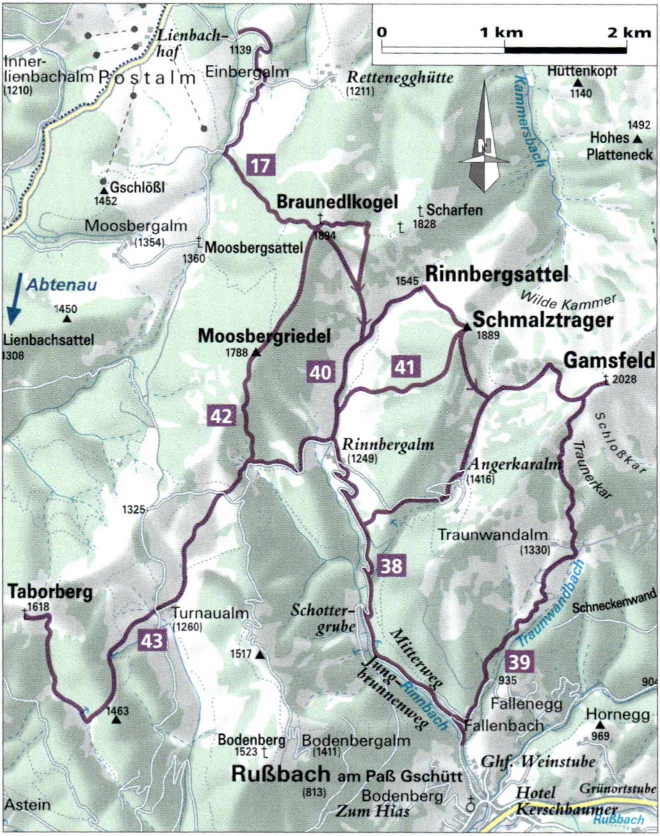

SCHWARZERBERG 37

1584 m, 700 hm, ↑ 2 h, schwierig, nur bei stabiler Schneelage

Anfahrt: Kuchl/Golling – Hochreith – Wh Bachrainer.

Anstieg vom Bachrainer auf dem markierten Sommerweg über den Gsengriegel in die markante, von kleinen Felsbändern durchzogene und weithin sichtbare Schneise, die den Osthang des Schwarzerberges durchzieht, und über eine Wiese zum Gipfel. Abfahrt durch die Schneise, an deren Ende etwas mühsam nach links durch den Wald zur Aufstiegsspur queren.

Notizen:

38 **GAMSFELD**

2028 m, 1200 hm, ↑ 3,5 h, Karte S. 53

Anfahrt: Abtenau – Rußbach/Parkplatz vor dem Rinnbachgraben. Anstieg vom Parkplatz zuerst nordwärts, dann nordwestwärts auf der Forststraße Richtung Rinnbergalm bis zu einer scharfen S-Kurve, nach rechts etwa 50 hm steil durch Gehölz und nordostwärts in einen breiten Graben, der über ein Steilstück und vorbei an der Angerkaralm in ein riesiges Becken leitet. Zunehmend steil durch eine Rinne auf den Grat und auf diesem südostwärts in weitem Bogen zum Gipfel.

Notizen:

39 **Variante TRAUNWANDALM**

2028 m, 1200 hm, ↑ 3,5 h, bei Firn lohnend, Karte S. 53

Anstieg vom Parkplatz nordostwärts auf dem Almweg zur Traunwandalm, nun steil rund 200 hm durch Wald mit schrofigen Passagen auf einen Rücken, der halbrechts auf das Gamsfeld leitet. Abfahrt wie Anstieg, das Steilstück ca. 100 m weiter westlich parallel zum Anstieg umfahren.

Notizen:

40 **Variante BRAUNEDLKOGEL/Südanstieg**

1894 m, 1050 hm, ↑ 3 h, im Gipfelaufbau steil, Karte S. 53

Anstieg vom Parkplatz in Rußbach auf der Forststraße 3 km nordwärts zur Rinnbergalm und nordostwärts weiter in das Rinnbergkar bis zu den flachen Böden vor dem Rinnbergsattel (1545 m). Nun nordwestwärts über einen steilen Rücken in das Gipfelkar, nordwärts zwischen Schrofen zu einem Sattel und westwärts auf den Gipfel. Abfahrt durch die steile Südrinne nur bei stabiler Firnlage!

Notizen:

41 **Variante SCHMALZTRAGER**

1889 m, 1050 hm, ↑ 3 h, Karte S. 53

Ab der Rinnbergalm etwa 700 m Richtung Rinnbergsattel, nach rechts (ostwärts) durch eine steile und bewuchsfreie Rinne auf den Südrücken des Schmalztragers, nordwärts auf dem Grat – kleine Felsköpfe links umgehen – bis zum letzten Aufschwung

und zu Fuß auf den Gipfel. Anstiegsvariante: Von der Rinnbergalm bis knapp an den Rinnbergsattel und südostwärts über knapp 400 hm direkt zum Gipfel. Abfahrten entweder über die schütter bewaldete Westflanke und talauswärts nach Rußbach oder bei sicherer Firnlage vom Gipfel südwärts steil durch die große Mulde in das Angerkar und zurück zur Rinnbergalmstraße.
Notizen:

Variante MOOSBERGRIEDEL 42

1788 m, 950 hm, ↑ 3 h, Karte S. 53
Ab der Rinnbergalm westwärts auf dem Almweg Richtung Postalm bis zur Abzweigung des Weges südwärts auf den Bodenberg, nun nordwärts durch Lichtungen über den Rücken zum Gipfel. Abstecher über den Grat zum Braunedlkogel lohnend (100 hm, 0,5 h mehr).
Notizen:

Variante TABORBERG 43

1618 m, 800 hm, 100 hm Gegenanstieg, ↑ 3,5 h, Karte S. 53
Ab der Rinnbergalm westwärts auf dem Almweg Richtung Postalm bis über den Kessel der Turnaualm, kurze Abfahrt dorthin und in weit nach Süden ausholendem Bogen über den Südostrücken auf den Gipfel.
Notizen:

Dürrnbachhorn-Gipfel

STAUFEN 44

1771 m, 950 hm, ↑ 3,5 h, schwierig, nur bei stabiler Firnlage

Anfahrt: Bad Reichenhall – Inzell – Wh Adlgaß.

Anstieg von Adlgaß auf dem markierten Güterweg südostwärts entlang des Frillenseebachs, nach ca. 1200 m an der Weggabelung links zu einem Forststraßendreieck und geradewegs ostwärts auf der Forststraße ca. 2,5 km weiter in einen Kessel zwischen Staufen und Mittelstaufen. Nun südwärts steil durch das Kar in die ausgeprägte Scharte zwischen beiden Gipfeln und ostwärts zum Ziel.

Notizen:

Variante ZWIESEL/Nordanstieg 45

1782 m, 950 hm, ↑ 3 h, schwierig, nur bei stabiler Firnlage

Anstieg ab Adlgaß auf dem markierten Weg zum Frillensee, ostseitig an diesem vorbei, über eine bewaldete Steilstufe auf

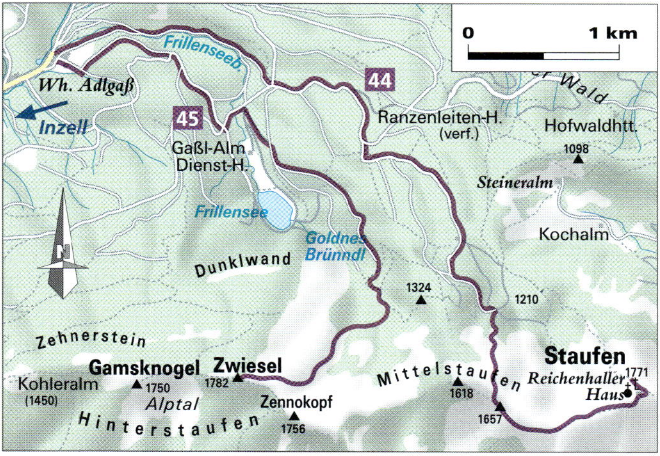

eine Terrasse (Höhe ca. 1300 m), südostwärts in das Zwieselkar, zwischen zwei Felsen hindurch auf den Grat und westwärts über den Zennokopf auf den Gipfel.

Notizen:

---

46 ZWIESEL/Südanstieg

1782 m, 900 hm, ↑ 2,5 h

Anfahrt: Bad Reichenhall – Thumsee – Weißbach – Jochberg. Anstieg vom Parkplatz nordostwärts auf einer Forststraße, an deren erster Linkskurve nach rechts und über zwei Linksabbieger zu einem Schlag, an dessen Ostseite der Sommerweg zur Zwieselalm führt. Über diesen Schlag (oder im hochstämmigen Wald westlich daneben) bergan, dann westwärts in den nächsten Schlag und auf dem Sommerweg zur Zwieselalm. Nun 100 m waagrecht westwärts und dann nordwärts durch Baumbestand in die Latschenzone und zum Gipfel.

Notizen:

---

47 GAMSKNOGEL

1750 m, 850 hm, ↑ 2,5 h

Anfahrt: Bad Reichenhall – Thumsee – Weißbach – Jochberg. Anstieg vom Parkplatz am Straßenende in Jochberg entlang der Sommermarkierungen (Wegweiser) nordwärts zu einer Forststraße, auf dieser links (westwärts) bis zu einer Verzweigung, weiter nordwestwärts nach der DAV-Skimarkierung, durch zwei Kehren in den Hochwald und nordwärts zur verfallenen Rinneraueralm (Scharte oberhalb des felsigen Geländes), weiter durch den zunehmend lichteren Wald und an der Westseite der Abbrüche (Wechten) direkt hinauf auf den Gipfel.

Notizen:

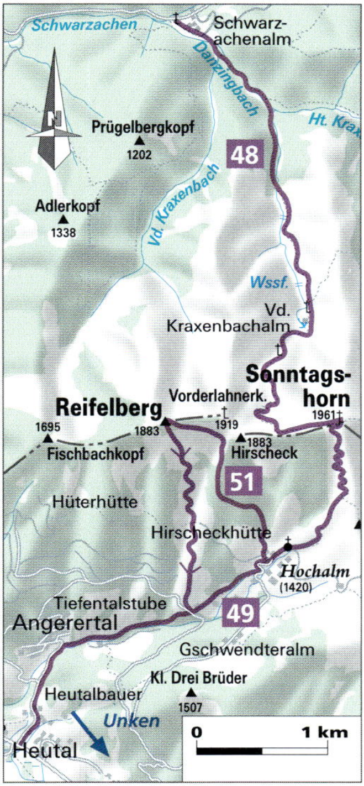

SONNTAGSHORN/ Nordanstieg

1961 m, 1200 hm, ↑ 4 h, schwierig, nur bei stabiler Firnlage

Anfahrt: Autobahnabfahrt Siegsdorf/Traunstein – Ruhpolding – Laubau.

Anstieg von Laubau auf dem Salinenweg 3 km zur Schwarzachenalm, südostwärts auf markiertem Weg ca. 1 km taleinwärts und dann auf der Westseite des Danzingbaches auf markiertem Weg über eine Steilstufe zur Vorderen Kraxenbachalm. Durch das Kar „Großer Sand" zuletzt sehr steil in die Scharte (Höhe 1709 m) und – falls lohnend – ostwärts auf dem Grat noch 250 hm zum Gipfel.

Notizen:

SONNTAGSHORN/ Südanstieg 49

1961 m, 1000 hm, ↑ 3 h

Anfahrt: Unken – Heutal/Alpengasthof.

Anstieg auf dem markierten Sommerweg nordostwärts durch das Tal zur Hochalm, ostwärts durch eine Mulde auf den Kamm und nun nordwärts über den breiten Südrücken zum Gipfel.

Notizen:

Variante PEITLINGKÖPFL 50

1720 m, 750 hm, ↑ 2 h

Anstieg zur Hochalm, nun aber südostwärts in einem Bogen auf den Gipfel.

Notizen:

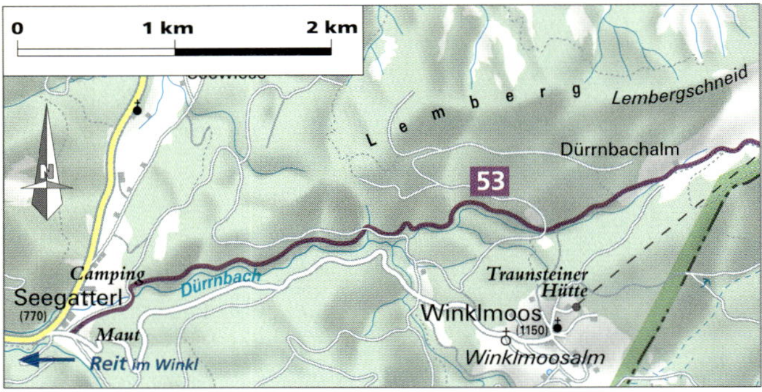

51 **Variante REIFELBERG**

1883 m, 900 hm, ↑ 3 h, steil, Karte S. 59

Anstieg bis zu den ersten Hütten der Hochalm (Höhe 1260 m) und nordwärts durch eine Rinne. Nach 300 hm westwärts aus dieser Rinne auf einen Grat in Richtung auf das Hirscheck zu, ca. 80 hm vor diesem Gipfel westwärts durch den oberen Rand einer Rinne auf den Reifelberg. Abfahrt wie Anstieg oder (nur bei stabiler Schneelage!) durch die Rinne westseitig des Anstiegsgrates.

Notizen:

52 **DÜRRNBACHHORN/Ostanstieg**

1776 m, 800 hm, ↑ 2 h

Anfahrt: Unken – Heutalstraße – Parkplatz Heutal.

Anstieg vom (kostenpflichtigen) Parkplatz westwärts entlang der Piste und an der Wildalm vorbei auf den Südrücken des Dürrnbachhorns. Entlang des Rückens hinauf bis zur Schneide (Grenze Österreich/Bayern) und entlang dieser Schneide westwärts flach zum Gipfel.

Notizen:

53 **DÜRRNBACHHORN/Westanstieg**

1776 m, 1000 hm, ↑ 2,5 h

Anfahrt: Bad Reichenhall – deutsche Alpenstraße Richtung Reit im Winkl bis Parkplatz Schneegatterl.

Anstieg vom Parkplatz nordwärts auf der Forststraße (Loipe)

über den Dürrnbach, auf dem Sommerweg entlang des Grabens wieder auf die Straße und auf dieser bis zur nächsten Rechtskurve (Wegweiser). Weiter auf dem Sommerweg ostwärts zur Dürrnbachalm. Ab der Alm über die freien Hänge bis an den Waldrand, nach rechts zu einer Geländekante und entlang dieses Südrückens nordwärts zum Gipfelkreuz. Abfahrt im unteren Bereich auf der Forststraße.

Notizen:

FELLHORN 54

1766 m, 1050 hm, ↑ 3,5 h

Anfahrt: Autobahnabfahrt Siegsdorf – Ruhpolding – Schneegatterl.

Anstieg südwestwärts auf einer Straße zur Nattersbergalm, entlang des markierten Almweges durch ein Waldstück, über die Obere Hemmersuppenalm zum Straubinger Haus und südostwärts über den breiten Rücken zum Gipfel.

Notizen:

VORDERER RAUSCHBERG 55

1648 m, 900 hm, ↑ 3 h, steil, nur bei stabiler Schneelage, bei Vereisung gefährlich, Steinschlaggefahr

Anfahrt: Inzell – deutsche Alpenstraße Richtung Ruhpolding – Parkplatz Froschsee.

Anstieg vom Parkplatz entlang der Forststraße bis zur großen Kreuzung mit der Forststraße, die von Ruhpolding heraufkommt. Hier ostwärts unter einer Felswand hindurch in den Rossgassenboden. Auf der Straße oder abkürzend ans untere Ende der Rossgasse, auf der Kienbergabfahrt unter Felsen hindurch (Steinschlaggefahr) in den Kienbergsattel. Weiter auf der Straße flach südwestwärts zur Rauschbergalm, dann nordwärts zur Skulptur (Adams Hand) auf dem Gipfel. Abfahrt entlang des Alpenlehrpfades nach Osten zur Einfahrt der steilen Rossgasse und durch diese (die felsige Engstelle kann links umfahren werden) hinunter zum Rossboden.

Notizen:

---

56 Variante STREICHER

1594 m, 850 hm, ↑ 2,5 h

Vom Kienbergsattel in einem weiten Linksbogen auf einen flachen Rücken und nach Nordosten und an der Inzeller Skihütte vorbei zum Gipfel.

Notizen:

---

57 HOCHGERN

1744 m, 1200 hm, ↑ 3,5 h

Anfahrt: Autobahnabfahrt Grabenstätt – Marquartstein – Unterwössen/Au.

Anstieg nordostwärts die Kehren einer Straße abschneidend über Manzenberg hinauf nach Gschwand, dann entlang der Straße bis zur Abzweigung Gernalm und von hier ostwärts geradewegs zum Gipfel.

Notizen:

---

58 KARLSPITZE

1507 m, 900 hm, ↑ 2,5 h

Anfahrt: Autobahnabfahrt Grabenstätt – Marquartstein – Kossen/Staffen.

Anstieg entlang des Liftes westwärts zur Welzenalm (Auffahrt mit dem Lift spart 45 min), nun nordwestwärts durch den Talbachgraben direkt (ohne Umweg auf der Straße über die Notheggeralm) hinauf zu den Kössener Karalmen und auf die Karlspitze.

Notizen:

ZINNENBERG 59

1565 m, 900 hm, ↑ 3 h

Anfahrt: Autobahnabfahrt Bernau – Aschau/Högermühle.
Anstieg südwestwärts auf dem markierten Almweg zur Ellandalm, noch durch ein Waldstück zu den Böden der Baumgartenalm und zum Gipfel.

Notizen:

GEIGELSTEIN 60

1808 m, 1100 hm, ↑ 3,5 h

Anfahrt: Autobahnabfahrt Bernau – Aschau – Sachrang/Huben.
Anstieg: Etwa 500 m talauswärts von Huben zweigt südwärts ein markierter Almweg ab, auf diesem bis zu einer Forststraße im Wald und darauf südostwärts zur Thalalm, weiter ostwärts zur Priener Hütte und nun in weitem Bogen nordwärts ausholend durch eine Mulde auf den Gipfel.

Notizen:

SPITZSTEIN 61

1597 m, 850 hm, ↑ 2,5 h

Anfahrt: Autobahnabfahrt Bernau – Sachrang/Schweibernlift.
Anstieg westwärts durch einen Graben nach Mitterleiten, weiter nordwestwärts auf dem markierten Weg zum Spitzsteinhaus und zuletzt durch ein lichtes Waldstück zum Gipfel.

Notizen:

Im Watzmann-Kar

ROSSFELD/Nordanstieg **62**

1551 m, 600 hm, ↑ 2 h

Anfahrt: Salzburg – Zinkenlift/Dürrnberg – Protestantenweg ca. 1 km bis zum Gehöft Stocker und je nach Schneelage noch 300 m bis zum Schranken.

Anstieg vom Schranken auf der gesperrten Forststraße 300 m bis zu einer Gabelung, rechts weiter bis zum breiten Osthang, über diesen hinauf zu einem Querweg für Ratracs, nach links durch ein Waldstück und geradeaus auf den Gipfel.

Notizen:

ROSSFELD/Westanstieg **63**

1551 m, 800 hm, ↑ 2,5 h

Anfahrt: Marktschellenberg (oder Dürrnberg) – Oberau.

Anstieg vom großen Parkplatz beim Lift erst auf der Piste ostwärts bis zur großen Kehre der Rossfeldstraße, durch den Durchlass und südwärts auf das Rossfeld. Diese Strecke ist vormittags eher einsam, weil sich die Pistenfahrer im Bereich des Gipfels tummeln.

Notizen:

ECKERALM/ECKERLEITEN **64**

1692 m, 450 hm, ↑ 1,5 h, Karte S. 66

Anfahrt: Marktschellenberg (oder Dürrnberg) – Rossfeldstraße – Enzianhütte

Anstieg von der Hütte südwärts über die erste Steilstufe (rechts halten) zur Eckeralm und weiter südostwärts über den breiten Hang, der sich zuletzt vor dem Purtschellerhaus in einer kurzen Waldschneise verengt.

Notizen:

65 KEHLSTEIN

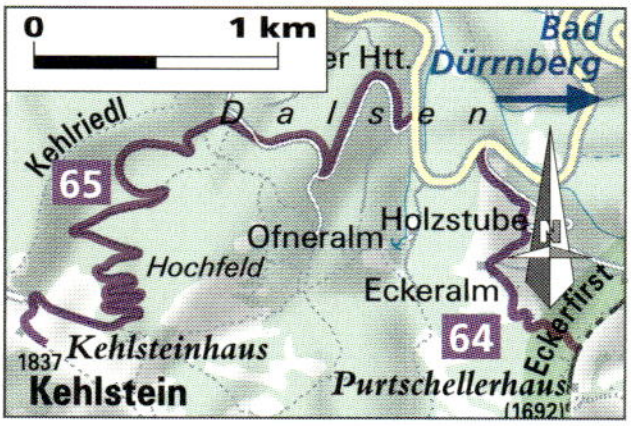

1837 m, 700 hm, ↑ 2 h, nur bei stabiler Firnlage

Anfahrt: Marktschellenberg (oder Dürrnberg) – Rossfeldstraße – Parkplatz ca. 200 m bergwärts von der Schiffererhütte.

Anstieg westwärts ca. 1,5 km über 200 hm durch Wald auf einer schmalen Straße, die Hitler in seinem „Führergelände" auf dem Obersalzberg hatte anlegen lassen. Dann südwärts in einen Kessel, durch den dieses von weitem sichtbare Sträßchen in sechs Kehren auf den Kehlstein leitet.

Notizen:

66 HOHER GÖLL

2522 m, 1400 hm, ↑ 4 h, auf den ersten 400 hm durch das Alpeltal steil und je nach Schneelage schwierig, nur bei stabiler Schneelage

Anfahrt: Marktschellenberg – Obersalzberg – Hinterbrand.

Der Anstieg beginnt linksseitig in der letzten Rechtskurve vor dem Parkplatz Hinterbrand auf einem steilen Steig südostwärts. Nach 150 hm Schlüsselstelle: ein mit Drahtseilen gesichertes Felsband (Skier hinauf- und zurücktragen). Weiter steiler Anstieg durch das Alpeltal bis auf eine Kuppe (Höhe 2000 m), über ein langes Flachstück ostwärts durch die „Umgäng", in weitem Linksbogen durch einen Kessel auf den Südostgrat des Gölls und nordwestwärts zum Gipfel.

Notizen:

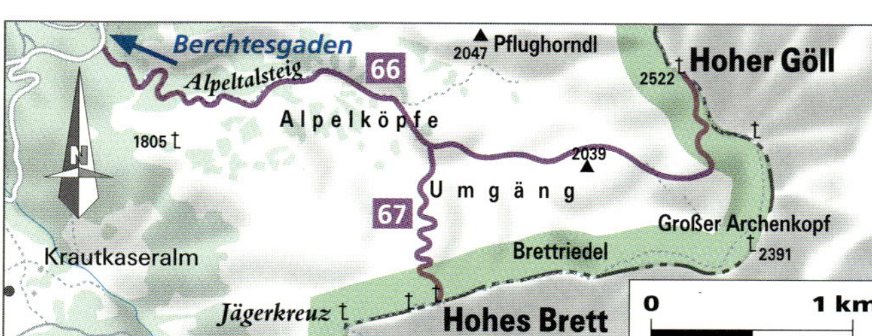

Variante HOHES BRETT 67

2340 m, 1200 hm, ↑ 3 h, steil

Anstieg ab Höhe 2000 m über dem Alpeltal am Beginn der „Umgäng" südwärts 350 hm durch eine steile Rinne an der Westseite eines markanten Felsklotzes vorbei auf den Gipfel.

Notizen:

SCHNEIBSTEIN/Nordanstieg 68

1100 hm, ↑ 3 h, lohnt nach Ende des Skibetriebs auf dem Jenner

Anfahrt: Berchtesgaden oder Markschellenberg – Obersalzberg – Hinterbrand.

Anstieg vom Parkplatz Hinterbrand zur Mittelstation, links (südwärts) über einen weiten Hang zu einer Forststraße, auf dieser ostwärts in den Kessel der Mitterkaseralm, auf den Sattel unter dem Jenner und über das Stahlhaus auf den Gipfel.

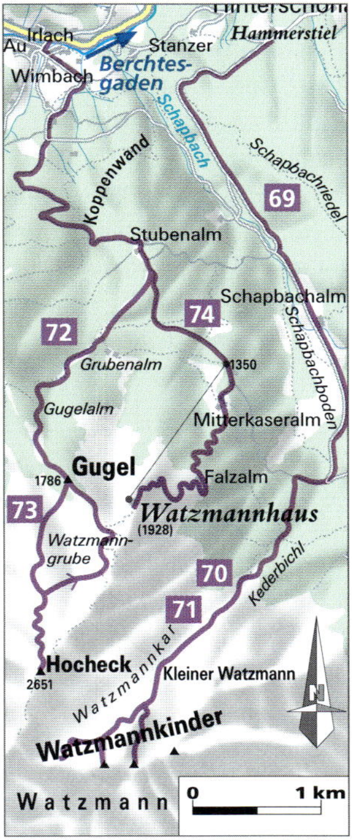

Notizen:

DRITTES WATZMANNKIND 69

2165 m, 1300 hm, ↑ 4 h

Anfahrt: Berchtesgaden – Schönau – Wh Hammerstiel.

Anstieg vom Parkplatz vor einem Schranken auf einer Forststraße 4 km weit und über 350 hm durch den Schapbachboden bis zur Linkskehre der Straße auf Höhe 1200 m. Hier auf den deutlich erkennbaren Weg südwestwärts abzweigen, über eine bewaldete Steilstufe in das Watzmannkar und ostseitig am beherrschenden Felsbau der Watzmannjungfrau vorbei auf den Gipfel. Umfahrung der waldigen Steilstufe ostwärts nach Kühroint möglich, weiter auf der Forststraße.

Notizen:

70 Variante FÜNFTES WATZMANNKIND

2225 m, 1350 hm, ↑ 4,5 h, Karte S. 67

Westseitig an der Watzmannjungfrau vorbei in den rechten Ast des Watzmannkars und steil von links auf den Gipfel.

Notizen:

---

71 Variante WATZMANN-SKISCHARTE

2100 m, 1300 hm, ↑ 4,5 h, Karte S. 67

Anstieg in den westlichen Ast des Watzmannkars und hinauf in die Scharte zwischen fünftem Kind und Mittelspitze. Großartiger Einblick in die Watzmann-Ostwand.

Notizen:

---

72 GUGEL

1786 m, 1150 hm, ↑ 3,5 h, Karte S. 67

Anfahrt: Berchtesgaden – Ramsau/Wimbachklamm.

Anstieg vom Parkplatz vor der Wimbachklamm vorerst gemäß den Wegweisern „Watzmannhaus" auf dem markierten Weg südwestwärts über eine Schneise und durch ein Waldstück zur Stubenalm. Dann nach ca. 130 hm beziehungsweise 400 m Distanz südwestwärts abbiegen in eine ehemals für FIS-Rennen ausgeschlagene Schneise, vorbei an der verfallenen Gugelalm und zuletzt steil auf diesen Vorgipfel des Watzmanns. Abfahrt wie Anstieg oder ab der Stubenalm ostwärts hinunter nach Schapbach und auf der Forststraße zurück nach Au.

Notizen:

---

73 Variante HOCHECK

2651 m, 2000 hm, ↑ 5 h, schwierig, Karte S. 67

Von der Gugel entlang des Rückens zum Nordgrat und über diesen teilweise steil auf den Gipfel. Abfahrt bis auf ca. 2100 m Höhe, bei der ersten Gelegenheit nach rechts steil in die Watzmanngrube und aus dieser nordwestwärts zurück zur Gugel.

Notizen:

---

74 Variante WATZMANNHAUS

1928 m, 1300 hm, ↑ 3,5 h, Karte S. 67

Anstieg von der Stubenalm weiter auf dem markierten Hüttenweg über Mitterkaseralm, Falzalm und den Gipfelhang auf das Falzköpfl, auf dem das Watzmannhaus steht. Bei guten Schneeverhältnissen weiterer Anstieg Richtung Hocheck bis Höhe 2300 m durchaus lohnend.

Notizen:

HOCHALM 75

2012 m, 1350 hm, ↑ 3,5 h, Karte S. 71

Anfahrt: Berchtesgaden – Ramsau – Parkplatz 500 m westlich der Kirche und jenseits der Brücke.

Anstieg auf der Forststraße südostwärts zur Eckaualm, südwärts auf dem markierten Sommerweg über zwei Steilstufen und dann südwestwärts über freie Hänge zur Schneide unter der Blaueisspitze.

Notizen:

SEEHORN/Nordanstieg 76

2321 m, 1700 hm, ↑ 6 h, anspruchsvoll, nur bei absolut stabiler Schneelage

Anfahrt: Berchtesgaden – Ramsau/Wimbachklamm.

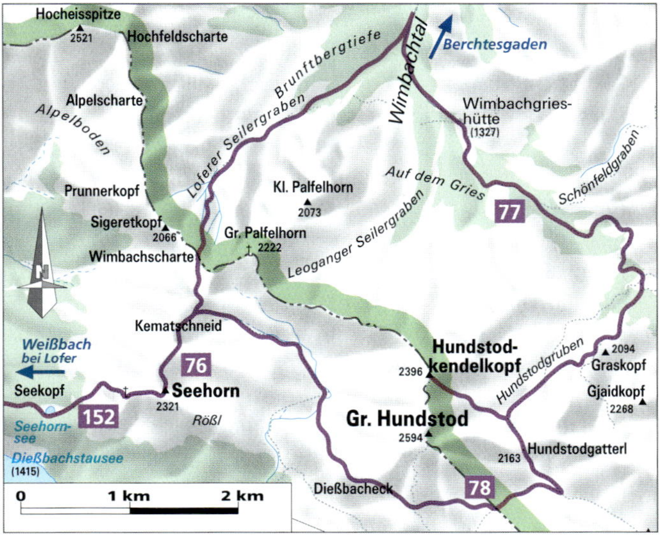

Am besten im Frühjahr, sobald die Wimbachgrieshütte (auch als Stützpunkt für mehrere andere Touren, Tel. 0049 8657 344) geöffnet ist. Anstieg zur Hütte 7 km, 700 hm, 3 h.
Anstieg von Ramsau südwestwärts auf dem markierten Weg Nr. 421 in das Wimbachtal und direkt auf den steilen, unverkennbaren Loferer Seilergraben zu. Auf Höhe 1450 m überflüssige Ausrüstung deponieren, damit man für den steilen Anstieg über 600 hm durch diese Rinne auf die Wimbachscharte gerüstet ist. Von dort über die Kematschneid südwärts zum Gipfel.
Notizen:

---

77 Variante HUNDSTODKENDELKOPF, Karte S. 69
2396 m, 1750 hm, ↑ 6 h, schwierig, nur bei stabiler Schneelage
Anstieg 700 hm und 3 h durch das Wimbachtal zur Wimbachgrieshütte (hier eventuell Nächtigung), weiter südostwärts durch das Kar und über eine teilweise mit Drahtseilen gesicherte Wandstufe auf den Trischübel und südwestwärts Richtung Hundstodgatterl bis Höhe 2150 m. Nun fast genau westwärts unter den Nordabstürzen des Großen Hundstods zunehmend steil auf die Gipfelschneide und westwärts zum Gipfel.
Notizen:

---

78 HUNDSTODREIB, Karte S. 69
2210 m, ab Ramsau 2100 hm, anspruchsvolle und schwierige Tour, zwei Gegenanstiege, 8 bis 9 h reine Gehzeit, nur bei absolut stabiler Wetter- und Schneelage!
Nächtigung in der Wimbachgrieshütte empfehlenswert, Tel. 0049 8657 433.
Tourverlauf ab der Wimbachgrieshütte: Südostwärts durch das Kar und über die teilweise mit Drahtseil gesicherte Wandstufe auf den Trischübel, südwärts entlang des markierten Sommerweges hinauf zum Hundstodgatterl, Abfahrt ca. 150 hm südostwärts in eine Mulde, 200 hm Anstieg westwärts in die Hundstodscharte (höchster Punkt dieser Tour), Querung westwärts zum Dießbacheck, Abfahrt nordwärts sehr steil über 350 hm zum Hochwies, Anstieg westwärts 350 hm auf die Kematschneid und Abfahrt durch den Loferer Seilergraben.
Notizen:

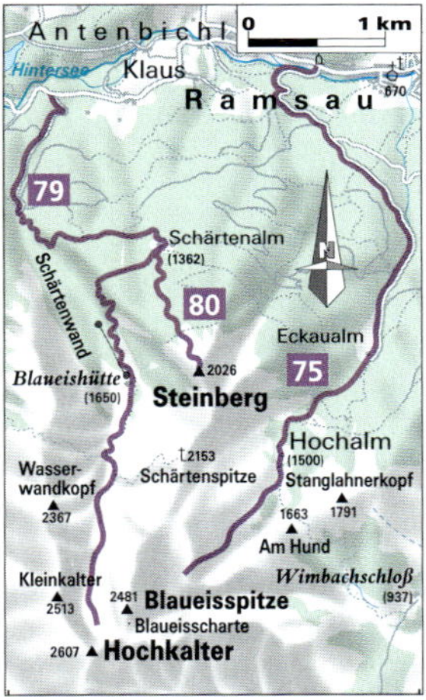

BLAUEIS 79

2350 m, 1550 hm, ↑ 4,5 h, steil, mühsam, nur bei stabilem Firn

Anfahrt: Berchtesgaden – Hintersee/Parkplatz.

Vom Parkplatz gemäß den Hinweistafeln auf dem Sommerweg vorbei an der Schärtenalm zur Blaueishütte und auf dem zunehmend steilen Firn bis zur Randkluft – sofern es die Verhältnisse erlauben.

Notizen:

Variante STEINBERG 80

2026 m, 1250 hm, ↑ 3,5 h

Anstieg zur Schärtenalm und nun direkt südwärts erst durch lichten Baumbestand und ab Höhe 1650 m über freie Hänge zum Gipfel.

Notizen:

HOCHKALTERTÄLER

Anfahrt: Berchtesgaden – Ramsau/Hintersee – Parkplatz beim Nationalparkhaus vor dem Schranken auf der Hirschbichlstraße (800 m).

Notizen:

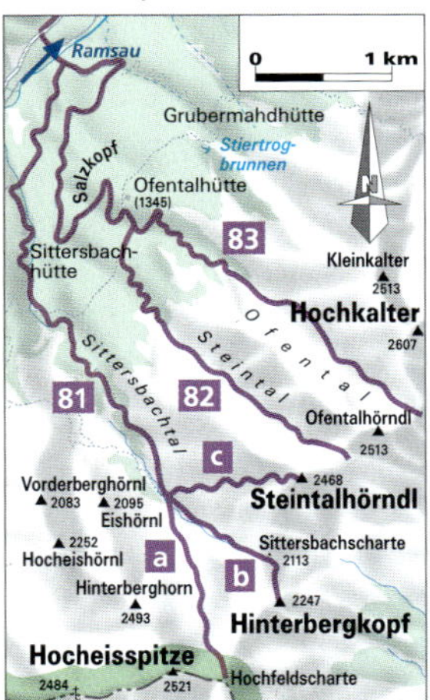

SITTERSBACHTAL 81

Vom Parkplatz südwestwärts 2 km auf der Hirschbichlstraße bis Höhe 830 m, südostwärts über den Klausbach, auf den unmarkierten Güterweg südwestwärts abzweigen, gut 1 km bis zum Sittersbach, über das Brückerl und nun an der Westseite des Sittersbachgrabens südwärts bis in das große Kar auf Höhe ca. 1900 m. Von hier entweder (a) südwärts Richtung Hocheisspitze

durch eine Mulde zur Hochfeldscharte (2342 m, 1550 hm, ↑ 5); (b) südostwärts in die Sittersbachscharte und auf dem Grat zum Hinterbergkopf (2247 m); (c) ostwärts direkt über einen 500 m hohen Steilhang (schwierig) auf das Steintalhörndl (2468 m).
Notizen:

---

82 **STEINTAL**

2400 m, 1550 hm, ↑ 4,5 h, Karte S. 71
Anstieg vom Parkplatz wie in das Sittersbachtal, ab der Brücke über den Klausbach aber geradewegs weiter auf dem markierten Sommerweg (Nr. 482) bis auf Höhe 1345 m. Ab hier auf nicht mehr markiertem Steig südwärts vorbei an einem mächtigen Felssporn der Ofentalschneid und durch das Steintal bis zur Scharte über den Abstürzen in das Wimbachtal.
Notizen:

---

83 **OFENTAL**

2460 m, 1600 hm, ↑ 4,5 h, Karte S. 71
Anstieg vom Parkplatz wie in das Steintal bis auf Höhe 1350 m. Nun aber weiter auf dem markierten Weg (Nr. 482) ostwärts in das Ofental bis an die Abstürze in das Wimbachtal. Sofern im Fels kein Schnee mehr liegt, lohnt im späten Frühjahr für erfahrene Alpinisten der Anstieg über den mit Nr. 482 markierten Klettersteig auf den Hochkalter (150 hm und 0,5 h).
Notizen:

---

84 **ALPGARTENRINNE – KARKOPF**

1738 m, 1150 hm, ↑ 3,5 h, schwierig und steil, Helmpflicht, nur bei stabiler Firnlage
Anfahrt: Bad Reichenhall – Bayerisch Gmain – Wanderparkplatz am südlichen Ortsende.
Vom beschilderten Wanderparkplatz – die Ski müssen so gut wie immer getragen werden – auf dem markierten Alpgartensteig (Nr. 477) Richtung Hochschlegel. Bei der ersten Abzweigung den breiteren (linken) Weg nehmen, an der folgenden Verzweigung rechts und über ein Brückerl den Weidbach queren. Etwas auf die andere Seite des größeren Hauptbachs, weiter durch steilen Wald, bis man von den Felsen nach links abgedrängt wird und

über eine Rampe etwas über der eigentlichen Rinne auftaucht. Ab dem Rinnenboden ist der Anstieg durch diese Rinne vorgegeben (der Sommerweg Alpgartensteig als Alternative führt etwas weiter rechts seilgesichert durch die Felsen). Nach dem Ausstieg aus der Rinne nach Südosten auf den Karkopf.
Notizen:

HOCHSCHLEGEL 85

1688 m, 1150 hm, ↑ 3 h
Anfahrt: Bad Reichenhall – Richtung Lofer bis Wh Baumgarten.
Anstieg vom Wh Baumgarten auf der breiten Forststraße südostwärts in den Röthelgraben bis zur Röthelklause. Hier (Abkürzungen) entlang der Straße nach Osten zur Röthelbachalm, bis man auf die Abzweigung des Predigtstuhlsteiges (Wegweiser) trifft. Auf dem Steig nordwärts bis zur Forststraße, auf dieser ein kurzes Stück, dann nordostwärts zur Oberen Schlegelalm und entlang der ehemaligen Piste ostwärts auf den Gipfel.
Abfahrt bis zur Schlegelalm und hinunter auf die Forststraße (DAV-Skimarkierung). Nun aber südwärts weiter auf der Straße, bis eine DAV-Skimarkierung rechts in einen unmarkierten, engen und steilen Ziehweg hinunter zur Röthelbachalm weist, und auf der Forststraße hinaus zum Wh Baumgarten.
Notizen:

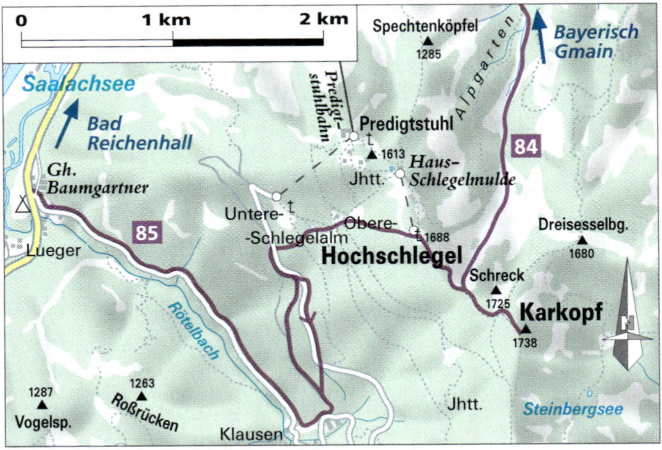

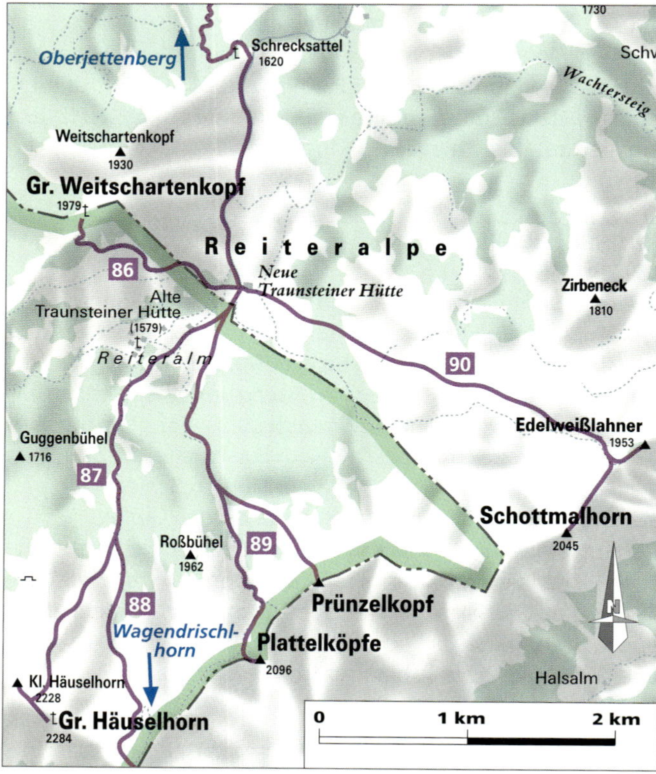

TRAUNSTEINER HÜTTE (REITER ALPE)

1570 m, 950 hm, ↑ 3 h, idealer Stützpunkt für eine Reihe von Skitouren, die allerdings auch als Tagestouren vom Tal aus zu bewältigen sind. Informationen beim AV Traunstein, Tel. 0049 861 69399.

Anfahrt: Bad Reichenhall – Schneizlreuth – Unterjettenberg – Oberjettenberg/Gabelung bei der Bundeswehranlage.

Anstieg südwärts entlang der Sommermarkierung (Nr. 474) erst auf einer Forststraße bis Höhe 1100 m, dann auf dem eigentlichen „Schrecksteig" zuletzt ziemlich steil auf den Schrecksattel und über die Hochfläche leicht bergab zur Hütte.

Notizen:

GROSSER WEITSCHARTENKOPF 86

1979 m, 400 hm, ↑ 1 h (ab Oberjettenberg 1300 hm und ↑ 4 h)
Anstieg von der Traunsteiner Hütte nordwestwärts in mehreren Kehren über den breiten Südosthang des Weitschartenkopfs.

Notizen:

HÄUSELHORN 87

2284, 750 hm und ↑ 2,5 h (ab Oberjettenberg 1700 hm und ↑ 5,5 h), schwierig, nur bei stabiler Schneelage
Von der Traunsteiner Hütte südwestwärts auf dem Sommerweg (Nr. 473) durch die Roßgasse, vorüber an einem auffälligen Felskopf und nach halbrechts über einen Steilhang in die Häuselgrube. Dann durch ein kleines Kar auf einen Sattel und von dort links auf das Große oder rechts auf das Kleine Häuselhorn.

Notizen:

WAGENDRISCHELHORN 88

2252 m, 700 und ↑ 2,5 h (ab Oberjettenberg 1650 hm und ↑ 5,5 h)
Anstieg von der Traunsteiner Hütte erst wie auf das Häuselhorn durch die Roßgasse und nun südwärts weiter in das Roßkar, über schrofiges Gelände durch eine Mulde unter dem Gipfel in eine Scharte und zu Fuß auf das Horn.

Notizen:

PLATTELKÖPFE 89

2096 m, 550 hm, ↑ 2 h (ab Oberjettenberg 1500 hm und ↑ 5 h)
Von der Traunsteiner Hütte auf dem markierten Sommerweg südwärts bis Höhe 1900 m. Von hier zu den Plattelköpfen oder ostwärts über den Reiter Steinberg auf den Prünzelkopf (2082 m).

Notizen:

SCHOTTMALHORN 90

2045 m, 500 hm und ↑ 2 h (ab Oberjettenberg 1450 hm und ↑ 5 h)
Von der Traunsteiner Hütte südostwärts auf dem markierten Sommerweg auf den Edelweißlahner und südwestwärts in eindrucksvoller Kammwanderung zum Schottmalhorn. Der Weg zum Prünzelkopf und Steinberg ergibt eine lohnende Rundtour.

Notizen:

Am Gosaukamm

SARSTEIN/Westanstieg 91

1975 m, 1200 hm, ↑ 3,5 h, steil

Anfahrt: Bad Ischl – Bad Goisern – Pötschenstraße bis zum Parkplatz nach der ersten Kehre.

Anstieg auf der Straße noch ca. 150 m nordostwärts, dann nach rechts (südostwärts) auf den markierten Weg abzweigen. Auf diesem an der Simony-Aussicht vorbei in den steilen Rothengraben bis hinauf zur Sarsteinalm und südwärts über eine kurze Geländestufe in das Kar unter dem Sarstein. Nun in einem Rechtsbogen auf den Gipfelrücken und wenige Meter nach Süden durch eine Mulde zum Kreuz.

Notizen:

SARSTEIN/Nordanstieg 92

1975 m, 1000 hm, ↑ 3 h, steil, nur bei stabiler Firnlage, Trittsicherheit erforderlich

Anfahrt: Bad Ischl – Pötschenpass.

Bei der ersten Forststraße östlich des Pötschenpasses gleich hinter dem Schranken auf einem Ziehweg nach Südosten zum markierten Sommeranstieg und darauf nach Süden zu einer Felsstufe. Über diese entlang von Seilsicherungen in das steile Nordkar, anfangs rechts haltend, bis man von den Felsen nach links abgedrängt wird, auf die Böden der Sarsteinalm hinauf. Bei erster Gelegenheit über eine kurze Geländestufe südwärts in das Kar unter dem Sarstein, in einem Rechtsbogen auf den Gipfelrücken und wenige Meter nach Süden durch eine Mulde zum Kreuz.

Notizen:

93 HOCHKALMBERG

1833 m, 1100 hm, ↑ 3 h

Anfahrt: Abtenau – Pass Gschütt – Gosau – Parkplatz Ramsau. Anstieg vom Parkplatz auf dem markierten Sommerweg (teilweise auch Wintermarkierungen) nordwärts bis zu einer Forststraße (ca. 900 m), diese überqueren und auf dem Sommerweg nordostwärts zu den freien Flächen der Iglmoosalm (1206 m). Ab der Alm nordwärts durch Wald hinauf zur Forststraße, in ein Tal zwischen Kriegleck und Seeaukogel bis zu einem Wegweiser (ca. 1400 m), dann entlang der Sommermarkierung nordwärts zu einem weiteren Wegweiser, ostwärts Richtung Goiserer Hütte (1592 m) und über den Westrücken auf den Gipfel.

Notizen:

94 GROSSE WEITSCHARTE

1900 m, 1000 hm, ↑ 3 h, im obersten Bereich steil, nur bei stabiler Firnlage

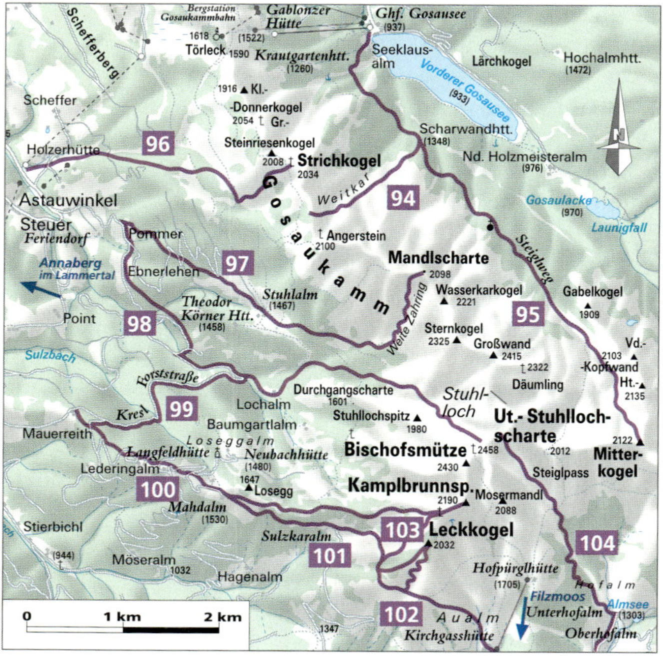

Anfahrt: Golling – Abtenau – Gosau – Vorderer Gosausee.
Anstieg vom Wh Gosausee auf dem markierten Steiglweg über ein steiles Waldstück zur Scharwandhütte, dort südwestwärts in das breite Weitkar abbiegen und im letzten Drittel dieses Kars durch dessen linken Ast steil hinauf zur Großen Weitscharte. Der rechte Ast hinauf zur kleinen Weitscharte (1940 m) ist steiler und schwieriger, aber bei stabilem Firn lohnend.
Notizen:

MITTERKOGEL 95

2125 m, 1200 hm, ↑ 4,5 h, im Gipfelbereich steil
Anfahrt: Golling – Gosau – Vorderer Gosausee.
Anstieg auf dem markierten Steiglweg südostwärts, vorüber an der Scharwandhütte, an einer Jagdhütte und einer Kapelle in die Eisgrube. Nun geradeaus – an der Abzweigung nach rechts zum Steiglpass vorbei – in das Tiefe Kar und steil auf den Gipfel.
Notizen:

STRICHKOGEL 96

2034 m, 1200 hm, ↑ 3,5 h, zwei Steilstufen und enge Passagen
Anfahrt: Golling – Abtenau – 1 km vor Annaberg links nach Astau/Gugg – Parkplatz bei der Bergbahn.
Anstieg vom Parkplatz nordostwärts vorüber an der Volksschule Gugg zu einer ostwärts führenden Baumreihe, die einem Zaun folgt. Links (nordseitig) vom Zaun durch eine Schneise bergan, eine Forststraße queren, in ein kleines Becken und südostwärts durch eine steile Schneise in einem Fichtengürtel. Weiter durch eine schütter bewaldete Mulde in das Sulzkar, über eine Steilstufe in das Tiefenkar und nordostwärts durch eine enge Gasse im Latschengürtel zum Gipfel.
Notizen:

MANDLSCHARTE 97

2098 m, 1100 hm, ↑ 3,5 h, steil, nur bei stabiler Firnlage
Anfahrt: Abtenau – Astau/Gugg – Gehöft Pommer.
Anstieg vom Pommer auf dem markierten Sommerweg durch ein Waldstück zu den Böden der Stuhlalm, kurze Abfahrt süd-

ostwärts in den Karboden und dann Anstieg nordostwärts durch das gewaltige Kar „Weite Zahring" zur Mandlscharte.
Notizen:

---

98 STUHLLOCH/Nordanstieg, Karte S. 78
2240 m, 1200 hm, ↑ 3,5 h, steil, nur bei stabiler Schneelage
Anfahrt: Abtenau – Astau/Gugg – Pommer – Gehöft Ebner.
Anstieg vom Ebner auf der gesperrten Forststraße 1 km südostwärts über einen Bach, nun diesem ostwärts folgend durch Wald zur Lochalm, in einem nach links (nordwärts) ausholenden Bogen in das weite Kar, den Abstürzen der Bischofsmütze entlang und sehr steil in die Obere Stuhllochscharte.
Notizen:

---

99 STUHLLOCH/Westanstieg
2240 m, 1100 hm, ↑ 3,5 h, Karte S. 78
Anfahrt: Abtenau – Annaberg – 1 km weiter und Auffahrt links nach Mauerreith (Parkplatz).
Anstieg vom Parkplatz ostwärts auf der Forststraße ohne wesentlichen Höhengewinn erst über den Sulzbachgraben und nordseitig um den bewaldeten Riedel herum zum Weißenbach (Furt). Auf dem Almweg hinter der Furt nach rechts hinauf zur Lochalm. Dann in einem nach links (nordwärts) ausholenden Bogen in das weite Kar, den Abstürzen der Bischofsmütze entlang und zunehmend sehr steil in die Obere Stuhllochscharte.
Notizen:

---

100 KAMPLBRUNNSPITZE/Westanstieg
2190 m, 1150 hm, ↑ 3 h, Karte S. 78
Anfahrt: Abtenau – Annaberg – 1 km weiter und Auffahrt nach links nach Mauerreith (Parkplatz).
Anstieg vom Parkplatz Mauerreith direkt südostwärts über den bewaldeten Rücken auf dem markierten Sommerweg zur Mahdalm, nun beliebig am Mähder Riedel vorbei und durch das Kar der Eisgrube nördlich des Kammes, der zur Kamplbrunnspitze zieht, auf den Gipfel. Abfahrt wie Anstieg (mit lohnender Weiterfahrt ab Ebmahd über Wiesen hinunter in das Lammertal).
Notizen:

Variante LECKKOGEL/Westanstieg 101

2032 m, 1000 hm, ↑ 2,5 h, Karte S. 78

Anstieg von Mauerreith südseitig am Mähder Riedel vorbei, südwärts zur Sulzkaralm (1543 m) abzweigen und weiter südostwärts durch die breite Mulde auf den Rücken, der nordostwärts zum Gipfel leitet.

Notizen:

LECKKOGEL/Südanstieg 102

2030 m, 1000 hm, ↑ 3,5 h, Karte S. 78

Anfahrt: Autobahnausfahrt Eben/Pongau – Filzmoos. Die Mautstraße zur Hofalm ist vom 20. Dezember bis zum 31. März für Privatverkehr gesperrt, für die 2,5 km bis zur Abzweigung der Forststraße über den Marcheggsattel gibt es ein Taxi im Ort. Anstieg auf dieser Forststraße zur Aualm, nun nordwestwärts in den Südhang des Leckkogels und direkt zum Gipfel.

Notizen:

Variante KAMPLBRUNNSPITZE/Südanstieg 103

2190 m, 1150 hm, ↑ 3,5 h, Karte S. 78

Von der Aualm den Gipfelhang westwärts zu dem Punkt queren, an dem der Austriaweg über den Südwestrücken des Leckkogels führt. Nun nordwärts in das Gamskar und durch dieses nordostwärts auf den Gipfel.

Notizen:

UNTERE STUHLLOCHSCHARTE 104

2012 m, 750 hm, ↑ 2,5 h, steil, nur bei stabiler Firnlage, Karte S. 78

Anfahrt: Autobahnausfahrt Eben/Pongau – Filzmoos – Taxi auf der gesperrten 5 km langen Straße zur Hofalm (oder zu Fuß etwa 1,5 h).

Anstieg von der Hofalm nordwestwärts und links vorbei an der Kesselwand in den Kessel, ein großes Kar an der Ostseite der Bischofsmütze, das sich unterhalb der Scharte zu einer steilen Rinne verjüngt und zur Scharte führt.

Notizen:

105 EISKARLSCHNEID/Westanstieg

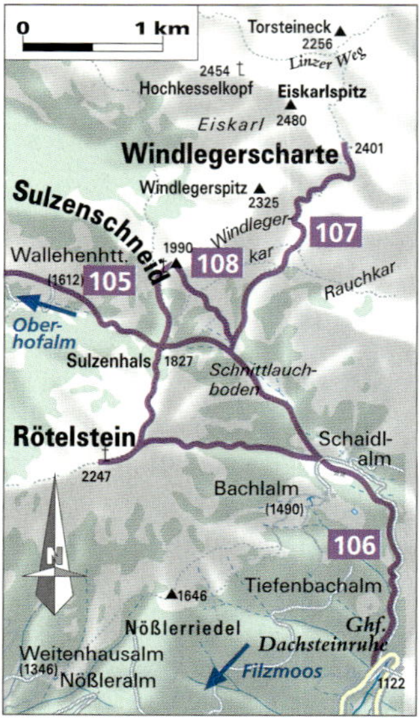

1990 m, 900 hm, ↑ 2,5 h

Anfahrt: Eben – Filzmoos – Mautstelle Hofalmstraße.

Anstieg vom Parkplatz auf der gesperrten Mautstraße etwa 4 km nordwärts bis zu einer Gabelung, nun rechts Richtung Oberhofalm zur Bögrainalm. Weiter ostwärts entlang einer Schneise, dann etwas flacher am Waldrand entlang bis zu den Wiesen bei der Wallehenhütte (1612 m). Nun entweder entlang des Sommerweges nach Südosten hinauf zum Sulzenhals und über den Südrücken oder direkt ostwärts durch lichten Baumbestand über das steile Sulzenfeld zum Gipfelkreuz.

Notizen:

106 RÖTELSTEIN

2247 m, 1050 hm, ↑ 3 h, anspruchsvolle Steilrinne, nur bei stabiler Schneelage

Anfahrt: Filzmoos – Richtung Ramsau bis Parkplatz knapp vor der Landesgrenze.

Anstieg auf der gesperrten Straße (Abkürzungen sinnvoll) zur Schaidlalm (1444 m). Den Weiterweg gibt die Rote Rinne über 700 hm nach Westen logisch vor. Die engen und steilen Schlüsselstellen befinden sich im oberen Drittel und werden am besten zu Fuß überwunden (fallweise mit Steigeisen). Ausstieg bei Punkt 2217 m und von hier wenige Meter flach nach Südwesten zum Gipfelkreuz. Einfachere Alternative für Anstieg und Abfahrt: Ab der Schaidlalm nordwestwärts über den Schnittlauchboden zum Sulzenhals, nun südwärts durch eine breite Rinne hinauf zu Punkt 2217 m und westwärts zum Gipfel.

Notizen:

WINDLEGERSCHARTE 107

2401m, 1300 hm ↑ 3,5 h, nur bei stabiler Firnlage, anspruchsvoll, Pickel und Steigeisen nötig

Anfahrt: Filzmoos – Richtung Ramsau bis Parkplatz knapp vor der Landesgrenze.

Anstieg auf der gesperrten Straße (Abkürzungen sinnvoll) zur Schaidlalm (1444 m). Weiter nordwestwärts auf den Schnittlauchboden, nun nordwärts in das nach oben zunehmend steiler und enger werdende Windlegerkar. Im obersten Teil dreht das Kar nach Osten, die Engstelle muss meist zu Fuß durchstiegen werden, bevor sich das Gelände weitet und noch einige flachere Höhenmeter zur Scharte zu bewältigen sind.

Notizen:

Variante EISKARLSCHNEID/Ostanstieg 108

1990 m, 850 hm, ↑ 2,5 h

Ab dem Schnittlauchboden entweder nordwestwärts direkt zum Gipfel oder aber westwärts weniger steil parallel zu einem Graben hinauf zum Sulzenhals (1821 m) und über den Südrücken zum Kreuz.

Notizen:

DACHSTEIN/Südanstieg 109

2995 m, 350 hm, ↑ 2 h, ab der Randkluft „Eisenweg", daher Helm, Pickel und Steigeisen nötig

Anfahrt: Filzmoos – Ramsau – Hunerkogelbahn.

Anstieg von der Bergstation auf der präparierten Trasse nach Nordwesten um die Felsen der Dirndl herum bis kurz vor die Dachsteinwarte. Hier verlässt man den Trampelpfad, steigt an der Ostschulter vorbei über den steilen Nordhang (Spalten) bis zur Randkluft (Skidepot) und auf dem Randkluftsteig (Normalweg) entlang von Stahlbügeln und Seilsicherungen hinauf zum Gipfel.

Abfahrt durch das Edelgrieß nur bei stabiler Schneelage (Trittsicherheit erforderlich). Von der Bergstation ostwärts zum Austriaschartenlift, über eine Leiter zum Rosemariestollen unter der Austriascharte. Nach dem dunklen Stollen weiter zu Fuß (fallweise heikel) nach Osten bis zur überwechteten, steilen Einfahrt in das Edelgrieß, durch das Kar hinunter bis zu den Felsen am Ende des Edelgrießgrabens (1850 m). Nun nach Westen queren und über Gräben an den Südabstürzen des Türlspitz vorbei zurück zum Parkplatz.

Notizen:

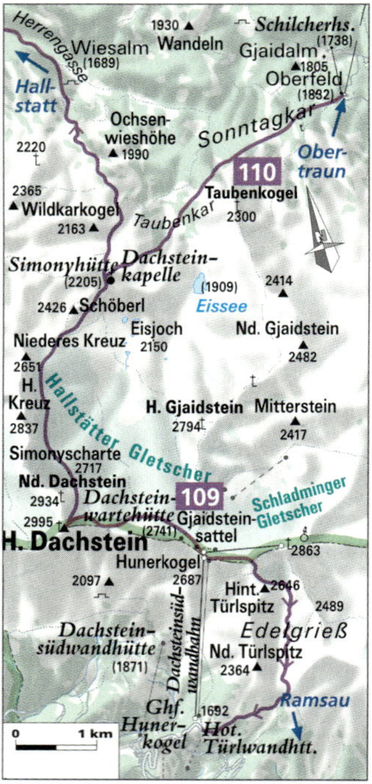

110 DACHSTEIN/Nordanstieg

2995 m, 1200 h, ↑ 3,5 h, ab Randklunft „Eisenweg“ zum Gipfel, hier Helm, Pickel und Steigeisen nötig

Anfahrt: Hallstatt – Obertraun – Auffahrt mit der Krippensteinbahn.

Anstieg von der Bergstation nach Südwesten zur Kaserne Oberfeld (Bundesheer) und weiter entlang des Sommerweges (meist präpariert, Stangenmarkierung) am Taubenkogel vorbei zur Simonyhütte. Nun nach Südwesten über einen Rücken unter den Südostwänden des Schöberls auf den Hallstätter Gletscher und südwärts (etwas westlich haltend) am Niederen Dachstein vorbei zur Randkluft. Hier die Skier deponieren und auf dem Randkluftsteig (Normalweg) entlang von Stahlbügeln und Seilsicherungen hinauf zum Gipfel.

Abfahrt wie Anstieg oder als „Hallstatt-Abfahrt“: Von der Randkluft nordwärts am Felssporn des Niederen Dachstein vorbei über die Gletscherausläufer zur Simonyhütte. Nordwärts entlang des Sommerweges zum Wiesberghaus, und nach Nordwesten in den Tiergarten bis zur Forststraße. Entlang dieser nach Hallstatt-Lahn.

Die Hallstatt-Abfahrt lohnt auch als Dachstein-Überquerung, wenn man von Süden mit der Hunerkogelbahn auf den Dachstein fährt. Von der Bergstation entlang der gespurten Trasse

rund um die Dirndln zur Dachsteinwarte und nach Nordwesten in einem leichten Linksbogen zur Randkluft.
Lohnender halbstündiger Abstecher auf den Hohen Trog (2359 m). Von der Simonyhütte 150 hm westwärts auf den Hohen Trog. Abfahrt durch das Weittal in einem großen Rechtsbogen nach Norden drehend zur Grubenalm und auf der Forststraße hinunter nach Hallstatt.
Notizen:

GUTTENBERGHAUS 111

2137 m, 1000 hm, ↑ 3 h, nur bei stabiler Firnlage
Anfahrt: Radstadt – Schladming – Ramsau/Kulm – Pension Feisterer.
Anstieg auf dem Anton-Baum-Weg nordostwärts durch ein kurzes Waldstück, zunehmend steil in das Feisterkar und aus diesem westwärts zum Guttenberghaus.
Notizen:

Variante SINABELL 112

2341 m
Vom Guttenberghaus 200 hm und gut eine halbe Stunde nordostwärts zur Feisterscharte und südostwärts auf den Gipfel.
Notizen:

Variante SCHEICHENSPITZE 113

2664 m, 1500 hm, ↑ 4,5 h
Vom Guttenberghaus westwärts über die Gruberscharte in einen Kessel, westwärts weiter in einen Sattel und nun in einem Bogen südostwärts zum Gipfelkreuz.
Notizen:

Mit dem Snowboard Richtung Berliner Höhe

MITTLERER WIESELSTEIN 114

2300 m, 1800 hm, ↑ 5 h, mühsam, konditionell anspruchsvoll

Anfahrt: Golling – Oberscheffau/Wieser.

Auf der gesperrten Forststraße südwärts, ab der zweiten Kehre westwärts über den Bach, auf dem markierten Sommerweg über die Schönalm und durch einen gewaltigen Kessel zur Schatzl-Hütte. Weiter südwärts Richtung Knallstein, an diesem westlich über eine Steilstufe vorbei und auf den Gipfel des Wieselsteins. Alternativ über den ausgesetzten Südgrat auf den Knallsteingipfel.

Notizen:

SCHEIBLINGKOGEL 115

2289 m, 1750 hm, ↑ 4,5 h, mühsam

Anfahrt: Golling – Oberscheffau/Wh Engelhart.

Anstieg vom Wirtshaus auf einer Forststraße ca. 2 km südostwärts, dann in mehreren Kehren südwestwärts bis zum Ende dieser Straße. Bei der Abzweigung südwärts über eine bewaldete Steilstufe in „die Röth", der markanten Rotwand entlang, an deren Ende südostwärts (links) um den Scheiblingkogel herum und über dessen Nordostflanke zum Gipfel. Hier endet auch die Überquerung des Tennengebirges von Werfenweng/Hackelhütte. Abfahrt auch durch „die Schwer" oder „die Wies".

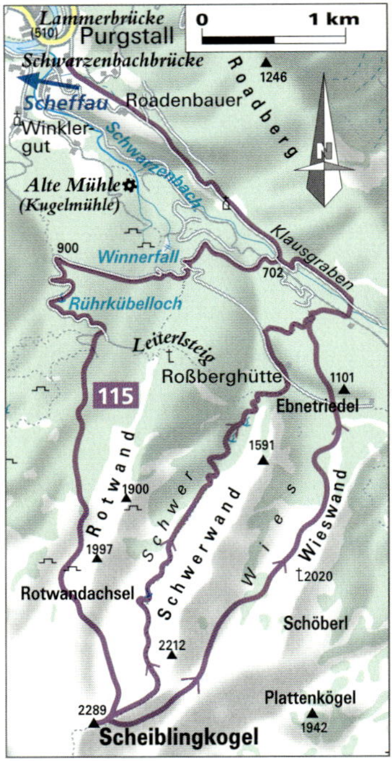

Notizen:

116 BLEIKOGEL/Nordanstieg

2411 m, 1700 hm, ↑ 5 h, in den Waldpassagen schwierig, konditionell anspruchsvoll

Anfahrt: Golling – Abtenau – Tricklbauer/Unterberg.

Anstieg über einen Schwemmkegel an der Südwestseite des Trickl-Hochtales auf einem Steig 600 hm durch einen steilen Wald, dessen kritische, felsdurchsetzte Passagen mit kleinen Hangbrücken und Drahtseilen (dürftig) gesichert sind. Auf die Markierung achten, sie ist vorwiegend an der Bergseite der Bäume, also für die Abfahrt nach der Überquerung des Tennengebirges angelegt. Der Steilanstieg endet bei etwa 1500 m Höhe. Nun parallel zur Langwand durch eine Folge prächtiger Mulden und Rinnen direkt auf den Gipfel.

Notizen:

117 FRITZERKOGEL

2360 m, 1300 hm, ↑ 4 h, nur bei stabilem Firn

Anfahrt: Golling – Abtenau – Karalm.

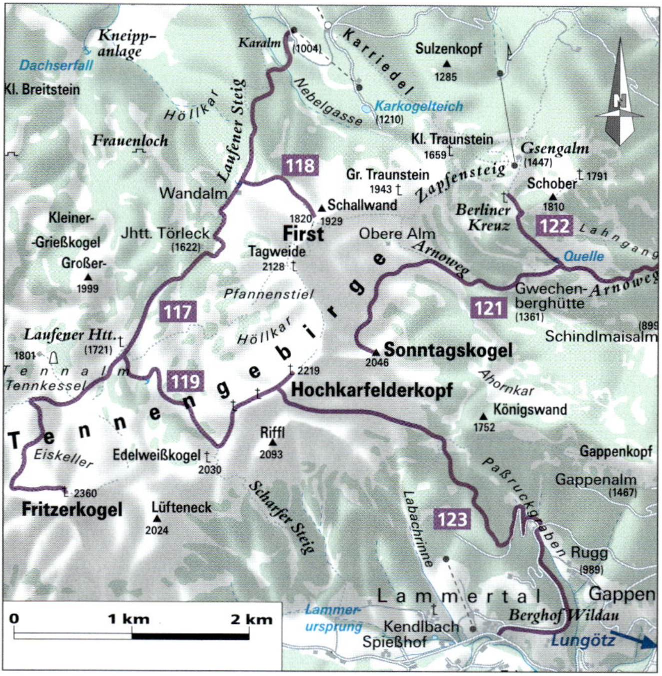

Anstieg auf dem markierten Laufener Hüttenweg durch Wald und über ein Steilstück zur Wandalm (Hinweis auf Winterroute beachten!), durch eine Mulde zur weithin sichtbaren Jagdhütte Törleck und flach zur Laufener Hütte. Nun noch ca. 800 m weiter südwestwärts in den Tennkessel, von dort südwärts durch eine sehr steile Mulde auf die Westschulter des Fritzerkogels und ostwärts auf den Gipfel.

Notizen:

Variante FIRST — 118

1820 m, 850 hm, ↑ 2,5 h, nur bei stabiler Firnlage

Von der Wandalm südostwärts durch eine 400 m hohe Rinne in 1 h auf den First. Unter günstigen Bedingungen ohne Skier lohnender Anstieg (300 hm, ↑ 45 min) auf die Tagweide.

Notizen:

119 Variante HOCHKARFELDERKOPF/Nordanstieg

2219 m, 1200 hm, ↑ 3,5 h, Karte S. 89

Von der Laufener Hütte südostwärts auf den ausgeprägten Sattel links (nördlich) vom Edelweißkogel und nun nordwärts über den Vorgipfel zum Hauptgipfel.

Notizen:

120 Variante BLEIKOGEL/Ostanstieg

2411 m, 1350 hm, ↑ 4,5 h

Von der Laufener Hütte südwestwärts in den Tennkessel, aus diesem nordwestwärts über die Tennalpe Richtung Langwand und allmählich parallel zu diesem Grat südwestwärts auf den Gipfel.

Notizen:

121 SONNTAGSKOGEL

2046 m, 1200 hm, ↑ 3,5 h, Karte S. 89

Anfahrt: Abtenau – Mündung Schmidlbach in die Lammer (5 km nördlich von Annaberg) – Güterweg zum Gehöft Gwechenberg.

Anstieg auf dem markierten Sommerweg westwärts über eine Wiese und durch ein Waldstück zur Gwechenberghütte, in leichtem Zickzack durch kleine Mulden und Rinnen bis ca. Höhe 1700 m. Ab hier südwärts in ein Schartl westlich des Gipfels und ostwärts (meist ohne Skier) auf die Spitze.

Notizen:

122 Variante BERLINER HÖHE

1621 m, 800 hm, ↑ 2 h, Karte S. 89

Knapp vor der Gwechenberghütte dreht die Anstiegsspur nordwestwärts auf den Sattel zwischen Schober und der kleinen Anhöhe mit dem gut sichtbaren Berliner Kreuz als Endpunkt der Tour.

Notizen:

123 HOCHKARFELDERKOPF/Südanstieg

2219 m, 1300 hm, ↑ 3,5 h, Karte S. 89

Anfahrt: Abtenau – Lungötz – Abzweigung rechts 2 km weit nach Labach (Skilift). Kurz vor dem Skilift zweigt scharf nach rechts (nordostwärts) ein Güterweg ab, darauf bis in den Paßruckgraben (Höhe ca. 1050 m), dort abzweigen nach links auf einen Forstweg bis zum ausgeprägten bewaldeten Rücken. Nun auf diesem nordwestwärts in das große Kar, westwärts entlang felsiger Steilabbrüche in eine Scharte und nach rechts (nordwärts) auf den Gipfel. Abfahrt wie Anstieg oder bei stabilen Schneeverhältnissen ab Höhe 1700 durch den Paßruckgraben.

Notizen:

BRANDLBERGKÖPFE 124

1778 m, 800 hm, ↑ 2,5 h

Anfahrt: Abtenau – Lungötz – Gehöft Hofhaus im hinteren Lammertal.

Anstieg vom kleinen Parkplatz ostwärts entlang des breiten Sommerweges zum Truppenübungsplatz und zur Aualm (1230 m), dann nach der Sommermarkierung Nr. 354 weiter ostwärts Richtung Proksch-Haus, bis der Weg langsam nach Süden dreht und in Serpentinen hinauf auf eine Anhöhe (Wegweiser). Zu den drei Gipfeln nach Südosten, zum ersten Kopf und weiter auf den zweiten Brandlbergkopf (1778 m). Abfahrt wie Anstieg oder durch den steilen Graben zwischen zweitem und drittem Kopf nach Norden zurück zur Aualm.

Notizen:

Variante GAMSMUTTERKAR 125

1750 m, 800 hm, ↑ 2,5 h, nur bei stabiler Schneelage

Von der Aualm kurz fallend nach Norden in das im unteren Teil mit großen Felsblöcken gespickte Gamsmutterkar, dann Anstieg nordostwärts nach dem Karverlauf bis unter die Felsen der Gamsmutterwand unter dem Fritzerkogel (Achtung Steinschlag).

Notizen:

---

126 KOREIN

1850 m, 900 hm, ↑ 2,5 h

Anfahrt: Abtenau – St. Martin am Tennengebirge oder Tauernautobahn, Abfahrt Lammertal – St. Martin.

Anstieg vom nördlichen Ortsende auf dem Fahrweg westwärts Richtung Buttermilchalm, noch vor dieser Jausenstation nach rechts (westwärts) auf einem breiten Almweg durch den Karbachgraben bis zu einem freien Rücken etwas südlich der Karalm. Nun über Almböden an der Koreinalm vorüber und südwärts auf einem ausgeprägten Riedel hinauf zum Gipfel.

Notizen:

---

127 Variante FROMMERKOGEL/Nordanstieg

1882 m, 900 hm, ↑ 3 h

Anstieg entweder als lohnende Höhenwanderung ab Korein oder von der Karalm noch ca. 2 km westwärts zu Frommeralm und direkt südwärts auf den Gipfel.

Notizen:

---

128 SCHWARZENEGGALM

1598 m, 800 hm, ↑ 2,5 h

Anfahrt: Tauernautobahn/Hüttau – Niedernfritz – Lammertal – 1 km nordwärts bis zu einem auffallenden Parkplatz neben der Brücke über den Haslacherbach. Hierher auch über Abtenau.

Anstieg direkt westwärts über den steilen Hang hinauf nach Höhenegg, auf einem Güterweg erst nach Norden und dann nach Westen an der Helferalm vorbei zur Harmlalm und nordwärts auf die Kuppe der Schwarzeneggalm (Kreuz auf unbezeichnetem Gipfel).

Notizen:

Variante FROMMERKOGEL/Südanstieg 129

Ab der Schwarzeneggalm ↑ 1 h und 350 hm nordwärts auf dem Güterweg zur Widdernalm und über den Rücken direkt zum Gipfel.

Notizen:

EISKOGEL 130

2321 m, 1300 hm, ↑ 3,5 h

Anfahrt: Pfarrwerfen – Werfenweng – Wengerau.

Anstieg von der Wengerau auf dem markierten Sommerweg nordostwärts durch ein steiles Waldstück zur weithin sichtbaren Hackelhütte und nordostwärts weiter durch ein weites Kar zunehmend steil in die Tauernscharte, nordwestwärts hinab in eine Senke und weiter über den Osthang zum Gipfel.

Notizen:

Variante BLEIKOGEL/Westanstieg 131

2411 m, 1450 hm, ↑ 4,5 h, Orientierungssinn erforderlich

Von der Tauernscharte nordwestwärts hinunter in die Senke, geradewegs weiter Anstieg auf den Schubbühel, nun nordostwärts abzweigen und ca. 1,5 km weit auf den Gipfel.

Notizen:

132 Variante TENNENGEBIRGSÜBERQUERUNG

1650 hm (zwei Gegenanstiege), ↑↓ 6 bis 8 h, konditionell anspruchsvoll, Karte S. 93

Bis zum Schubbühel wie zum Bleikogel, nordwestwärts Abfahrt in die „tiefen Gruben" (2050 m), 230 hm Anstieg auf den Scheiblingkogel, Abfahrt wahlweise durch Röth, Schwer oder Wies nach Oberscheffau.

Notizen:

133 TROG

2200 m, 1200 hm, ↑ 3,5 h, schwierig, steil, nur bei stabiler Firnlage, Steigeisen mitnehmen, sehr früh aufsteigen

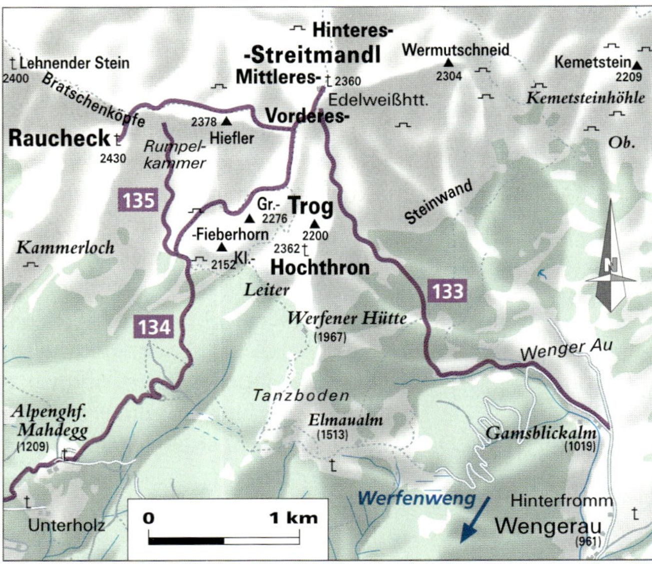

Anfahrt: Pfarrwerfen – Werfenweng – Wengerau.

Anstieg von der Wengerau auf der Straße (dem Sommerweg) westwärts Richtung Elmaualm bis auf Höhe 1300 m. Hier leitet ein schmaler, nicht markierter und teilweise mit Drahtseilen gesicherter Steig (Ski tragen) nordostwärts durch die Felsen in ein Latschenfeld. Weiter nordwestwärts steil durch die Latschengassen bis an die Felsen des Hochthron, wo man durch eine sehr steile Mulde in eine schwach ausgeprägte Scharte ansteigt. Dahinter – beinahe schon auf dem Tennengebirgsplateau – nach Norden mäßig steil auf das Mittlere Streitmandl beziehungsweise zur Edelweißhütte.

Notizen:

STREITMANDL 134

2360 m, 1250 hm, ↑ 3,5 h, ratsam nur bei stabiler Firnlage

Anfahrt: Werfen – Pfarrwerfen (gut auf Beschilderung nach dem Bahnübergang achten) – Gehöft Unterholz (100 hm unterhalb des Alpengasthofs Mahdegg).

Anstieg vom Parkplatz knapp vor Unterholz nordostwärts etwa 300 hm an Mahdegg vorbei Richtung Werfener Hütte, weiter nordwärts in das breite Kar, das links (nordseitig) der Fieberhörner zu verschwinden scheint. Hinein in dieses Kar, über eine unangenehme Steilstufe (links halten, Ski tragen) auf die Grießscharte und nordwärts über das Vordere zum Mittleren Streitmandl (private Edelweißhütte). Lohnender Abstecher zum Raucheck (Höhenwanderung, ca. 40 Min).

Notizen:

Variante RUMPELKAMMER 135

2200 m, 1100 hm, ↑ 3 h, nur bei stabiler Firnlage

Auf dem Anstieg zur Grießscharte zweigt man am Fuß des Fieberhorns nicht nach rechts ab, sondern steigt nordwärts in die Rumpelkammer (auch „Eiskeller" genannt) bis zur Felsbarriere zwischen Hiefler und Raucheck an.

Notizen:

Am Hochkeil vor der Mandlwand

6 Kalkalpen West

Hochkönig, Steinernes Meer, Loferer und Leoganger Steinberge

---

136 RIFFLKOPF

2254 m, 1550 m, ↑ 4,5 h, mühsam, nur bei stabiler Schneedecke

Anfahrt: Salzachtal – Tenneck – Abzweigung Blühnbachtal 1,5 km durch sechs Kehren bis zum Schranken (Höhe 700 m).

Anstieg auf der Straße am Gehöft Strub vorbei, bis eine Straße in spitzem Winkel nach Nordosten abzweigt. Auf dieser hinauf zum Imper, westwärts über einen freien Hang, dann über einen bewaldeten und teils steilen Riedel direkt zur Asterbergalm. Weiter nordwärts auf kehrenreichem Steig, bis dieser oberhalb der Karalm nach links zur Jagdhütte auf dem Schoberkopf abdreht. Von hier nordwestwärts durch die Steilflanke des Hochgeschirrs in eine Mulde queren, die nach 200 hm nach Norden biegt und nordwestlich des Rifflkopfs endet, und südostwärts zum Gipfel.

Notizen:

---

137 HOCHKÖNIG/Nordanstieg

2941 m, 1950 hm, ↑ 7 h, konditionell anspruchsvoll, nur bei stabilem Schönwetter, evtl. Nächtigung in der Ostpreußenhütte (Tel. 0664 5000137)

Anfahrt: Salzachtal – Werfen – Dielalm (1014 m).

Anstieg auf dem markierten Sommerweg südwestwärts zur Ostpreußenhütte (600 hm, 2 h), weiter über den markanten Rettenbachriedel scharf ansteigend und hinein in die steile Steingrube, anschließend in gemächlichem Anstieg südwestwärts über das Hochplateau der Übergossenen Alm zum Gipfel.

Notizen:

---

138 HOCHKÖNIG/Ostanstieg

2941 m, 1450 hm, ↑ 4 h, nur bei stabiler Schneelage

Anfahrt: Salzachtal – Bischofshofen – Mühlbach – Arthurhaus.

Anstieg vom Parkplatz auf dem markierten Sommerweg zur Mitterfeldalm, nordwestwärts um die Mandlwände (Lawinenstriche!) herum, durch die Ochsenkare etwas mühsam hinauf zum Kniebeißer und über die Übergossene Alm zum Gipfel.
Notizen:

HOCHKÖNIG BIRGKAR 139

2941 m, 1600 hm, ↑ 5 h, schwierig, im Mittelteil steil, nur bei stabiler Firnlage, sehr früher Anstieg, Steigeisen und Helm empfehlenswert, Karte S. 101
Anfahrt: Salzachtal – Mühlbach – Straße zum Dientner Sattel bis ca. 1 km vor dem Birgkarhaus.
Anstieg vom Parkplatz nordwärts bis Höhe 1300 m, weiter nordwestwärts auf dem Güterweg zur Stegmoosalm und auf dem Sommerweg in das Birgkar, durch eine ausgeprägte und zunehmend steile Rinne entlang der Hohen Köpfe, etwas nach rechts in schrofiges Gelände und zuletzt wieder flacher auf die Schneide neben dem Kummetstein. Nun in weitem Bogen um einen riesigen Kolk ostwärts auf den Gipfel.
Notizen:

HOCHKEIL 140

1782 m, 1000 hm, ↑ 2,5 h, Karte S. 100
Anfahrt: Bischofshofen – Hochkönigstraße – Auffahrt Gasthof Bürglhöhe.
Anstieg von der Bürglhöhe entlang der präparierten Pistenspur über Wiesen nach Westen bis an den Wald, jetzt scharf nach rechts (Norden) und entlang des Knappenweges unter die Nordosthänge des Hochkeils. Weiter beliebig nach Südwesten durch lichten Wald auf den Gipfel.
Notizen:

BRANDHOLZRIEDEL 141

2100 m, 750 hm, ↑ 2 h, im letzten Stück steil, nur bei stabiler Firnlage
Anfahrt: Mühlbach – Mandlwandstraße – Hochkeilhaus.
Anstieg vom Parkplatz Hochkeilhaus westwärts, eben an der Talstation eines Schleppliftes vorbei, parallel zur Lifttrasse nach

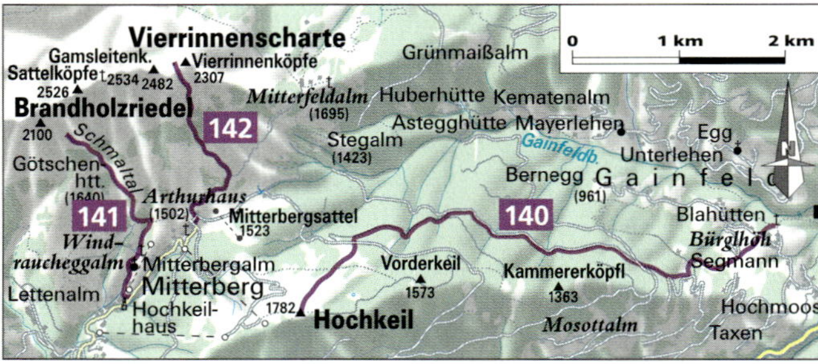

Nordosten bis zu einem Almweg, auf diesem das Schmaltal nach Westen queren und nun zunehmend steiler bis an die Felsen unter den Hochstellkopf.

Notizen:

142 VIERRINNENSCHARTE

2300 m, 800 hm, ↑ 2 h, im letzten Stück steil, nur bei stabiler Firnlage

Anfahrt: Mühlbach – Mandlwandstraße – Arthurhaus.

Anstieg vom Arthurhaus nach Nordosten auf dem Sommerweg Richtung Mitterfeldalm und hinter einem Wäldchen nordwärts über die Vierrinnensandn in das enge und zunehmend steile Kar unter den Vierrinnenköpfen. Zum Schluss sehr steil in den linken oder rechten Ast des Kars bis zum Endpunkt.

Notizen:

143 TAGHAUBE

2159 m, 800 hm, ↑ 2,5 h

Anfahrt: Bischofshofen – Mühlbach – Parkplatz auf dem Dientner Sattel.

Anstieg vom Parkplatz nordwestwärts zur Erichhütte, nun ostwärts auf einem Rücken bis zu den Schrofen und allenfalls zu Fuß auf den Gipfel.

Eine lohnende und beliebte Variante ist auch der Weg in die Taghaubenscharte (2136 m, 800 hm, 2,5 h).

Notizen:

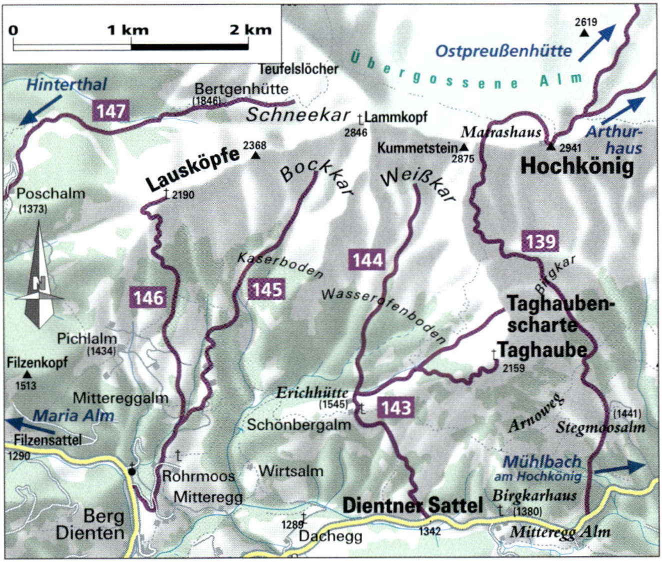

Variante WEISSKAR **144**

2360 m, 1000 hm, ↑ 3 h, nur bei stabiler Firnlage

Anstieg von der Erichhütte nordwärts erst leicht ansteigend und dann immer steiler bis zu den Felswänden, die das Kar begrenzen.

Notizen:

BOCKKAR **145**

2320 m, 1100 hm, ↑ 3,5 h, nur bei stabiler Firnlage

Anfahrt: Salzachtal – Bischofshofen (oder Lend) – Dienten – 1 km weiter Richtung Filzensattel bis zur Filzenkapelle.

Anstieg von der Kapelle ostwärts über einen freien Hang zur Rohrmoosalm, dann nordwärts über einen ausgeprägten Rücken, westseitig an einer Jagdhütte vorbei auf den flachen Kaserboden, nun nordwärts über einen Graben und zuletzt steil bis an das Ende des Bockkars.

Notizen:

146 **LAUSKÖPFE,** Karte S. 101

2190 m, 1000 hm, ↑ 2,5 h, nur bei stabiler Schneelage

Anfahrt: Saalfelden – Hinterthal (oder Lend) – Dienten – Abzweigung Güterweg Rohrmoos (halbwegs zwischen Dienten und Filzensattel) – Parkplatz.

Anstieg vom Parkplatz auf der Almstraße in einer weiten Linkskurve Richtung Rohrmoos und entlang des Sommerweges nach Norden, bis ein Bachgraben überquert wird. Hier öffnen sich schon die Flächen der Mittereggalm. Nun direkt weiter nach Norden an einer Almhütte (Onemosalm, 1463 m) vorbei, dann zunehmend steil den Hang Richtung Gipfelkreuz hinauf. Die letzten Meter steil zwischen den Felsen zum Gipfel.

Notizen:

147 **SCHNEEKAR**

2150 m, 1150 hm, ↑ 3,5 h, nur bei stabiler Firnlage, Karte S. 101

Anfahrt: Saalfelden – Hinterthal.

Anstieg von der Kirche auf dem Südufer der Urslau ca. 400 m taleinwärts, über eine Brücke und ostwärts über einen steilen Hang zu einem flachen Rücken, nordostwärts durch den Wald, unterhalb der Poschalm vorbei und nach etwa 500 m Hangquerung ostwärts in das Schneekar hinein, vorüber an der Bertgenhütte und hinauf bis zu den Felswänden.

Notizen:

148 **MARTERLKOPF**

2414 m, 1400 hm, ↑ 3,5 h

Anfahrt: Saalfelden – Hinterthal.

Anstieg vom Ortszentrum über die Urslau und entlang des markierten Sommerweges nordostwärts über die Enzenalm in den riesigen Kessel und zuletzt steil in die Torscharte. Von hier scharf links (westwärts) durch eine kleine Mulde auf den Gipfel.

Notizen:

149 **BUCHAUER SCHARTE**

2268 m, 1200 hm, ↑ 3,5 h, nur bei stabiler Firnlage

Anfahrt: Saalfelden – Maria Alm – Rohrmoos im Krallerwinkl.

Anstieg von Rohrmoos auf dem markierten Sommerweg

zur Kralleralm, über den Bach, beliebig durch den Zinkgraben (über Schranbachalm) oder über den bewaldeten Riedel (Kasereggkapelle) zur Freithofalm und nun zuerst nordostwärts, dann nordwärts zunehmend steil in die Scharte.

Notizen:

Variante HÜHNERKOPF 150

2101 m, 1100 hm, ↑ 3 h

Kurz vor der Freithofalm durch Gräben etwas mühsam nach Westen queren und durch das Sohlental Richtung Streichenbeil in die Scharte zwischen Hühnerkopf und Streichenbeil und zuletzt nach Süden auf den Hühnerkopf.

Notizen:

HOCHKRANZ 151

1953 m, 850 hm, ↑ 2,5 h, nur bei stabiler Schneelage

Anfahrt: Saalachtal – Weißbach bei Lofer – Weiler Pürzlbach.

Vom Parkplatz zuerst auf dem Güterweg südostwärts Richtung Wieserkaser bis zur S-Kurve unterhalb der Kallbrunnalm. Von hier nordostwärts über einen breiten Hang auf den Ostrücken des Kühkranzes, dann weiter nordwestwärts auf den Kühkranz (1811 m) und über den Kamm zuletzt ohne Skier auf den Hochkranz.

Notizen:

Variante SEEHORN/Westanstieg 152

2321 m, 1300 hm, ↑ 3,5 h, Karte S. 69

Von der Kallbrunnalm auf dem Güterweg ostwärts über einen leicht abfallenden Almboden zu einer ausgeprägten bewaldeten Mulde. Durch diese ostwärts auf den Seekopf zu, südseitig vorüber und am kleinen Seehornsee vorbei. Zuletzt in einem ostwärts ausholenden Bogen auf den Gipfel.

Notizen:

KAMMERLINGHORN 153

2484 m, 1500 hm, ↑ 4 h

Anfahrt: Lofer – Weißbach – 3,5 km auf der Hirschbichlstraße bis zum Schranken in Hintertal.

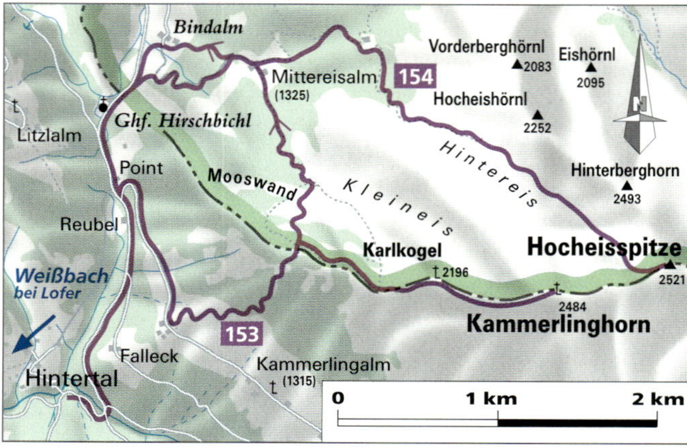

Vom Parkplatz bis zur Abzweigung der Forststraße bei den Weilern Reubel und Point, jetzt scharf nach rechts (südwärts) auf der Forststraße bis zu den ersten Almhütten. Bei den ersten Hütten nach der fallweise sichtbaren Sommermarkierung etwa 450 hm Richtung Nordosten auf den breiten Kamm, den man bei einem markanten Felsen erreicht. Nun auf dem Kamm über den Karlkogel (2196 m) und den Westrücken auf das Kammerlinghorn. Abfahrt wie Anstieg oder von jenem Punkt, wo man den Kamm erreicht hat, nordwestwärts über die Mittereisalm und die Bindalm zur Straße, dann westwärts auf der Straße ca. 50 hm zum Wh Hirschbichl und zurück zum Parkplatz.

Notizen:

154 HOCHEISSPITZE

2521 m, 1600 hm, ↑ 4,5 h (je nach Zufahrt mehr oder weniger), mühsam, steil

Anfahrt: Lofer – Weißbach – 3,5 km auf der Hirschbichlstraße bis zum Schranken in Hintertal.

Anstieg vom Schranken auf der Straße zum Hirschbichl, dann nordostwärts zur Mittereisalm, in einer Schleife südostwärts durch den Wald zur verfallenen Hocheisalm und weiter in Kehren in das Hocheis. Dann zunehmend steil in eine Scharte westlich des Gipfels und die letzten Meter zu Fuß auf die Spitze.

Notizen:

LOFERER SCHIHÖRNDL 155

2286 m, 1500 hm, ↑ 4 h

Anfahrt: Lofer – Loferer Hochtal, links am Bundesheer-Depot vorbei in den Talschluss.

Anstieg auf dem markierten Sommerweg (Nr. 601) erst 200 hm über eine Steilflanke, ab Höhe 1273 m (verfallene Scheffaueralm) je nach Schneelage entweder direkt durch die Rinnen und Kessel entlang der Schwarzen Wand südwestwärts oder aber weiter auf dem Sommerweg Richtung Schmidt-Zabierow-Hütte bis ca. Höhe 1600 m und dann südwärts querend in die Kleine Wehrgrube zwischen Ochsenhorn und Reifhorn. Von hier südwestwärts auf einen breiten Rücken und zuletzt steil auf den Gipfel.

Notizen:

Variante GROSSE WEHRGRUBE 156

2218 m, 1400 hm, ↑ 4 h

Anstieg aus dem Loferer Hochtal bis zur verfallenen Scheffaueralm, weiter nordwestwärts unter dem unteren Trett vorbei auf die rechte (nordwestliche) Seite der breiten Trett-Flanke und nun südwestwärts zur weithin sichtbaren Schmidt-Zabierow-Hütte. Von hier westwärts etwas bergab in die Große Wehrgrube und westwärts Richtung Mitterhorn (oder südwestwärts Richtung Wehrgrubenjoch) so hoch ansteigen, wie es die Schneelage zulässt.

Notizen:

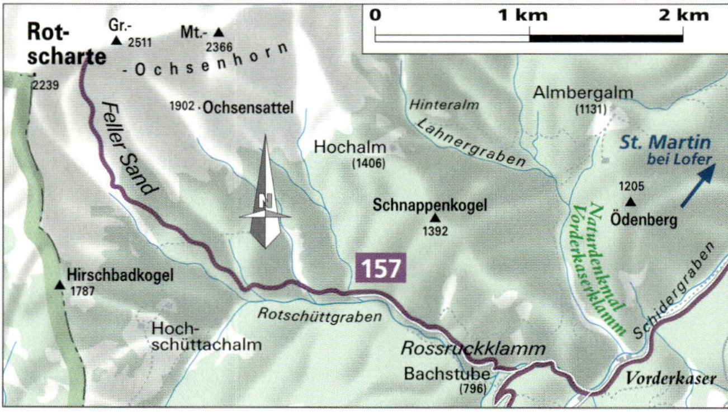

157 FELLER SAND

2239 m, 1500 hm, ↑ 4 h, nur bei stabiler Firnlage

Anfahrt: Lofer – St. Martin – 4 km bis zur Abzweigung südwärts zum Parkplatz Vorderkaser.

Anstieg vom Parkplatz taleinwärts ca. 800 m weit auf einem Güterweg durch die Rossruckklamm und an der Weggabelung rechts knapp 2 km durch den Rossruckgraben bis zur Mündung zweier Gräben (Höhe 1180 m), auf dem Rücken zwischen beiden Gräben nordwestwärts über den Feller Sand unter den Südabstürzen des Ochsenhorns Richtung Rotscharte. Ob die letzten steilen 200 hm in die Rotscharte zu bewältigen sind, ist an Ort und Stelle zu entscheiden.

Notizen:

158 KESSELLEITENSCHARTE

2395 m, 1700 hm, ↑ 5 h, anspruchsvoll, nur bei stabiler Firnlage

Anfahrt: Lofer – St. Martin – 4 km bis zur Abzweigung südwärts zum Parkplatz Vorderkaser.

Anstieg von der Vorderkaser auf einem Güterweg durch die Rossruckklamm, dann südwärts, vorbei an der Dalsenalm und an der Gabelung links bis zur zweiten Kehre. Von hier geradewegs südwärts durch den Hinteren Schüttgraben, über eine Steilstufe und durch die Große Saugrube zur Schneegrube unter den Dreizinthörnern. Anstieg meist bis in die Kesselleitenscharte westlich dieser Gipfel möglich.

Notizen:

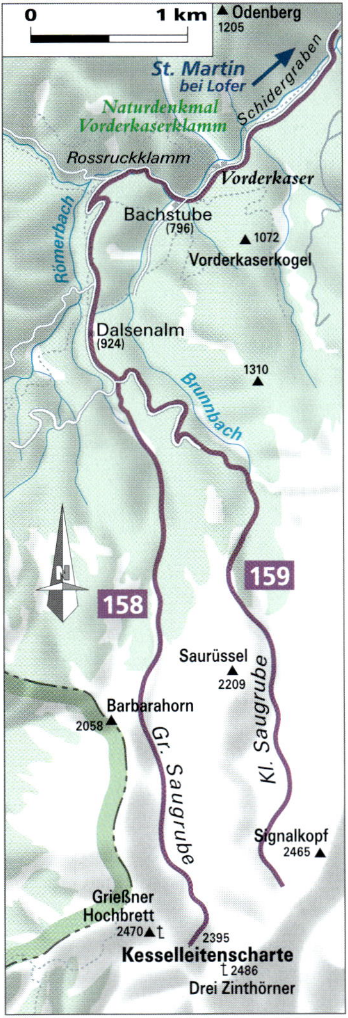

Variante KLEINE SAUGRUBE 159

2300 m, 1600 hm, ↑ 4,5 h

Ab der Dalsenalm auf dem Güterweg bis zu dessen Ende auf Höhe 1100 m. Nun südostwärts über eine Steilstufe in das Rothornkarl, das auf Höhe 2000 m zur Kleinen Saugrube abflacht, durch diese je nach Schneelage zuletzt sehr steil bis an das Schneegrubenhörndl.

Notizen:

EBERSBERGKAR 160

2437 m, 1750 hm, ↑ 5,5 h, mühsam, Karte S. 108

Anfahrt: Lofer – Weißbach – 1 km südlich des Ortes nach Westen zum Parkplatz beim Gehöft Hacker abbiegen (668 m).

Anstieg vom Hacker auf einem Güterweg bis hinter die zweite Kehre, nun südwestwärts entlang des markierten Sommerweges (Nr. 34) durch Gesträuch über 600 hm zu einer gut sichtbaren Jagdhütte (1424 m) und nach weiteren 400 hm durch freies Gelände in das große Ebersbergkar. Aus diesem Kessel dann südostwärts in die Kuchelnieder (2437 m). Reichen Kondition und Trittsicherheit, dann lohnen bei günstigen Verhältnissen die 200 hm über den teilweise gesicherten Grat zu Fuß auf das Birnhorn.

Notizen:

161 HOCHGRUB

2300 m, 1600 hm, ↑ 5,5 h, anstrengend

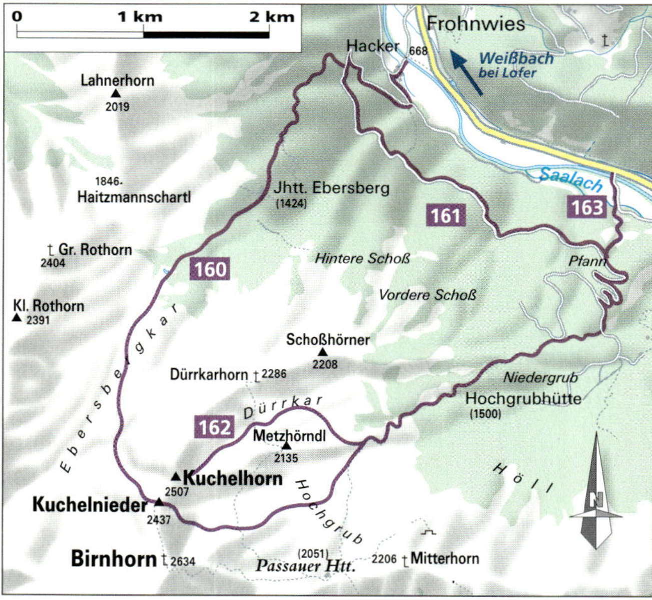

Anfahrt: Lofer – Weißbach – 1 km südlich des Ortes nach Westen zum Parkplatz beim Gehöft Hacker abbiegen (668 m).
Anstieg vom Hacker auf dem Güterweg wie zum Ebersbergkar, doch ab der Abzweigung des Sommerweges auf dem Güterweg nach der Markierung „Arnoweg" südostwärts fast 4 km mäßig ansteigend weiter, um den Pfannkopf herum, bis nach fünf Kehren bei einem Kreuz der markierte Sommerweg (Nr. 622) nach Westen abzweigt. Vorbei an der Hochgrubalm in das weite Becken der Hochgrub und durch dieses westwärts so hoch wie möglich unter die Kuchelnieder.

Notizen:

162 Variante DÜRRKAR

2450 m, 1800 hm, ↑ 5 h, nur bei stabiler Schneelage

Anstieg wie Hochgrub bis knapp an den Felssporn des Metzhörndls – einige Findlinge (Goldlack, Höhe ca. 1800 m) – und nach Nordwesten in das Dürrkar queren. Das Kar hinauf, zum Schluss linkshaltend unter die Felsen des Kuchelhorns bis zum höchsten Punkt.

Notizen:

PFANNSTEIG, Weißbach 163

1500 m, wenn im Frühjahr die Schneegrenze höher rückt

Anfahrt: Weißbach – 3 km Richtung Saalfelden – bei einer Bushaltestelle gegenüber dem Klettergarten nach rechts zu einem Parkplatz.

Von hier auf dem markierten Pfannsteig (Nr. 622) westwärts steil 300 hm durch den Wald zum Güterweg und wie **[161]** weiter zur Hochgrub.

Notizen:

Leichtes Spuren Richtung Medalkogel

AHORNSTEIN 164

1855 m, 800 hm, ↑ 2 h

Anfahrt: Lend – 6 km Richtung Dienten – Schwarzenbachgraben – Wh Ottino.

Anstieg vom Ottino nordwestwärts über freie Hänge, eine Almstraße queren, weiter bis man wieder auf sie trifft, und nun auf dieser in langem Rechtsbogen zu den Wiesen der Moosalm. Über Wiesen hinauf zur Moaralm, hinter der sich eine Engstelle als Durchschlupf durch den Waldgürtel auftut. Zuletzt über die freien Gipfelwiesen zum höchsten Punkt.

Notizen:

KLINGSPITZE/Ostanstieg 165

1988 m, 950 hm, ↑ 2,5 h

Anfahrt: Lend 9 km Richtung Dienten – oder Dienten Richtung Lend – Güterweg Dacheben westwärts – Straßengabelung.

Anstieg nach Westen zur Deutingalm, weiter nach Süden über einige Gräben hinauf zu einer Kapelle in einer Senke auf dem

Südostrücken der Klingspitze, nordwestwärts auf dem Rücken zur Gipfelwechte und an dieser rechts vorbei zum Kreuz.
Notizen:

166 GRÜNKÖPFL

1701 m, 700 hm, ↑ 2 h, Karte S. 111

Anfahrt: Lend – Richtung Dienten bis ca. 600 m vor dem Dorf – Abzweigung zur Jausenstation Grünegg (Rodelbahn).

Anstieg von der Straße entlang der Rodelbahn zur Jausenstation. Hinter dem Gasthof auf der Forststraße ca. 180 hm zu einer Abzweigung, links über den Grüneggbach und etwa 100 m weiter auf der Forststraße. Dann nach rechts (Südwesten) durch ein kleines Waldstück und über Wiesen auf den Ostrücken des Grünköpfls und diesen entlang zum Gipfelbankerl. Abstecher auf die Marbachhöhe (1814 m), zusätzlich 100 hm und 0,5 h. Vom Grünköpfl kurz nach Südwesten hinunter und auf dem Rücken nach Süden zum höchsten Punkt.

Notizen:

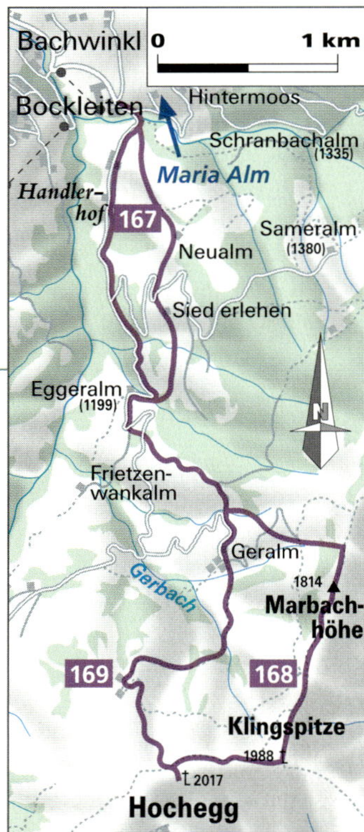

167 MARBACHHÖHE/ Westanstieg

1814 m, 850 hm, ↑ 2 h

Anfahrt: Saalfelden – Sportschule Hintermoos.

Anstieg von Hintermoos auf einem markierten Almweg südwärts durch den Graben zur Eggeralm, südostwärts über einen ausgeprägten Rücken zum Kamm und auf diesem südwärts zum Gipfel.

Notizen:

Variante KLINGSPITZE/Nordanstieg

1988 m, 1000 hm, ↑ 2,5 h

Anstieg von der Marbachhöhe südwärts weiter auf dem aussichtsreichen Verbindungsrücken zum Gipfelkreuz auf der Klingspitze (lohnende halbstündige Kammwanderung westwärts auf das Hochegg).

Notizen:

Variante HOCHEGG 169

2017 m, 1050 hm, ↑ 3 h

Ab der Eggeralm an der Abzweigung zur Geralm vorbei und nach Südwesten zur Pfefferalm, dann nach Südost drehen, über einen schütter bewachsenen Hang auf den Südwestrücken des Hochegg und auf diesem zum Gipfel.

Notizen:

HUNDSTEIN 170

2117 m, 1100 hm, ↑ 3 h, Karte S. 114

Anfahrt: Zell am See – Thumersbach – Thumersbacher Graben bis Wh Waldheim. Anstieg erst ostwärts auf dem markierten Sommerweg (Arnoweg) durch ein Waldstück – Abkürzungen sinnvoll – auf den Rücken der Stoffenalm (Rupertihaus), geradewegs weiter auf dem Rücken hinauf zum Kamm und nordseitig am Ochsenkopf vorbei zum Gipfel.

Notizen:

SCHÖNWIESKOPF 171

1994 m, 950 hm, ↑ 2,5 h, Karte S. 114

Anfahrt: Zell am See – Thumersbach – Wh Waldheim.

Anstieg vom Wh Waldheim nordostwärts über die Bauernwiesen zum letzten Hof und an den Waldrand. Weiter auf den markierten Sommerweg (Nr. 81) mehrfach die Forststraße querend zur Unterdillingalm, dann über freie Wiesen und durch eine kleine Waldschneise an der Schattbachalm vorbei und über den zunehmend schmäler werdenden Südwestrücken zum Gipfelkreuz.

Notizen:

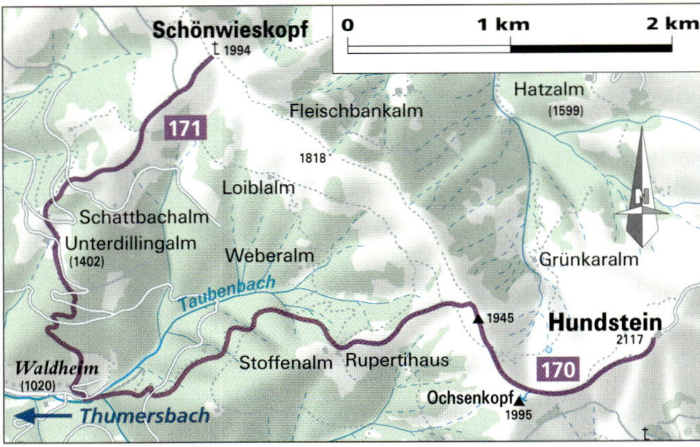

172 SCHWALBENWAND/Westanstieg

2011 m, 1250 hm, ↑ 3 h

Anfahrt: Maishofen – Schloss Kammer.

Anstieg ab dem Schloss ostwärts auf einem Güterweg 300 hm durch Wald auf einen Almboden, der sich über fast 1000 hm bis zum Gipfel hinzieht. Die Orientierung ist durch die Kammeregg- und die Dillingalm sowie das Kreuz auf dem Vorgipfel gegeben. Von dort noch 100 hm über den Kamm auf die Schwalbenwand.

Notizen:

SCHWALBENWAND/Nordwestanstieg 173

2011 m, 1250 hm, ↑ 3 h

Anfahrt: Saalfelden – Gerling.

Anstieg auf dem Güterweg südostwärts 200 hm durch einen Waldgürtel, über den riesigen Hang der Dickalm bis zum Waldrand. Dann südwärts auf dem Almweg zur Gerlingalm, ostwärts zu einem Sattel im Kamm und südwärts auf den Gipfel.

Notizen:

SCHWALBENWAND/Nordanstieg 174

2011 m, 1100 hm, ↑ 3,5 h

Anfahrt: Saalfelden – Maria Alm – Unterberg – Parkplatz 1 km südlich der Gondelbahn-Talstation vor dem Jetzbachgraben.

Anstieg vom Parkplatz westwärts parallel zu einem Bachgraben, vorbei an der Jausenstation Arbesreit zur Hinterjetzbachhütte, südwestwärts weiter zur Saalfeldener Skihütte und auf dem Kamm südwärts über den Brunnkopf zum Gipfel.

Notizen:

ALMER RUNDTOUR 175

12 km, 1200 hm, 5–6 h reine Gehzeit, nur bei stabilem Schönwetter, prächtige Kammwanderung mit häufigem Rhythmuswechsel (kurze Anstiege, kurze Abfahrten), 1200 hm Abfahrt von der Schwalbenwand nach Maria Alm/Unterberg

Anfahrt: Saalfelden – Maria Alm – Sportschule Hintermoos.

Zuerst von Hintermoos mit dem Skilift südostwärts auf knapp 1400 m Höhe. Südostwärts weiter durch den Wald auf den Kamm und nun mehr oder minder entlang des markierten Sommerweges über Marbachhöhe (1814 m) und Klingspitze (1988 m) auf das Hochegg (2017 m), Abfahrt auf dem Kamm ca. 140 hm auf einen flachen Sattel und sanfter Anstieg über den Ochsinger auf den Hundstein. (Hierher auch nach Auffahrt mit den Abergliften vom Langeck in gemächlichen 1,5 h. Verkürzt die Rundtour um 2 bis 2,5 h.) Vom Hundstein südwestwärts hinüber zum Ochsenkopf, nordwestwärts auf dem Kamm immer leicht bergan und bergab über den Schönwieskopf zur Schwalbenwand und dort wie [174] Abfahrt nach Unterberg.

Notizen:

176 SAUSTEIGE

1912 m, 1100 hm, ↑ 3 h

Anfahrt: Saalfelden – Maishofen – Viehhofen.

Anstieg von der Kirche ca. 300 m in den Erbachgraben, nordostwärts über Wiesen zur Gorialm, ostwärts auf einem Güterweg zur Jahnhütte und nordwärts über den Riedel zum Gipfel.

Notizen:

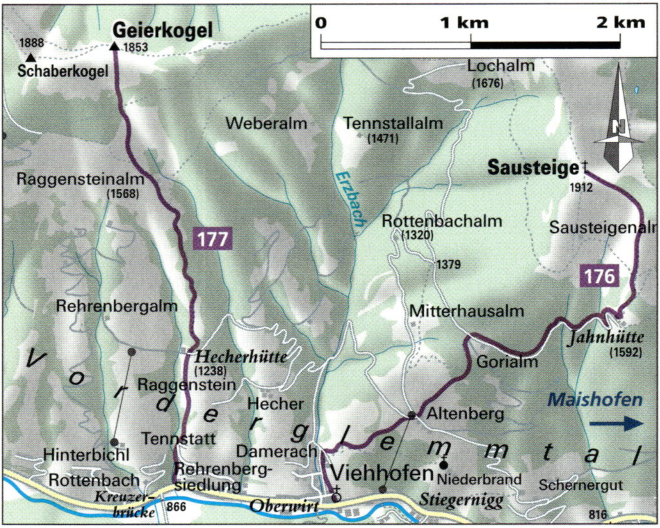

177 GEIERKOGEL

1853 m, 1000 hm, ↑ 2,5 h

Anfahrt: Maishofen – Viehhofen – Kehrenbergsiedlung (Bushaltestelle an der Abzweigung in den Kreuzlehengraben).

Anstieg nordwestwärts durch die Siedlung zur Hecherhütte, weiter an der Ostseite des Grabens zur verfallenen Raggensteinalm und geradewegs auf den Gipfel.

Notizen:

178 OBERGERNKOGEL

2178 m, 1300 hm, ↑ 4 h

Anfahrt: Maishofen – Viehhofen – 2 km bis zur Exenbachbrücke und über diese noch 500 m nach Exenbach.

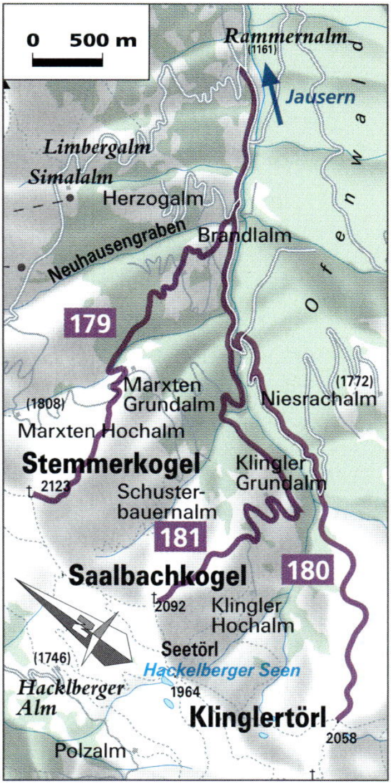

Anstieg südwestwärts an der Westseite des Exenbachgrabens über freie Hänge, durch ein kurzes Waldstück, über die Streitbergalm auf den Gastegriedel und auf dem freien Kamm südwärts über das Langeck auf den Obergernkogel. Abfahrt erst an der Westflanke des Kammes Obergernkogel-Langeck, dann wie Anstieg.

Notizen:

STEMMERKOGEL 179

2123 m, 950 hm, ↑ 2,5 h

Anfahrt: Maishofen – Viehhofen – Jausern – Löhnersbachgraben (meist 2 km bis Jausenstation Rammern befahrbar).

Anstieg von Rammern ca. 1,5 km weit südwestwärts auf einem Güterweg in den Löhnersbachgraben, nach rechts über den Hang, durch ein kurzes Waldstück zur Marxten Grundalm und auf dem ausgeprägten Kamm westwärts auf den Gipfel des Stemmerkogels.

Notizen:

Variante KLINGLERTÖRL 180

2058 m, 850 hm, ↑ 3 h

Ab Rammern erst 2 km durch den Löhnersbachgraben bis Höhe 1278 m, nach links über den Bach und auf dem Almweg südwärts durch zwei S-Schleifen 1,5 km weit bis zur scharfen Linkskehre und nun geradeaus über die freien Hänge eines großen Beckens zum Klinglertörl. Abstecher ohne Skier auf den Hochkogel möglich (200 hm, ↑↓ ca. 1 h).

Notizen:

181 Variante SAALBACHKOGEL

2092 m, 900 hm, ↑ 3 h, Karte S. 117

Ab Rammern erst ca. 3 km durch den Löhnersbachgraben, dann nach rechts durch fünf Kehren und nun westwärts über den Rücken zum Gipfel.

Notizen:

182 BÄRENSTEIGKOGEL/Nordanstieg

2225 m, 850 hm, ↑ 2 h

Anfahrt: Maishofen – Hinterglemm – Schwarzachengraben ca. 3 km bis zu einer scharfen Rechtskurve (1261 m).

Anstieg ab dieser Rechtskurve 1 km taleinwärts Richtung Stoffenalm, beim Wegweiser nach der Markierung Nr. 11 leicht bergab, über den Bach, hinauf über die Huber Alm, weiter quer durch den Hubergraben zur Reichensberg Grundalm, südwestwärts weiter zur Hochalm, dann südwärts einige Gräben querend in die Scharte zwischen Lamperbühelkogel und Bärensteigkogel. Nun auf dem Rücken nach Osten über einen Vorgipfel zum höchsten Punkt.

Notizen:

183 Variante MEDALKOGEL/ Nordanstieg

2123 m, 1000 hm, ↑ 3,5 h

Von der Reichensberg Grundalm auf einem Almweg flach nach Osten bis kurz vor einen Graben. Nun etwas steiler südwärts parallel zum Graben in ein weites Kar, durch dieses in die Medalscharte und über den Westrücken auf den Gipfel.

Notizen:

Variante LAMPERBICHLKOGEL 184

2036 m, 900 hm, ↑ 3,5 h

Ab der Huberalm südwärts zur Reichensberg Grundalm, auf dem Sommerweg Nr. 11 durch ein kurzes Waldstück und über zwei Bäche, weiter südwärts auf einen auffallenden steilen Riedel zu, westseitig an diesem vorbei und durch die Mulde auf den Gipfel.

Notizen:

TALSCHLUSS GLEMMTAL

Anfahrt: Lofer – Zell am See – Saalbach – Lengau/Stefflalmbrücke (1180 m).

Notizen:

SCHUSTERKOGEL 185

2208 m, 1100 hm, ↑ 4 h, nur bei stabiler Schneelage

Anstieg von der Brücke auf dem Güterweg südwärts ca. 2 km in den Vogelalmgraben bis zur Saalhofalm. Wenige Meter später an der Mündung eines kleinen Seitengrabens westwärts hinauf über freie Hänge zu einem Kessel (kleiner See), über eine kurze Steilstufe an den oberen Rand des Stefflkars und zum Gipfel. Alternative: Ab der Saalhofalm noch gut 2 km weiter durch den Graben, dann westwärts zur Stefflalm, durch eine Mulde zu einem Flachstück und nun nordwärts durch das Stefflkar direkt auf den Gipfel.

Notizen:

SPIELECKKOGEL 186

1998 m, ↑ 800 hm, ↑ 2,5 h, nur bei stabiler Schneelage

Anstieg von Lengau nordwärts auf der Straße in zwei Kehren durch die Ansiedlung, nach der zweiten Kehre nordwärts zur Eiböckalm, auf dem markierten Sommerweg durch Wald mit mehreren Lichtungen bis knapp an die Spieleckalm, nun nordwestwärts über freies Gelände auf den ausgeprägten Riedel zu und über diesen zum Gipfel. Direktabfahrt zur Spieleckalm nur bei stabiler Schneedecke.

Notizen:

187 SONNSPITZE/Südostanstieg

2062 m, 900 hm, ↑ 3 h

Anstieg von Lengau an der Nordseite der jungen Saalach gut 1 km taleinwärts, dann nordwestwärts über einen Rücken zur Eibing Grundalm, schräg über die Ostflanke des Staffkogels zur Eibing Hochalm, durch ein flaches Becken zum Henlabjoch, über den Kamm nordwärts auf den Gipfelgrat und zu Fuß zum Gipfelkreuz.

Notizen:

188 STAFFKOGEL/Südanstieg

2115 m 950 hm, ↑ 3 h

Anstieg von Lengau an der Nordseite der jungen Saalach etwa 500 m weiter als bis zur Abzweigung auf die Sonnspitze, nun nordwestwärts hinauf zur Forsthofalm, dann nach einem steileren Abschnitt zu einem Flachstück, westseitig um den Staffkogel herum zum Oberreiter Joch und dann ostwärts in einem Bogen unterhalb von Schrofen auf dem Gipfel.

Notizen:

189 SAALBACHER SPAZIERGANG

7 km, 450 hm, ↑ 3 h reine Gehzeit, prächtige Höhenwanderung auf den Glemmtaler Grasbergen ab Saalbach

Mit den Liften auf die westliche Schulter des Bernkogels, westwärts kurze Abfahrt zum Wetterkreuz, 150 hm Anstieg unter

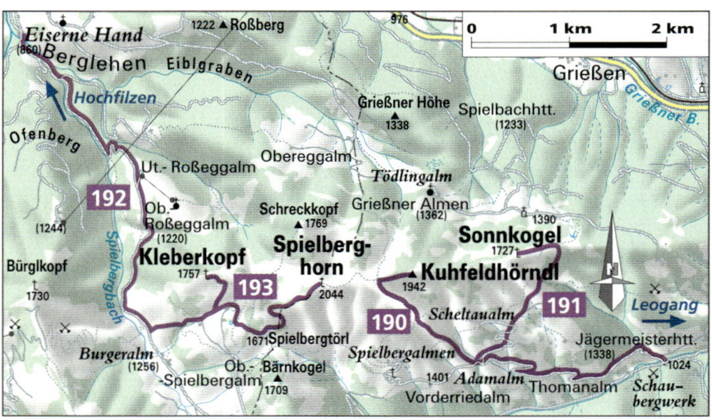

einem Sessellift auf den Reiterkogel. Von dort auf dem Hasenauer Kamm hinunter in eine Senke, 200 hm hinauf auf die Hochalmspitze, weiter in ganz geringem Bergab-Bergauf über den Reichkendlkopf zum Spieleckkogel und Abfahrt wie Route [186] südwärts nach Mitterlengau.

Notizen:

KUHFELDHÖRNDL 190

1942 m, 950 hm, ↑ 2,5 h, nur bei stabiler Schneelage, Trittsicherheit erforderlich

Anfahrt: Saalfelden – Leogang/Hütten – Schwarzleograben bis Parkplatz Knappenstube.

Anstieg vom Parkplatz westwärts über eine Brücke und auf dem Güterweg zur Thomanalm, danach nordwestwärts entlang eines Bachgrabens hinauf zur Adamalm, weiter in einen deutlich sichtbaren Graben in die zunehmend steiler werdende Torrinne. In die Scharte am besten links vom Felsriegel am Ausstieg vorbei. In der Folge muss der kleine Felsen (Ski am Rucksack) überklettert werden. Danach über den flachen Rücken auf den höchsten Punkt.

Notizen:

Variante SONNKOGEL 191

1727 m, 700 hm, ↑ 2 h

Von der Adamalm nach Nordosten auf dem Almweg bis zur letzten Linkskehre, dann über einen Bachgraben und in einem Linksbogen auf den Gipfel.

Notizen:

SPIELBERGHORN 192

2044 m, 1150 hm, ↑ 3 h, steil, nur bei stabiler Schneelage

Anfahrt: Saalfelden – Hochfilzen – 3 km zum Wh Eiserne Hand, Parkplatz knapp dahinter an der Abzweigung nach links.

Anstieg vom Parkplatz auf der Straße entlang des Spielbergbaches – Abkürzung auf dem markierten Sommerweg lohnend – ca. 3 km hinauf zu den ersten Wiesen der Burgeralm. Noch vor der Hütte ostwärts, an einem Stall vorbei, entlang eines Waldstücks zu einer kleinen Jagdhütte. Nun weiter ostwärts zu einem Latschengürtel, durch diesen auf dem ausgeschnittenen Sommersteig und weiter durch die Südseite des Spielberghorns queren bis etwa auf Höhe des Spielbergtörls unter einer steilen Rinne. Diese nach Norden hinauf, rechts um den schmalen Felsdurchschlupf auf einen Absatz. Kurz noch südwärts und unter den ersten Felsen nach links auf den Südwestrücken queren und auf dem stark gegliederten Rücken in eine Einsattelung und hinauf zum Gipfel.

Notizen:

---

193 Variante KLEBERKOPF

1757 m, 850 hm, ↑ 2,5 h, Karte S. 120

Von der Burgeralm über die Wiesen hinauf, an einem Stall vorbei, ungefähr entlang eines Grabens in den Sattel zwischen Spielberghorn und Kleberkopf und über den Ostrücken auf den Gipfel.

Notizen:

---

194 BISCHOF

2127 m, 1100 hm, ↑ 3 h, nur bei stabiler Schneelage, Trittsicherheit erforderlich

Anfahrt: Lofer – St. Johann in Tirol – Kitzbühel – Oberaurach – Abzweigung Wildalmgraben.

Anstieg vom Parkplatz an der Abzweigung in den Wildalmgraben auf dem Güterweg zu den freien Almböden, ostwärts den Güterweg mehrfach querend hinauf zur (fallweise bewirtschafteten) Hochwildalmhütte, weiter nach dem Sommerweg in das Bischofsjoch, jetzt südwärts auf dem Rücken – über Felsen die Skier kurz tragen – zum Skidepot am schrofigen Gipfelaufbau und zu Fuß auf den Gipfel. Abfahrt vom Skidepot direkt die steile Westflanke hinunter bis man auf die Straße zur Hochwildalmhütte trifft. Über diese zurück zum Parkplatz.

Notizen:

---

195 Variante WEISSKOPFKOGEL

1970 hm, 950 hm, ↑ 2,5 h

Aus dem Bischofsjoch direkt nach Norden zum Gipfelkreuz.

Notizen:

Variante GROSSER GEBRA 196

2057 m, 1000 hm, ↑ 3 h, nur bei stabiler Schneelage
Von der Hochwildalmhütte nordwärts über Wiesen bis an den Bergfuß, nach Westen über eine Steilstufe in ein weites Kar, durch dieses auf den Kleinen Gebra (1910 m), weiter entlang des flachen Südwestrückens zum Gipfelaufbau und kurz durch steiles felsdurchsetztes Gelände auf den Gipfel.
Notizen:

Variante SONNSPITZE/Westanstieg 197

2062 m, 1000 hm, ↑ 3 h, nur bei stabiler Schneelage
Von der Hochwildalmhütte südwärts auf dem Sommerweg westlich am Schotting vorbei zur Sonnenfelderalm. Nun südostwärts in eine Mulde vor dem Henlabjoch, nordostwärts auf den Südgrat und die letzten Meter zu Fuß auf den Gipfel.
Notizen:

SAALKOGEL 198

2007 m, 1100 hm, ↑ 4 h
Anfahrt: Lofer – Kitzbühel – Aurach – Wiesenegg-Grüntal.
Anstieg von der Kapelle erst südostwärts auf dem Kelchalm-Wanderweg ca. 2,5 km in den Kelchalpgraben, dann ostwärts auf einem Güterweg hinauf zur Bochumer Hütte und weiter auf den Kamm. Nun südwärts über den Rauber auf den Gipfel.
Notizen:

GAMSHAG 199

2178 m, 1200 hm, ↑ 3 h, Karte S. 124
Anfahrt: Kitzbühel – Jochberg/Pschitt – Gehöft Irler.
Anstieg auf der Straße südostwärts ca. 2,5 km in das Sintersbachtal bis zu einer Spitzkehre, nun nordostwärts über Almböden hinauf zur Wildalm, weiter entlang eines Bachs an der Luegegg Hochalm vorbei bis an den oberen Waldrand. Von hier etwas flacher nach Osten queren, auf eine kleine Hütte unter einer Felsbarriere zu, an dieser Felsbarriere am besten südseitig vorbei zur breiten Südflanke des Gamshag und durch eine Mulde bis zum Kreuz.
Notizen:

200 Variante SCHÜTZKOGEL

2067 m, 1100 hm, ↑ 3 h, nur bei stabiler Schneelage

Von der Luegegg-Hochalm nach Nordosten an den oberen Waldrand und direkt nach Norden über den steilen Südhang auf den Gipfel.

Notizen:

KUHKASER

2054 m, 1100 hm, ↑ 3,5 h

Anfahrt: Kitzbühel – Jochberg – Wh Alte Wacht.

Anstieg südwärts in den Graben, über eine Brücke, südostwärts hinauf zur Spitaleralm und über die Hörgeralm auf den ausgeprägten Riedel und auf diesem zum nahezu gleich hohen Vorgipfel.

Lohnender Abstecher auf den Schellenberg (2046 m, zusätzlich 100 hm, ⇆ 1 h) als aussichtsreiche Höhenwanderung südwärts durch je eine flache Senke vor und hinter dem Schöntagweidkogel auf den „Südwestpfeiler" der Saalbacher Berge.

Notizen:

Verschneite Wegbegleiter beim Gipfelanstieg

HOCHKOGEL/Ostanstieg 202

2249 m, 1050 hm, ↑ 3,5 h

Anfahrt: Zell am See – Niedernsill/Steindorf – Auffahrt nordwärts zur Jausenstation Hochbrack.

Anstieg auf einem markierten Forstweg in einem „S" um den Steinbachriedel, nordwärts ca. 2 km durch Wald, dann über die Böden der Bachrainalm („Niedernsiller Hochsonnberg") westwärts auf eine Terrasse und den Rücken, der nordwärts zum Gipfel leitet. Bei ausreichender Schneelage noch 400 hm Abfahrt ab Hochbrack in das Tal möglich.

Notizen:

UTTENDORFER HOCHSONNBERG 203

1100 hm, ↑ 3,5 h

Anfahrt: Zell am See – Uttendorf – nordwestwärts 4 km zum Weiler Pölsen (1090 m). Anstieg auf einer Forststraße ein kurzes Stück nordostwärts, dann nach links (nordwestwärts) abbiegen und durch den Pölsengraben zur Sonnbergalm (ca. 1600 m).

Notizen:

Variante HOCHKOGEL/Westanstieg 204

2249 m, ↑ 1,5 h

Von der Sonnbergalm ostwärts über die Anderlalm zu jenem Rücken queren, der nordwärts auf den Gipfel leitet.

Notizen:

Variante MEDALKOGEL/Südanstieg 205

2122 m, ↑ 1,5 h

Von der Sonnbergalm nordwärts durch eine Mulde zum Kreuz in der Medalscharte und nordostwärts zum Gipfel.

Notizen:

206 Variante BÄRENSTEIGKOGEL/Südanstieg

2225 m, ↑ 1,5 h

Von der Sonnbergalm nordwestwärts über ein Steilstück zur Grindbichlalm und weiter entlang eines Bachgrabens in eine Mulde und aus dieser westwärts zuletzt steil zum Gipfel.

Notizen:

207 GAISSSTEIN

2363 m, 1200 hm, ↑ 4 h, oberste 200 hm schwierig

Anfahrt: Zell am See – Stuhlfelden – nordwärts hinauf zur Streusiedlung Dürnberg (Jausenstation Aigen) bis zu einem Parkplatz auf Höhe 1220 m vor dem gesperrten Güterweg zur Bürglhütte.

Anstieg nordwärts auf dem Güterweg 4 km durch den Stuhlfeldener Graben zur Bürglhütte, nordwärts über eine Steilstufe in eine flache Mulde, hier Ende der Tour oder Skidepot und steil (teils gesichert) auf den Grat und ostwärts zum Gipfel.

Notizen:

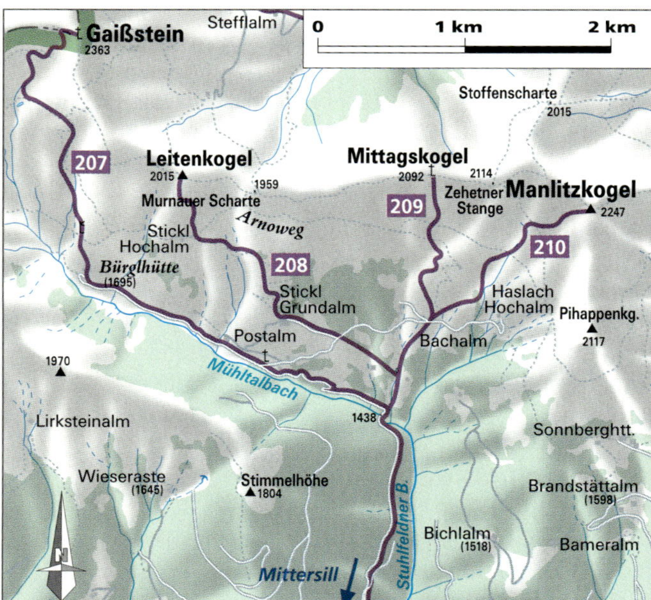

Variante LEITENKOGEL 208

2015 m, 900 hm, ↑ 3 h

Anstieg ca. 2 km durch den Graben bis zur Brücke auf Höhe 1438 m, über den Bach und nordwestwärts über die freien Hänge der Sticklalm zum Gipfel.

Notizen:

Variante MITTAGSKOGEL 209

2092 m, 900 hm, ↑ 3 h

Anstieg wie auf den Leitenkogel durch den Graben bis zur Brücke, dann aber nordwärts weiter über die Bachalm zum Gipfel.

Notizen:

Variante MANLITZKOGEL 210

2247 m, 1000 hm, ↑ 3,5 h

Anstieg zur Bachalm, dann aber nordostwärts in eine weiträumige Mulde und zuletzt steil auf den Gipfel.

Notizen:

MAURERKOGEL 211

2125 m, 1000 hm, ↑ 3,5 h

Anfahrt: Zell am See – Mittersill – zwei Kehren der Paß-Thurn-Straße bis zur Bushaltestelle nördlich des Schlosses – nordwärts 1 km hinauf bis zu den letzten Häusern (ca. 1150 m).

Anstieg auf dem markierten Sommerweg (Arnoweg) nordwärts auf der Ostseite des Burkbachgrabens zur Lehrlalm, westwärts auf die andere Seite des Grabens und vorüber an der Brandneralm. Nun über eine Steilstufe auf einen Rücken, der nordwärts zum Gipfel leitet.

Notizen:

SCHÖNTALJOCH 212

2030 m, 800 hm, ↑ 2,5 h

Anfahrt: Mittersill – Neukirchen – Wildkogelbahn – Auffahrt zur Bergstation (2099 m).

Zuerst gut 100 hm Anstieg ostwärts auf den Wildkogel, Abfahrt nordostwärts in eine weite Mulde und nordwärts bis zur Kehre eines Güterweges (1600 m). Auf diesem durch ein Waldstück in den Mühlbachgraben hinunter bis zu einer Kapelle (1333 m). Nun über den Bach zur Jausenstation Baumgartenalm und Aufstieg nordwärts über einen Rücken an der Ostseite eines Grabens Richtung Rettenstein über die Madl-Hochalm zum Schöntaljoch. Abfahrt zur Baumgartenalm und südostwärts 5 km auf dem Almweg hinaus nach Obermühlbach/Bramberg.

Notizen:

---

213 Variante LAUBKOGEL/Ostanstieg

2114 m, 900 hm, ↑ 2,5 h

Anstieg über den Wildkogel wie zum Schöntaljoch und zur Baumgartenalm, nun aber westwärts entlang einer Materialseilbahn über einen Rücken zur Vorstadt-Hochalm und weiter zum Gipfel.

Notizen:

---

214 STEINKOGEL

2299 m, 1050 hm, ↑ 3,5 h

Anfahrt: Mittersill – Neukirchen – 3 km westwärts Auffahrt zum Wh Rechtegg.

Anstieg auf dem für den Verkehr gesperrten markierten Fahrweg erst ostwärts und dann nordwärts ca. 4 km und 350 hm zum Wh Steineralm, nordwestwärts zur Unterburg-Hochalm und durch eine auffallende Mulde zum Gipfel.

Notizen:

---

215 Variante SPEIKKOGEL

2232 m, 1000 hm, ↑ 3,5 h

Ab dem Wh Steineralm nordwärts weiter zur Steiner Hinteralm und nordwestwärts entlang des linken Bachgrabens zum Gipfel.

Notizen:

---

216 Variante GEIGE

2071 m, 800 hm, ↑ 3,5 h

Ab der Steiner Hinteralm nordwärts auf dem Arnoweg durch den Graben direkt auf den Gipfel.

Notizen:

RONACHGEIER 217

2236 m, 800 hm, ↑ 2,5 h, Karte S. 132–133

Anfahrt: Mittersill – Wald im Pinzgau – 6 km auf der alten Gerlosstraße zum Ronachwirt.

Anstieg vom Ronachwirt nordostwärts auf einem markierten Güterweg 2,5 km in das Nadernachtal zur Putzalm und westwärts durch einen flach ausgebildeten Graben hinauf zum Gipfel.

Notizen:

Variante BAUMGARTGEIER 218

2392 m, 950 hm, ↑ 3 h, Karte S. 132–133

Von der Putzalm nordwestwärts vorbei an der verfallenen Prielalm, durch das Geierkar auf den Kamm und auf diesem nordwärts zum Gipfel.

Notizen:

Variante TRISTKOPF 219

2361 m, 900 hm, ↑ 4 h, Karte S. 132–133

Ab der Putzalm auf dem Almweg nordwärts schräg ansteigend um den Baumgartgeier-Ostriedel herum zur Bacher Hochalm und nordwestwärts auf den Gipfel. Alternativer Anstieg von der Putzalm weiter durch den Graben zur Watsch Nadernach Hochalm und über das Nadernachjoch von der Nordostseite auf den Gipfel.

Notizen:

Variante KRÖNDLHORN 220

2444 m, 1000 hm, ↑ 4 h, Karte S. 132–133

Von der Watsch Nadernach Hochalm bis nahe an das Nadernachjoch und nordostwärts zur Kapelle auf den Gipfel.

Notizen:

Variante SONNWENDKOGEL 221

2289 m, 850 hm, ↑ 3,5 h, Karte S. 132–133

Ab der Watsch Nadernach Hochalm nordwärts 200 hm durch einen Bachgraben direkt auf das Kröndlhorn zu, dann südostwärts auf einen Sattel und wenige Schritte weiter zum Gipfel.

Notizen:

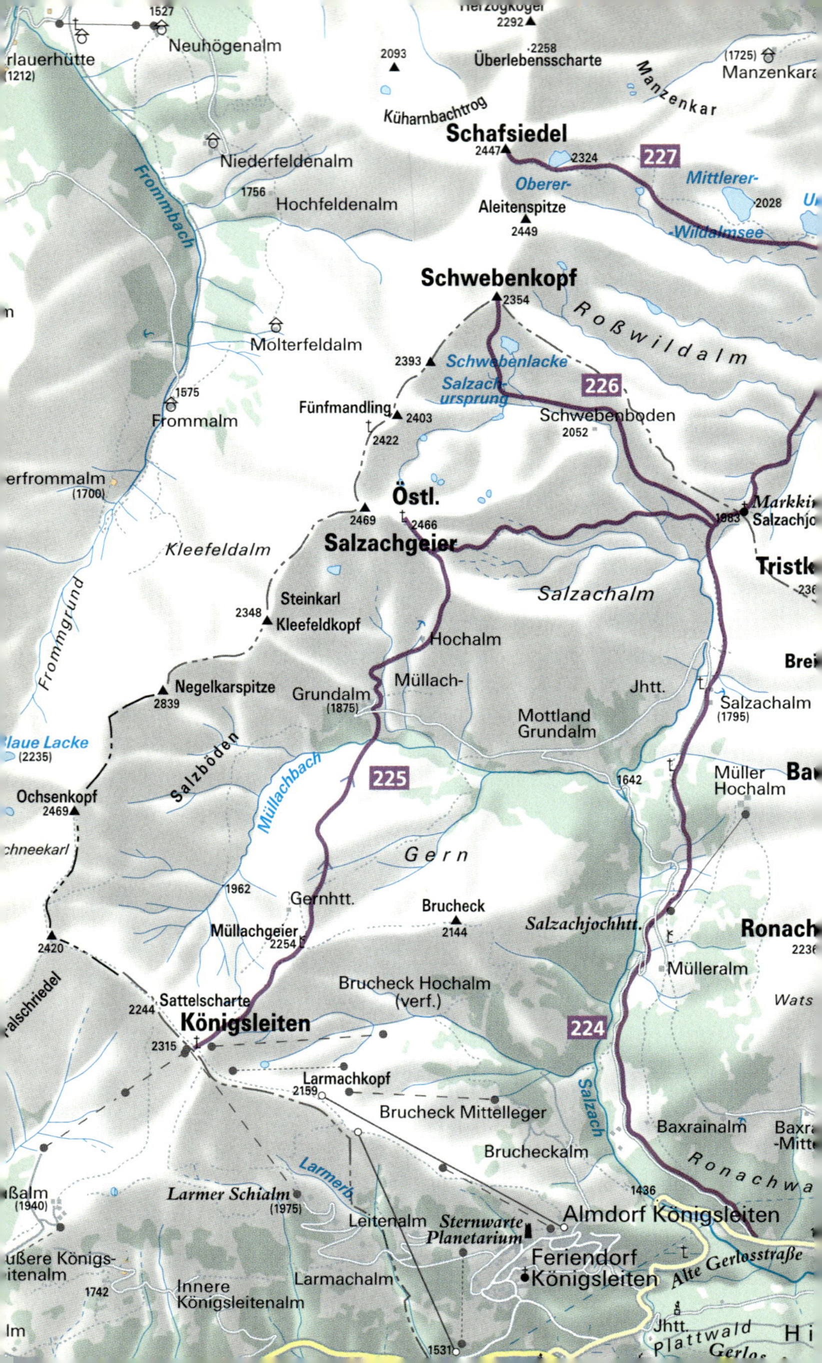

1527
Neuhögenalm
rlauerhütte
(1212)
Herzogkogel
2292
2093
2258
Überlebensscharte
(1725)
Manzenkar
Manzenkar
Kühharnbachtrog
Schafsiedel
2447
2324
227
Niederfeldenalm
Frommbach
1756
Hochfeldenalm
Oberer-
Mittlerer-
Aleitenspitze
2028
2449
-Wildalmsee
Schwebenkopf
2354
Roßwildalm
Molterfeldalm
2393
Schwebenlacke
Salzach-
ursprung
226
1575
Fünfmandling
2403
Schwebenboden
2052
Frommalm
2422
erfrommalm
(1700)
Östl.
2469
2466
Markkir
1983
Salzachjo
Salzachgeier
Kleefeldalm
Tristk
Salzachalm
236
Steinkarl
2348
Kleefeldkopf
Hochalm
Frommgrund
Brei
Müllach-
Negelkarspitze
2839
Grundalm
(1875)
Jhtt.
Salzachalm
(1795)
Mottland
Grundalm
Blaue Lacke
(2235)
Salzböden
Müllachbach
225
1642
Müller
Hochalm
Ba
Ochsenkopf
2469
chneekarl
Gern
1962
Gernhtt.
Brucheck
Müllachgeier
2254
2144
Salzachjochhtt.
Ronach
2236
2420
Mülleralm
ralschriedel
Sattelscharte
2244
Brucheck Hochalm
(verf.)
Wats
Königsleiten
2315
224
Larmachkopf
2159
Brucheck Mittelleger
Salzach
Baxrainalm
Baxra
-Mitte
Brucheckalm
Ronachwa
Larmerb
ßalm
(1940)
Larmer Schialm
(1975)
1436
Leitenalm
Sternwarte
Planetarium
Almdorf Königsleiten
ußere Königs-
itenalm
Feriendorf
Königsleiten
Alte Gerlosstraße
1742
Innere
Königsleitenalm
Larmachalm
lm
Jhtt.
Plattwald
Gerlos
1531
Hi

Schneegrubenalm
(1780)
Schelche
Walmoos
Molterfeldalm
Oberkaralm
(1640)
Schneegrubenspitze
2237
1285
Jhtt.
1705
Goldbründl
Molterfeldspitze
2248
Krumbach
Kuhwildalm
Neue
Bamberger Htt.
(1761)
Unterstands-
hütte
Rotwand Grundalm
(1597)
Reinkarsee
(2194)
Roßwildjhtt.
2305
Rotwand Hinttalalm
Kröndlberg
2440
Mitterkopf
2306
2229
Grünkogel
1963
Streitfeldenalm
(1982)
2444
2005
Freimöserkopf
220
Kröndlhorn
Ursprung
2100
221
(1955)
Trattenbachalm
(1732)
Nadernachjoch
Trattenbach Hochalm
Trattenb.
2289
Sonnwendkogel
Trattenbachalm
Steinbichl
1831
Watsch Nadernach
Hochalm
Trattenbachhöhe
2151
Steinbichljhtt.
Scharte
Toreck
2160
219
2224
Bacher Hochalm
(2022)
Tortalb.
2294
Watsch Nadernachalm
(1771)
Happingj
218
Hieburg
Hochalm
Laubkogel
2317
Happinga
(1795)
Geierkar
Bacheralm
223
Happing
Hochalm
Priel Hochalm
(verf.)
Hieburgalm
Wurf Hochalm
(1897)
Putzalm
1632
Bergeralm
Gernkogel
217
222
2267
Nadernach
Prielalm
Berger Hochalm
Gernwiesen
Krw.
Besensteinalm
Wurfg
(1652)
Müller-
Wiesachalm
Brandschlag
N
1676
Jhtt.
(1653)
Reitlasten
Bacherasten
Watschbauer
1244
Ronachwirt
Lahnb
Oberrankental
Mitter-
waldberg
Unterrankental
Hinter-
waldberg
Reitlbauer
Grübl
0
500
1000 m
terwaldberg
Alte Gerlosstraße

222 **Variante GERNKOGEL**

2267 m, 800 hm, ↑ 2,5 h, Karte S. 132–133

Anstieg bis zu einer Brücke unterhalb der Putzalm, ostwärts hinauf zur Bergeralm und weiter durch eine lang gezogene Mulde auf den Gipfel.

Notizen:

---

223 **Variante LAUBKOGEL/Westanstieg**

2317 m, 850 hm, ↑ 3 h, Karte S. 132–133

Von der Bergeralm nordwärts zur Hieburgalm und auf dem breiten Rücken nordostwärts auf den Gipfel.

Notizen:

---

224 **SALZACHGEIER/Ostanstieg**

2466 m, 1000 hm, ↑ 4 h, im Gipfelaufbau steil, Karte S. 132–133

Anfahrt: Mittersill – Wald im Pinzgau – alte Gerlosstraße bis zur Abzweigung der gesperrten Forststraße ca. 1 km westlich des Ronachwirtes.

Anstieg nordwärts auf dem Arnoweg durch den Graben zur Salzachalm. Hierher auch über die Königsleiten-Lifte und Abfahrt zur Mottland Grundalm (spart 250 hm und 1 h). Weiter bis unter das Salzachjoch, nun westwärts durch einen Kessel auf den Kamm und steil zum Gipfel.

Notizen:

---

225 **SALZACHGEIER/Südanstieg,** Karte S. 132–133

2466 m, 650 hm, ↑ 1,5 h, nur bei stabiler Schneelage

Mit den Liften auf die Königsleiten, Abfahrt nordwärts in das Müllachtal und Anstieg 650 hm nordostwärts über die Müllachalmen auf den Kamm und zum Gipfel. Abfahrt entweder ostwärts über die Salzachalm oder südwärts zur Müllach-Grundalm und das Tal hinaus.

Notizen:

---

226 **Variante SCHWEBENKOPF**

2354 m, 900 hm, ↑ 4 h, Karte S. 132–133

Ab der Salzachalm bis unter das Salzachjoch, nun nordwestwärts auf den Schwebenboden (Salzachursprung), nordwärts steil durch eine Lücke in den Schrofen zur Schwebenlacke und auf den Gipfel.

Notizen:

Variante SCHAFSIEDEL 227

2447 m, 1400 hm, ↑ 5,5 h, Karte S. 132–133

Ab der Salzachalm auf das Salzachjoch, Abfahrt 200 hm bis knapp an die Neue Bamberger Hütte und westwärts 700 hm Anstieg auf den Gipfel. Nach der Abfahrt von der Hütte 200 hm Gegenanstieg zum Salzachjoch.

Notizen:

Gipfelkreuz am Großen Geiger

9 Venedigergruppe Nord

Wildgerlostal, Krimmler Achental, Habachtal, Hollersbachtal

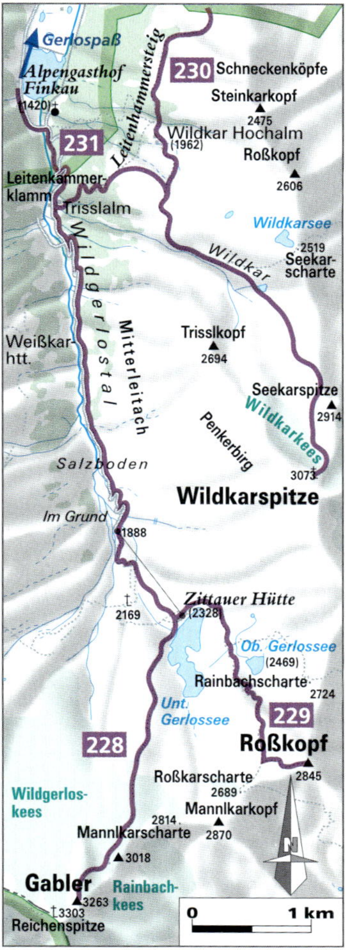

GABLER 228

3263 m, 1850 hm, ↑ 6 h, nur bei stabiler Firnlage

Anfahrt: Krimml – Gerlospass – Wildgerlostal/Finkau.

Anstieg südwärts auf dem markierten Sommerweg in den Talgrund, ostseitig um eine Felsbarriere herum und steil durch das Klamml zur Zittauer Hütte. Von hier südwärts entlang des nur dürftig markierten Sommerweges über den Rücken zum Wildgerloskees, über dessen „Glatze" (Querspalten!) zum eindrucksvollen Gipfelaufbau und ohne Skier über dessen Südflanke in leichter Kletterei auf den Gipfel.

Notizen:

Variante ROSSKOPF 229

2845 m, 1450 hm, ↑ 5 h

Anstieg ab Finkau zur Zittauer Hütte, dann links am Unteren Gerlossee vorüber zum Oberen Gerlossee und direkt zum Gipfel.

Notizen:

230 **WILDKARSPITZE/Nordanstieg**

3073 m, 1400 hm, ↑ 5 h, Karte S. 137

Anfahrt: Krimml – Hochkrimml – Hotels Gerlosplatte.

Anstieg auf dem markierten Sommerweg ca. 4 km südwärts in die Breite Scharte, ohne Höhengewinn auf dem Leiterkammersteig weiter zur Wildkarhochalm und südwärts in das weite Wildkar. Nun südwärts auf das Wildkarkees und in einen markanten Sattel im Nordostgrat. Über diesen ohne Skier zum Gipfel.

Notizen:

231 **WILDKARSPITZE/Westanstieg**

3073 m, 1650 hm, ↑ 5,5 h, über die Talflanke ab Trisslalm steil und mühsam, Karte S. 137

Anfahrt: Krimml – Gerlospass – Wh Finkau.

Anstieg südwärts meist zu Fuß zur Trisslalm, nordostwärts durch steilen Wald (Weg Nr. 34) 250 hm bis zur Geländekante südostwärts über freies Gelände in das Wildkar, weiter wie Nordanstieg.

Notizen:

232 **RAINBACHEGG**

2530m, 900 hm, ↑ 2,5 h

Anfahrt: Krimml – Taxizubringer Krimmler Tauernhaus (Info Tel. 0664 2612174).

Anstieg vom Tauernhaus über den Rainbach und auf dem Sommerweg in das Rainbachtal. An der Abzweigung zur Rainbachscharte rechts nach Nordwesten, nach der Sommermarkierung durch lichten Wald in eine Mulde („Karsunk“) und nach der Markierung über die Rainbachleiten nach Norden auf den Gipfel.

Notizen:

233 **Variante GRAUKARKOPF/Nordanstieg**

2663 m, 1050 hm, ↑ 3 h

Bei der Abzweigung zur Rainbachscharte geradeaus westwärts in das Rainbachtal bis zum Roßschermriedel auf einem Rücken, wechselnd steil durch reich gegliedertes Gelände konsequent nach Süden in die ausgeprägte Gipfelmulde und nach Südosten auf den höchsten Punkt.

Notizen:

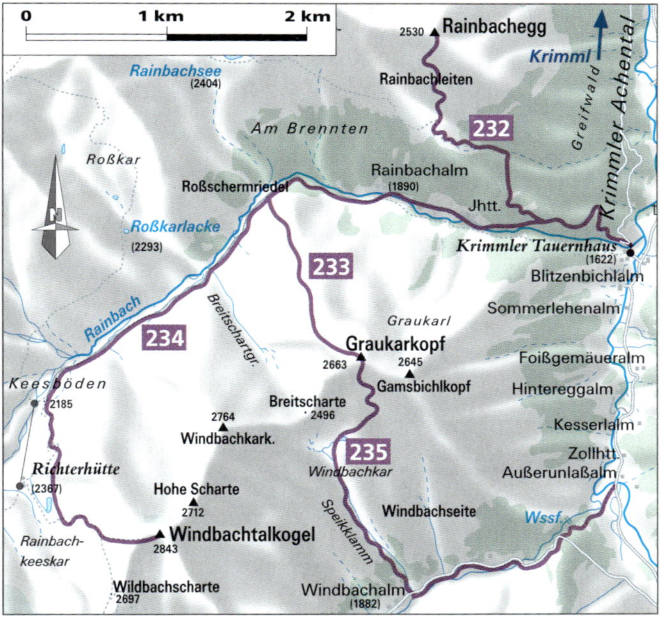

Variante WINDBACHTALKOGEL 234

2843 m, 1200 hm, ↑ 4 h

Ab dem Roßschermriedel geradeaus weiter entlang des Bachlaufs (Sommerweg) bis in die Keesböden (Materialseilbahn zur Richterhütte), westlich an den der Hütte vorgelagerten Felsabbrüchen vorbei bis auf Hüttenhöhe und scharf nach Osten über einen Rücken auf den breiten Westhang des Windbachtalkopfs zu. Weiter nach der Sommermarkierung südostwärts Richtung Windbachscharte und kurz vor dieser nach Nordosten direkt auf den Gipfel.

Notizen:

GRAUKARKOPF/Südanstieg 235

2663 m, 1050 hm, ↑ 3 h

Anfahrt: Krimml – Taxizubringer Krimmler Tauernhaus.

Anstieg vom Tauernhaus (Info Tel. 0664 2612174) taleinwärts zur Äußeren Unlassalm, die Ache überqueren und auf dem

Sommerweg steil in das Windbachtal bis zur Windbachalm. Weiter durch einen Graben nach Nordwesten in das Windbachkar und beliebig nach Norden auf den Gipfel.

Notizen:

---

236 **Variante KRIMMLER TAUERN**

2634 m, 1000 hm, ↑ 3,5 h

Von der Windbachalm flach weiter in das Windbachtal. Vom Talschluss entlang des Sommerweges ostwärts auf die Tauernleiten und der Biegung der Sommermarkierung folgend nach Süden auf den Übergang nach Südtirol.

Notizen:

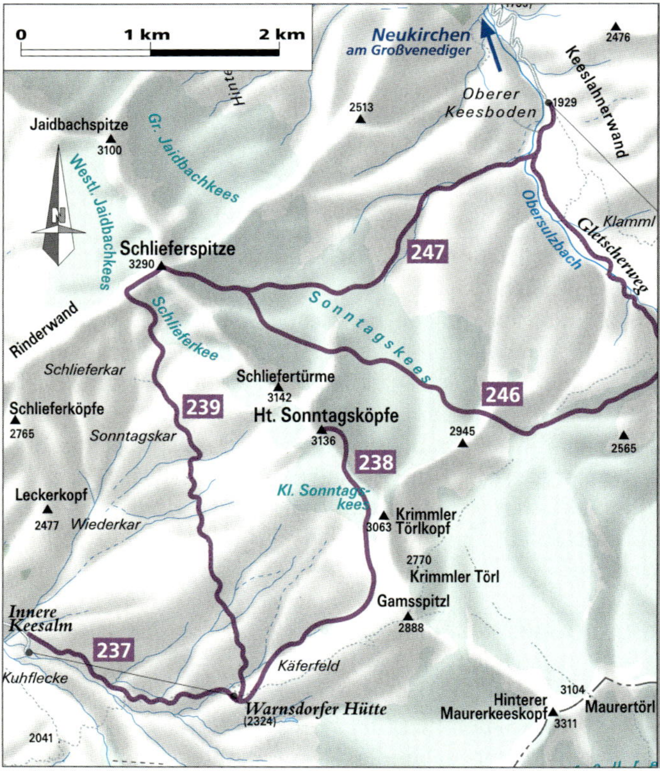

WARNSDORFER HÜTTE

2324 m, 700 hm, ↑ 3 h

Anfahrt: Zell am See – Krimml – Krimmler Tauernhaus.

Da das Krimmler Tauernhaus ab Ostern geöffnet ist, kann der Anstieg zur Warnsdorfer Hütte (geöffnet ab Mitte Juni, Info Tel. 06564 8241 oder 0664 4318777) durch eine Taxifahrt ab Krimml entscheidend verkürzt werden – je nach Schneelage und Zeit bis zur Inneren Keesalm.

Der Anstieg folgt dem Verlauf des Tales.

Notizen:

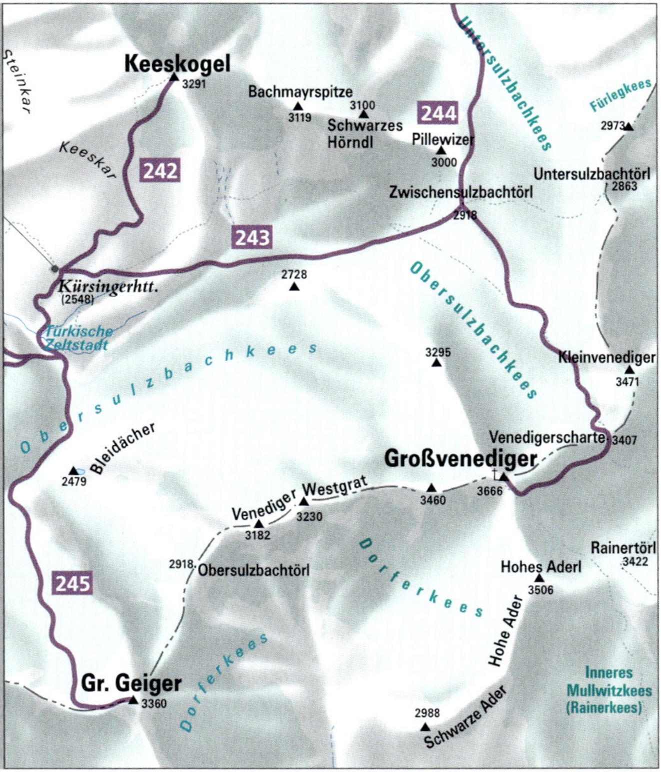

238 **Variante SONNTAGSKOPF**

3136 m, 800 hm, ↑ 2,5 h, Karte S. 140–141

Anstieg von der Warnsdorfer Hütte nordostwärts Richtung Krimmler Törl auf Höhe 2700 m, nun nordwärts unter dem Krimmler Törlkopf vorbei über das Westliche Sonntagskees auf einen Sattel südlich des Gipfels, ohne Skier nordwärts etwas absteigen und von Osten auf den niedrigeren der beiden Gipfel.

Notizen:

239 **Variante SCHLIEFERSPITZE/Westanstieg**

3290 m, 950 hm, ↑ 2,5 h, letzte 200 hm Gratkletterei (Schwierigkeitsgrad II), Karte S. 140–141

Anstieg von der Warnsdorfer Hütte ungefähr auf dem markierten Sommerweg nordwärts erst über eine Steilstufe und dann durch das Sonntagskar direkt auf den Gipfel zu bis auf Höhe 3000 m. Nun zum Skidepot auf dem Südwestgrat (3076 m) queren und über diesen zum Gipfel.

Notizen:

240 **Variante BIRNLÜCKE**

2778 m, 600 hm, ↑ 2 h, empfiehlt sich als Abschiedstour von der Warnsdorfer Hütte, um 200 hm Gegenanstieg zur Hütte zu sparen

Von der Warnsdorfer Hütte erst Abfahrt westwärts auf Höhe 2100 m, möglichst waagrecht durch drei Mulden, deren letzte in die breite Rinne zur Birnlücke hinaufleitet. Nun nordwestwärts und im letzten Stück ohne Skier zum Gipfel.

Notizen:

241 **Variante JAIDBACHKEES**

3000 m, 1300 hm, ↑ 4 h, nur bei stabiler Firnlage

Anstieg ab dem Krimmler Tauernhaus ca. 3 km taleinwärts zur Jaidbachalm, nun nordostwärts steil an der Südseite des Jaidbaches 350 hm in eine etwas sanfter ansteigende Mulde. Ab etwa 2150 m Höhe ostwärts über eine Steilstufe in einen großen Kessel und über das Kees in den höchsten Firnzipfel rechts unterhalb des Gipfels. Der Gipfelanstieg ist schwierige Kletterei.

Notizen:

KÜRSINGERHÜTTE

2547 m, je nach Verhältnissen ↑ bis zu 1600 hm und 6 h

Anfahrt: Zell am See – Neukirchen/Sulzau – Parkplatz Hopfeldboden.

Zufahrt mit dem Taxi in das gesperrte Obersulzbachtal bis zur Obersulzbachhütte möglich (Info Tel. 06565 6566 oder 06565 6450). Zufahrt bis zur Obersulzbachhütte halbiert den Hüttenanstieg auf 800 Höhenmeter und 3 Gehstunden.

Anstieg auf dem Fahrweg ca. 9 km zum Oberen Keesboden (Materialseilbahn zur Hütte für das Gepäck), südwärts auf dem Winterweg auf das Obersulzbachkees und in einem nach Osten ausholenden Bogen zu Hütte (beziehungsweise später im Jahr über den neuen Kürsingersteig).

Notizen:

KEESKOGEL **242**

3291 m, 750 hm, ↑ 2,5 h, einzige Tour von der Hütte ohne Spaltenzone, Karte S. 140–141

Anstieg von der Kürsingerhütte nordostwärts beliebig und ohne jede Schwierigkeit zum Gipfel.

Notizen:

GROSSVENEDIGER/Nordwestanstieg, Karte S. 140–141 **243**

3666 m, 1150 hm, ↑ 4 h, anspruchsvoll, mehrere Spaltenzonen

Von der Kürsingerhütte ostwärts zuerst etwa 60 hm hinunter zum Obersulzbachkees, auf diesem nordostwärts hinauf zum Zwischensulzbachtörl, südostwärts in die Venedigerscharte (Querspalten!) und im Bogen westwärts über die breite Südostflanke auf den Gipfel.

Notizen:

GROSSVENEDIGER/Nordanstieg, Karte S. 140–141 **244**

3666 m, durch das Untersulzbachtal 2400 hm, ↑ 7–8 h, sehr anstrengend, aber lohnend, sobald Zufahrt mit dem Taxi zum Wh Stockeralm (1268 m) möglich ist (Info Tel. 0664 9861041).

Anstieg von der Stockeralm taleinwärts ca. 5 km bis Höhe 2300 m, wo das Untersulzbachkees beginnt. Nun auf dem Kees (mehrere Spaltenzonen) erst flach und zuletzt steil in das

Zwischensulzbachtörl, südwärts in die Venedigerscharte und in einem Bogen westwärts zum Gipfel.
Notizen:

---

245 GROSSER GEIGER/Nordanstieg
3360 m, 1200 hm (mit Gegenanstieg), ↑ 4 h, mehrere Spaltenzonen, Karte S. 140–141
Von der Kürsingerhütte zuerst ca. 200 hm Abfahrt südwärts auf das Obersulzbachkees. Dann südwestwärts bis Höhe 2500 m hinauf, südostwärts auf einen Rücken, südwärts zunehmend steil in die Geigerscharte und ostwärts steil zum Gipfel. 200 hm Gegenanstieg zur Hütte.
Notizen:

---

246 SCHLIEFERSPITZE/Ostanstieg
3290 m, 1200 hm (mit Gegenanstieg), ↑ 4 h, mehrere Spaltenzonen, eignet sich als Abschiedstour, um 200 hm Gegenanstieg zur Hütte zu sparen, Karte S. 140–141
Zuerst Abfahrt von der Kürsingerhütte südwärts 200 hm auf das Obersulzbachkees, dann südwestwärts Richtung Krimmler Törl auf Höhe 2640 m, nordwestwärts durch eine steile Rinne auf das Sonntagskees, weiter zwischen den Schliefertürmen und einem Felsabbruch hindurch und – zuletzt steil und ohne Skier – auf den Gipfel.
Abfahrt wie Anstieg oder nordostwärts 1550 hm (davon etwa 500 hm über Spaltenzonen!) zum Oberen Keesboden (1940 m) und zur Obersulzbachhütte (1742 m).
Notizen:

---

247 SCHLIEFERSPITZE/Nordostanstieg
3290 m, 1550 hm, ↑ 4,5 h, Karte S. 140–141
Von der Obersulzbachhütte zuerst über den Keesboden und dann durch eine ausgeprägte Mulde westwärts auf die Schlieferspitze.
Notizen:

---

248 FOISKARKOPF
3029 m, 2000 hm, ↑ 6 h, nur bei stabiler Firnlage

Anstieg vom Parkplatz Hopffeldboden 1,5 km südwärts auf dem Sträßchen in das Obersulzbachtal, bis kurz vor der Gstreifbrücke westwärts ein markierter Sommerweg (Nr. 41) abzweigt. Auf diesem sehr steil 500 hm hinauf (Skier sind auch im Abstieg zu tragen), dann gemächlich ansteigend an der Seebachalm vorbei zum Seebachsee. Von dessen Südseite durch den je nach Schneelage günstigsten von drei Bachgräben über eine felsige Steilstufe, südwestwärts bis knapp unter den Humbachkarkopf und durch eine Mulde südwärts zum Gipfel.

Notizen:

NEUE THÜRINGER HÜTTE 249

2212 m, 1050 hm, ↑ 3 h, Karte S. 146

Anfahrt: Zell am See – Mittersill – Bramberg/Habach.

Die Hütte ist erst bewirtschaftet, wenn die gesperrte Straße zum Wh Alpenrose im Habachtal schneefrei und für Taxis befahrbar ist (Info Tel. 06566 7451).

Anstieg von der Alpenrose taleinwärts und je nach Schneelage auf dem markierten Sommerweg (Nr. 918) oder aber in weitem Bogen durch den Talschluss und vorbei an der alten zur Neuen Thüringer Hütte. Mit Ausnahme des Larmkogels führen alle Touren ab hier durch Spaltenzonen.

Notizen:

HOHE FÜRLEG/Nordanstieg 250

3244 m, 1000 hm, ↑ 3,5 h, Karte S. 146

Von der Thüringer Hütte südwärts auf das Habachkees, auf diesem südwestwärts (Steinschlagzone unter dem Schwarzkopf!) in das Becken nordseitig unter dem Gipfel, westwärts auf den Nordgrat und auf diesem ohne Skier zum Gipfel.

Notizen:

PLATTIGER HABACH/Nordanstieg 251

3207 m, 1000 hm, ↑ 3,5 h, Karte S. 146

Anstieg von der Thüringer Hütte südwärts auf das Habachkees. Dort südwestwärts in die Habachscharte und auf den Gipfel. Weiterweg über den Kamm zur Hohen Fürleg möglich.

Notizen:

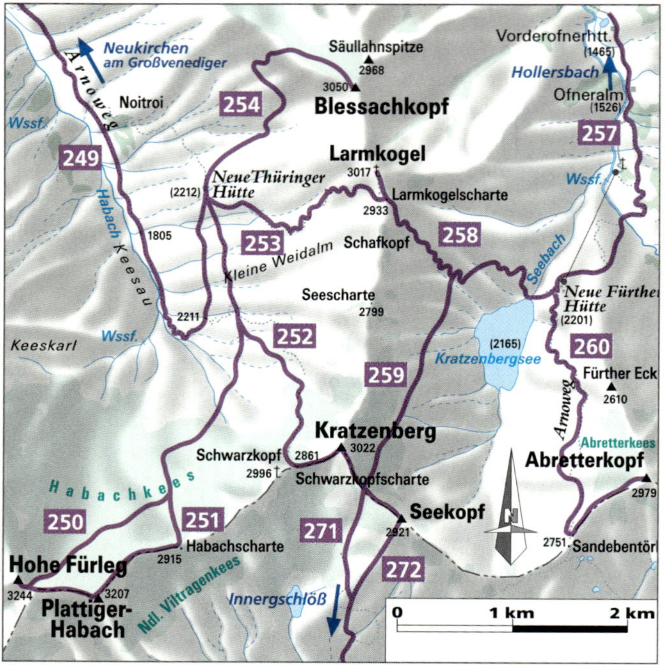

252 KRATZENBERG/Westanstieg

3022 m, 750 hm, ↑ 2,5 h

Von der Thüringer Hütte südwärts über das Habachkees in die Schwarzkopfscharte und nordostwärts meist ohne Skier auf den Gipfel.

Notizen:

253 LARMKOGEL/Westanstieg

3017 m, 800 hm, ↑ 2,5 h

Von der Thüringer Hütte in etwas nach Süden ausholendem Bogen ostwärts in die Larmkogelscharte und nordwärts ohne Skier 100 hm auf den Gipfel.

Notizen:

BLESSACHKOPF/Westanstieg 254

3050 m, 800 hm, ↑ 3 h

Von der Thüringer Hütte nordostwärts in den Weidsfeldsattel und südostwärts über den Gletscher auf den Gipfel.

Notizen:

MAHDLEITENKOPF 255

2348 m, 1500 hm, ↑ 4,5 h

Anfahrt: Zell am See – Mittersill – Hollersbach.

Anstieg vom Eingang des Hollersbachtales südwestwärts auf dem markierten Sommerweg (Nr. 933) über den ausgeprägten, bewaldeten Rücken zur Gehralm, weiter über Almböden in das Gehrkarl, südwärts auf den Kamm und über diesen westwärts auf den Gipfel.

Notizen:

BLESSACHKOPF/Ostanstieg 256

3050 m, 1800 hm, ↑ 6 h, erst möglich, wenn Taxis in das gesperrte Hollersbachtal zur Ottacher Grundalm fahren (Info Tel. 06562 8218 oder 06562 8390).

Anfahrt: Mittersill – Hollersbach – Taxi zur Ottacher Grundalm.

Anstieg südwärts auf der westlichen Talseite zur Scharrer Alm, steil über einen bewachsenen Rücken westwärts zur Scharrer Hochalm, nun südwärts durch das Gamskarl auf das Weitsfeldkees und südostwärts zum Gipfel.

Notizen:

NEUE FÜRTHER HÜTTE 257

2201 m, 1050 hm, ↑ 4 h

Anfahrt: Mittersill – Hollersbach – Taxi zur Ottacher Grundalm (Info Tel. 06562 8390).

Anstieg ab der Ottacher Grundalm auf dem markierten Sommerweg südwärts durch das Hollersbachtal. Die Neue Fürther Hütte dient als Stützpunkt für mehrere Touren und ist meist ab Juni geöffnet.

Notizen:

258 LARMKOGEL/Ostanstieg

3017 m, 800 hm, ↑ 2,5 h, Karte S. 146

Von der Neuen Fürther Hütte erst kurze Abfahrt zum Kratzenbergsee, nordwestwärts auf dem markierten Sommerweg in die Larmkogelscharte und nordwärts ohne Skier zum Gipfel.

Notizen:

259 KRATZENBERG/Nordostanstieg

3022 m, 800 hm, ↑ 3 h, Karte S. 146

Von der Neuen Fürther Hütte erst Abfahrt zum Kratzenbergsee, dann westwärts ca. 300 hm hinauf, jetzt südwärts oberhalb der Abbrüche über das Kratzenbergkees (Spalten!) in die Kratzenbergscharte. Von hier nordwestwärts auf den Gipfel. (100 hm Abstecher von der Kratzenbergscharte südostwärts auf den Seekopf lohnend.)

Notizen:

260 ABRETTERKOPF/Nordanstieg

2979 m, 750 hm, ↑ 2,5 h, Karte S. 146

Anstieg von der Neuen Fürther Hütte südwärts auf dem markierten Sommerweg in das Sandebentörl und nordostwärts zu einem Steinmann (Skidepot) und zum Gipfel.

Notizen:

261 DICHTENECK

2724 m, 800 hm, ↑ 3,5 h, nur bei stabiler Firnlage, Abschiedstour, um 300 hm Gegenanstieg zur Hütte zu vermeiden

Abfahrt von der Neuen Fürther Hütte zum Roßsedl, nun südostwärts vorbei an der Weißeneckalm in den Talschluss, ostwärts über eine Steilstufe zum Tauernfleck, weiter in den Kessel unter dem Tauernkogel und südwestwärts bis an die Felsen. Die letzten 50 hm sind nur bei sehr günstigen Verhältnissen zu besteigen.

Notizen:

LEITACHKOGEL **262**

2680 m, 1500 hm, ↑ 5 h

Anfahrt: Mittersill – Hollersbach.

Anstieg vom Schranken vor dem für den öffentlichen Verkehr gesperrten Hollersbachtal ca. 2,5 km taleinwärts zur Lahneralm, nun annähernd parallel zur Materialseilbahn südostwärts zur Lachalm, weiter in das Perchauer Karl und auf den Gipfel.

Notizen:

Variante STUMKOGEL **263**

2536 m, 1350 hm, ↑ 4,5 h

Anstieg wie zum Leitachkogel bis zur Lachalm, nun aber nordostwärts über den Melchboden auf den Kamm und steil auf den Gipfel.

Notizen:

PIHAPPER **264**

2513 m, 1300 hm, ↑ 4 h

Anfahrt: Mittersill – Hollersbach – südwärts 400 hm hinauf zum Wh Berghof.

Anstieg vom Berghof auf dem beschilderten Lachalm-Höhenweg südostwärts durch den Wald zur Vorderlachalm und auf den Vorgipfel Pflugberg. Von dort über den Grat südwärts und meist ohne Skier 100 hm zum Gipfel.

Notizen:

Auf der mehrtägigen Hochtour „Hochtirol" in der Venedigergruppe

10 Felber Tauern – Venedigergruppe
Ost und Süd

265 **AMERTALER HÖHE/Nordanstieg**

2841 m, 1250 hm, ↑ 4 h, nur bei stabiler Firnlage

Anfahrt: Mittersill – Nordportal des Felbertauerntunnels.

Vom Parkplatz zuerst leicht ansteigend südwärts in den Talschluss, dann südwestwärts rund 100 hm über eine Steilstufe und südostwärts quer über den Steilhang unterhalb der Teufelsspitze in einen Kessel. Aus diesem nun ostwärts über eine Rampe hinauf zur Amertaler Scharte und südwärts zur Amertaler Höhe.

Notizen:

266 **RIEGELKOPF**

2920 m, 1300 hm, ↑ 3,5 h, nur bei absolut stabiler Schneelage

Anfahrt: Mittersill – Südportal des Felbertauerntunnels.

Anstieg vom Parkplatz ostwärts durch einen Waldgürtel, nach etwa 400 hm über einen breiten Südhang in den Kessel des Dabersees queren, nun nordwärts auf den Südwestkamm und über diesen zum Gipfel.

Notizen:

267 **Variante AMERTALER HÖHE/Südwestanstieg**

2841 m, 1200 hm, ↑ 3,5 h

Anstieg wie zum Riegelkopf, doch ab dem Kessel des Dabersees nordostwärts bis knapp an den Kamm und ostwärts zum Gipfel.

Notizen:

268 **Variante HOCHGASSER**

2922 m, 1300 hm, ↑ 4 h

Anstieg vom Parkplatz ostwärts durch einen Waldgürtel, danach über freie Hänge zur Grünseehütte, westseitig am Grünen

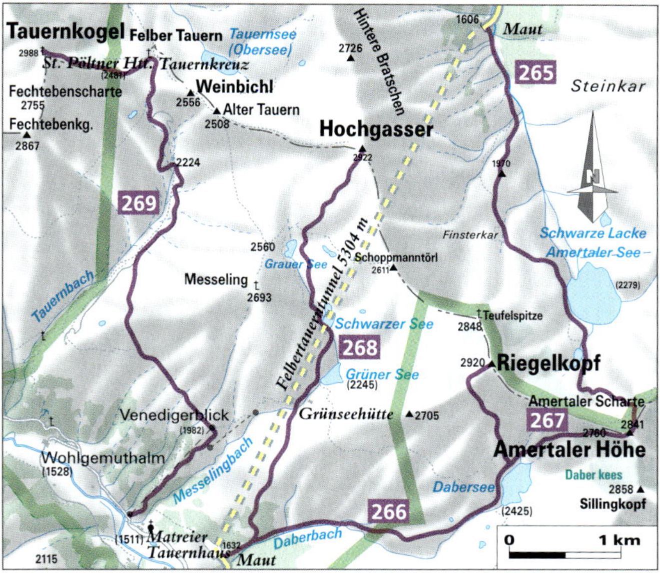

See vorüber zum Schwarzen See, über zwei kurze Steilstufen zum Grauen See und nordostwärts zum Gipfel.

Notizen:

TAUERNKOGEL 269

2988 m, 1450 hm, ↑ 4,5 h, schwierig, nur bei stabiler Firnlage

Anfahrt: Mittersill – Felbertauerntunnel – Matreier Tauernhaus.

Anstieg vom Matreier Tauernhaus nordwärts 450 hm zum Punkt „Venedigerblick" (früher Liftstation), dann auf dem Sommerweg nordwestwärts, über die Böden der Blechwangalm und durch das Tauerntal zur St. Pöltner Hütte auf dem Felber Tauern. Von hier westwärts steil bis ungefähr auf Höhe 2750 m, nach links in den steilen Südosthang, steil direkt auf den Grat bei ca. Höhe 2900 m und ohne Skier zum Gipfel.

Notizen:

ROTE SAILE 270

2994 m, 1500 hm, ↑ 4,5 h

Anfahrt: Mittersill – Matreier Tauernhaus.

Anstieg vom Parkplatz auf der gesperrten Straße westwärts in das Innergschlöß, am Nordufer des Gschlößbaches ca. 300 m weiter taleinwärts, dann nordwestwärts auf einem Weg über eine Steilstufe. Nun nordwärts bis auf Höhe 2400 m, nordwestwärts zwischen Zeigerpalfen und einem Felsabbruch hindurch und wieder nordwärts durch einen großen Kessel auf den Sattel. Ohne Skier südostwärts auf den Gipfel (oder auch nordwestwärts auf den Abretterkopf).

Notizen:

271 Variante SEEKOPF

2921 m, 1450 hm, ↑ 5 h, Karte S. 146

Anstieg bis Innergschlöß, nun aber auf dem Nordufer des Gschlößbaches etwa 4 km taleinwärts Richtung Viltragenkees bis auf Höhe 2230 m. Weiter nordwärts entlang des Sommerweges in einem verkehrten großen „S" sehr steil zwischen zwei Felsabstürzen hindurch („in den Wandeln") auf Höhe 2646 m, weiter in die Mulde des Nördlichen Viltragenkeeses und in steilem Bogen nach Osten auf den Gipfel.

Notizen:

272 Variante KRATZENBERG/ Südanstieg, Karte S. 146

3022 m, 1550 hm, ↑ 5 h

Anstieg wie auf den Seekopf bis auf Höhe 2646 m, dann nordwestwärts über die Schwarzkopfscharte oder nordwärts über die Kratzenbergscharte auf den Gipfel.

Notizen:

273 Variante PLATTIGER HABACH/ Südanstieg

3207 m, 1650 hm, ↑ 5,5 h

Anstieg bis auf Höhe 2230 m hinter dem Innergschlöß, nun auf dem Viltragenkees rund

150 hm weiter westwärts, nordwärts steil über den Muleter Bühel auf das Nördliche Viltragenkees, nordwestwärts in die Habachscharte und westwärts über die Gletscherflanke zum Gipfel.

Notizen:

Variante HOHE FÜRLEG/Südanstieg 274

3244 m, 1650 hm, ↑ 6 h

Anstieg auf den Plattigen Habach und über den nordwärts steil abfallenden Kamm westwärts in 0,5 h zum Gipfel.

Notizen:

GROSSVENEDIGER/Ostanstieg 275

3674 m, 2150 hm, ↑ 7 h, mehrere Spaltenzonen, Nächtigung in der Neuen Prager Hütte (Info Tel. 0664 1602627), nur bei stabilem Schönwetter

Anfahrt: Mittersill – Matreier Tauernhaus.

Anstieg vom Parkplatz auf der gesperrten Straße westwärts bis zum Talschluss Innergschlöß. Beim Wegweiser „Badener Hütte" über die Brücke, südwestwärts (links an einem Wasserfall vorbei) sehr steil entlang des markierten Sommerweges zum Salzbodensee, westwärts auf die andere Talseite und nordwärts zur Alten Prager Hütte. Nun entlang der Materialseilbahn zur Neuen Prager Hütte, südwestwärts über das spaltenreiche Schlatenkees in die Venedigerscharte und in südwestwärts ausholendem Bogen nordwärts zum Gipfel.

Abfahrtsvariante: Von der Venedigerscharte nach Nordosten bis knapp vor die Felsen des Niederen Zauns, dann nach Norden hinunter auf die Ausläufer des Viltragenkeeses und weiter talauswärts.

Notizen:

WILDENKOGEL 276

3021 m, 1500 hm, ↑ 4,5 h, steil

Anfahrt: Felbertauerntunnel – Matreier Tauernhaus.

Anstieg vom Tauernhaus südwärts über eine Brücke und auf dem markierten Wildenkogelweg steil erst durch ein Waldstück und dann in Stufen zum Löbbensee. Hier südwärts in ein

Becken und aus diesem westwärts steil durch einen Graben auf einen Absatz. Nun südwärts um einen Felssporn (Höhe 2722 m) herum, westwärts in einen Sattel und nordwärts auf dem Grat zum Gipfel.

Notizen:

---

277 WILDE MANNDER

2600 m, 1050 hm, ↑ 3 h

Anfahrt: Mittersill – Felbertauerntunnel/Südportal – 3,5 km weiter südwärts bis zum Parkplatz Landeckwald.

Anstieg auf einem Almweg erst ostwärts, dann rund 250 hm nordwärts bis knapp vor die Haupmeralm, nordostwärts in eine Mulde und ostwärts über eine Steilstufe in eine Scharte auf dem scharf gezackten Kamm, der deshalb „Wilde Mannder" heißt.

Notizen:

---

278 GRANATSCHARTE/Südanstieg

2970 m, 1450, ↑ 4,5 h, steil, nur zur Firnzeit ratsam

Anfahrt: Mittersill – Parkplatz Landeck.

Vom Parkplatz Landeckwald ostwärts durch das Landecktal und über das Prägratmoos bis etwa Höhe 2020 m, weiter nordostwärts 500 hm über eine Steilstufe in eine Rinne östlich eines auffallenden dachförmigen Vorgipfels (2614 m) und über das Prägratkees in die Granatscharte. Nun wahlweise nordwestwärts auf den Stubacher Sonnblick oder südostwärts zum Ostgrat der Granatspitze und über diesen direkt zum Gipfel (je 0,5 h).

Notizen:

---

279 Variante SILLINGKOPF

2859 m, 1350 hm, ↑ 4 h

Anstieg durch das Landecktal bis zum Moosbichl (2000 m), nun westwärts steil 200 hm hinauf, nordseitig um einen Felsabbruch herum, südwestwärts über eine Steilstufe in flaches Gelände und weiter nordwärts zum Gipfel.

Notizen:

Variante AMERTALER HÖHE/Südanstieg 280

2841 m, 1350 hm, ↑ 4,5 h

Anstieg durch das Landecktal bis zum Prägratmoos, weiter nordwestwärts über eine sehr steile Stufe zum Schändler See, nordwärts ausholend im Bogen um eine Felswand westlich des Sees herum, südwärts um einen Sporn des Ostgrates, westwärts in einen flachen Sattel und nordwärts zum Gipfel.

Notizen:

Variante GRAUES TÖRL 281

2891 m, 1350 hm, ↑ 4,5 h

Anstieg durch das Landecktal bis auf Höhe ca. 1800 m, nun ostwärts über 500 hm durch eine steile Schlucht hinauf zum Seetörl und durch das riesige Becken nordostwärts in das Graue Törl.

Notizen:

GRAUE SCHIMME 282

3053 m, 1700 hm, ↑ 5 h

Anfahrt: Mittersill – Felbertauerntunnel – Parkplatz bei der Bushaltestelle zwischen zwei Lawinengalerien oberhalb von Raneburg.

Anstieg vom Parkplatz ostwärts 600 hm mühsam auf einem Steig sehr steil nordseitig parallel zum Petersbachgraben erst durch ein Waldstück und dann über zunehmend freies Gelände zur Keßleralm. Von hier Querung ostwärts in den gewaltigen Kessel, der über eine Steilstufe bis zum Muntanitzkees reicht. Ab etwa Höhe 2600 m nordostwärts geradewegs auf den Gipfel.

Notizen:

GROSSVENEDIGER/Südanstieg 283

3666 m, 1550 hm, ↑ 5 h, Spaltenzonen, Firntour ab Ende Mai, wenn die Zufahrt vom Virgental zur Johannishütte möglich ist. (Info Tel. 04877 5369)

Anfahrt: Mittersill – Felbertauerntunnel – Matrei – Virgental/Hinterbichl – Johannishütte (2121 m).

Anstieg von der Johannishütte auf dem Sommerweg nordostwärts zum Defregger Haus, über das Schartl in das Rainerkees hineinqueren, nordwärts über eine große Spaltenzone

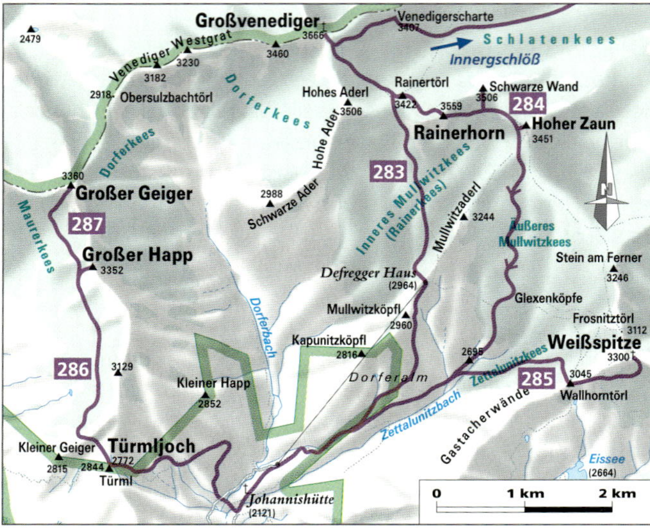

zum Rainertörl und nordwestwärts zum Gipfel. Abfahrt erst wie Anstieg, ab dem Defregger Haus jedoch südwärts zum Zettalunitzkees und südwestwärts Richtung Johannishütte in einen Graben und vor dessen steilen Engstellen hinaus nach rechts auf den Sommerweg und zur Hütte. Empfehlenswerte Abfahrtsvariante: Aus dem Rainertörl über das Rainerhorn und das Mullwitzkees.

Notizen:

284 Variante RAINERHORN

3559 m, 1450 hm, ↑ 4,5 h

Anstieg von der Johannishütte in das Rainertörl und ostwärts über einen Rücken 150 hm zum Gipfel. Wegen der Spaltenzonen auf dem Rainerkees besser: Ab Defregger Haus nordostwärts dem Mullwitzaderl entlang auf das Mullwitzkees, in weitem Bogen in den Sattel zwischen Schwarzer Wand und Rainerhorn und nun ostwärts steil zum Gipfel. Lohnende Abstecher sind Schwarze Wand (3506 m) und Hoher Zaun (3451 m) am Nordrand des Mullwitzkeeses.

Notizen:

Variante WEISSSPITZE 285

3300 m, 1200 hm, ↑ 4 h

Anstieg von der Johannishütte auf dem markierten Sommerweg nordostwärts bis Höhe 2429 m, ostwärts möglichst ohne Höhenverlust Richtung Zettalunitzkees queren und an dessen Südseite rechts sehr steil hinauf in das schrofige Wallhorntörl. Nun ostwärts durch eine Mulde und dann nach Möglichkeit auf dem Grat zum Gipfel.

Notizen:

GROSSER HAPP 286

3350 m, 1200 hm, ↑ 3,5 h, Spaltenzonen

Anfahrt: Mittersill – Felbertauerntunnel – Matrei – Virgental/Hinterbichl – Johannishütte (2121 m).

Anstieg von der Hütte auf dem markierten Schweriner Weg erst nordwärts und dann westwärts um die Abstürze des Aderkammes herum, weiter an den steilen Schrofen bei Höhe 2632 m und beim Türmljoch vorbei, bei etwa Höhe 2900 m nordwärts auf das Maurerkees und direkt zunehmend steil zum Gipfel.

Notizen:

Variante GROSSER GEIGER/Südanstieg 287

3360 m, 1200 hm, ↑ 4 h

Von der Johannishütte wie auf den Happ bis zum Maurerkees, nun aber um den Felssporn des Happ-Südwestgrates herum und über eine Rampe (Spalten) nordostwärts auf den Gipfel.

Notizen:

„Sonnblick“ Richtung Westen

11 Stubachtal – Kapruner Tal – Fuscher Tal

288 **BIRKKOGEL**

2176 m, 1350 hm, ↑ 4 h

Anfahrt: Zell am See – Uttendorf – 2,5 km in das Stubachtal bis Blumberg.

Anstieg von Blumberg westwärts über eine Steilstufe und entlang der Materialseilbahn zur Seiwaldalm. Über einen bewaldeten Rücken zur Kühsteinalm, westwärts in das Kar, aus diesem nordwärts auf den Nordostkamm und auf diesem zum Gipfel.

Notizen:

289 **Variante GEIGERSCHNEIDE**

2280 m, 1450 hm, ↑ 4,5 h

Von der Seiwaldalm südwestwärts zur Lambachalm, links (südseitig) eines Waldstücks Richtung Zwölferkogel und ab etwa Höhe 2000 m in eine Schneide, die in ihrem tieferen Abschnitt „Geiger" heißt und zur Schiederscharte abbricht.

Notizen:

290 **SCHIEDERSCHARTE**

2282 m, 1450 hm, ↑ 4 h

Anfahrt: Zell am See – Uttendorf – 5 km in das Stubachtal bis zu den Brücken über Guggernbach und Stubache.

Zwischen diesen beiden Brücken zweigt westwärts ein Steig ab und führt steil auf Höhe 1150 m und in einen großen Almkessel. Nun über den südwärts abbiegenden Guggernbachgraben und westwärts zur Hofer Grundalm, weiter 200 hm über einen Rücken in eine Mulde und auf die fast immer überwechtete Scharte (kann schwierig oder unmöglich sein). Abstecher ohne Skier auf dem Grat zum Schiederhörndl (200 hm, 0,5 h) nur bei sehr guten Verhältnissen ratsam.

Notizen:

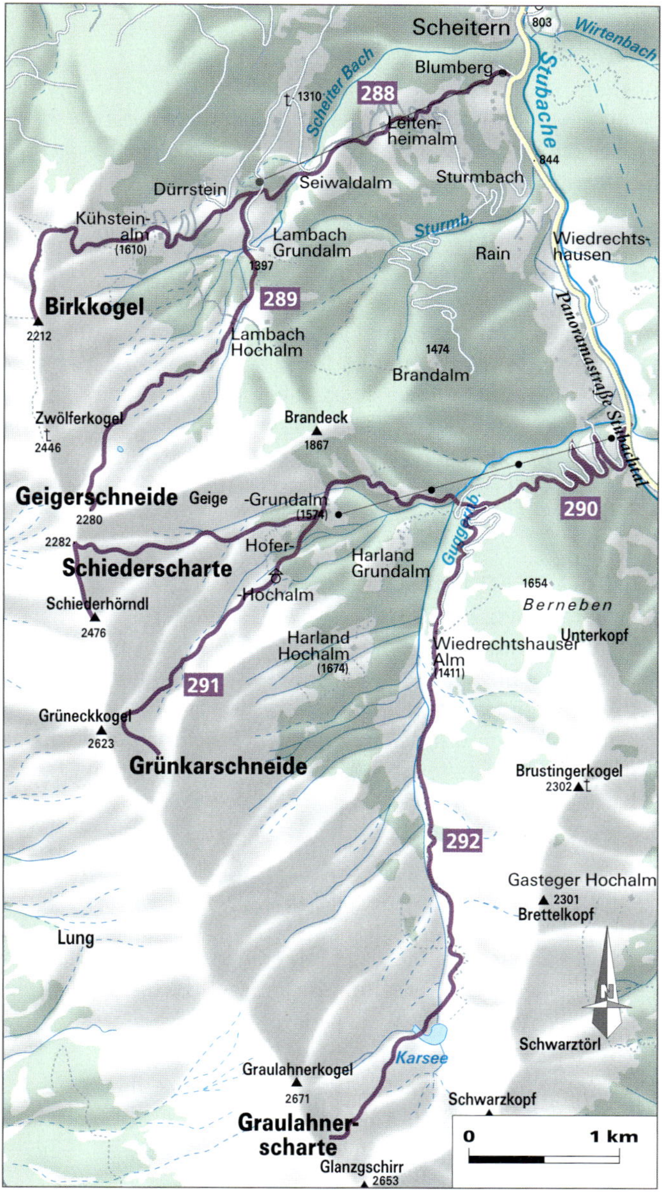

Scheitern
803
Wirtenbach
Blumberg
Stubache
Scheiter Bach
1310
288
Leiten-
heimalm
844
Dürrstein
Seiwaldalm
Sturmbach
Kühstein-
alm
(1610)
Lambach
Grundalm
Sturmb.
Rain
Wiedrechts-
hausen
1397
289
Birkkogel
2212
Lambach
Hochalm
1474
Brandalm
Panoramastraße Stubachtal
Zwölferkogel
2446
Brandeck
1867
Geigerschneide
2280
Geige
-Grundalm
(1574)
290
2282
Hofer-
Schiederscharte
-Hochalm
Harland
Grundalm
Guggenb.
1654
Berneben
Schiederhörndl
2476
Harland
Hochalm
(1674)
Wiedrechtshauser
Alm
(1411)
Unterkopf
291
Grüneckkogel
2623
Grünkarschneide
Brustingerkogel
2302
292
Gasteger Hochalm
2301
Brettelkopf
Lung
N
Schwarztörl
Karsee
Graulahnerkogel
2671
Schwarzkopf
Graulahner-
scharte
0
1 km
Glanzgschirr
2653

291 **Variante GRÜNKARSCHNEIDE**

2500 m, 1700 hm, ↑ 4,5 h, Karte S. 163

Anstieg bis zur Hofer Grundalm, nun südwestwärts über die Hofer Hochalm in das Grünkar und aus diesem ostwärts auf eine Schneide, die von Einheimischen „Grünkarschneide" genannt wird, aber in keiner Karte verzeichnet ist.

Notizen:

292 **Variante GRAULAHNERSCHARTE,** Karte S. 163

2596 m, 1800 hm, ↑ 5 h, nur bei absolut stabiler Schneelage

Anstieg aus dem Stubachtal wie zu Schiederscharte über die Steilstufe, nun aber an der Südseite des Guggernbaches südwestwärts zur Wiedrechtshauseralm, südwärts zum Karsee und nun südwestwärts zunehmend steil in die Scharte, die bei widrigen Verhältnissen (Wechte!) schwierig oder gar nicht zu ersteigen ist. Von der Scharte 10 min Anstieg zum Glanzgschirr.

Notizen:

293 **STUBACHER SONNBLICK/Nordanstieg**

3088 m, 850 hm, ↑ 2,5 h

Anfahrt: Uttendorf – Enzingerboden – Gondel zur Rudolfshütte. Von der Rudolfshütte erst südwärts abfahren zum Weißsee, um diesen südseitig herum, nordwestwärts durch eine Mulde bis zum Ombrometer, nun südwärts steil hinauf über das Sonnblickkees (Spaltenzone!), allmählich flacher in die Granatscharte und nordwestwärts auf den Gipfel.

Notizen:

294 **Variante GRANATSPITZE/Nordanstieg**

3086 m, 850 hm, ↑ 2,5 h

Anstieg auf das Sonnblickkees, ab Höhe 2800 m südwärts in eine Scharte an der Ostseite der Granatspitze (Skidepot) und ohne Skier zum Gipfel.

Notizen:

295 **295 Variante GRANATSPITZE/Ostanstieg**

1450 hm, ↑ 5 h (zwei Gegenanstiege), nur bei stabiler Schneelage, Medelzlift spart 300 hm und 40 min

Von der Rudolfshütte südwärts auf den Kalser Tauern, 300 hm steile Abfahrt südwestwärts in den Talboden unter dem „Erdigen Eck", nun nordwestwärts in eine Mulde. (Hierher bei stabiler Schneelage direkte Abkürzung ab Kalser Tauern quer über die Tauernkogel-Südflanke möglich, spart knapp 200 hm Anstieg.) Nun über eine Steilstufe an deren linker Seite, über das Granatspitzkees hinauf zum Skidepot und ohne Skier zum Gipfel. Bei der Abfahrt noch 300 hm (oder durch die Abkürzung 100 hm) Gegenanstieg auf den Kalser Tauern.

Notizen:

Variante HOCHFILLECK 296

2943 m, 700 hm, ↑ 2 h

Anstieg von der Rudolfshütte wie zum Sonnblick bis vor die Gletscherbrüche beim Ombrometer, nun aber steil nordwärts hinauf zu einem flachen Gletscherboden und weiter zum Gipfel.

Notizen:

HOCHEISER/Westanstieg 297

3206 m, 1200 hm, ↑ 3,5 h, Abfahrt bei ausreichender Schneelage über 1700 hm bis zum Enzinger Boden (1488 m) möglich

Anfahrt: Uttendorf – Enzingerboden – Gondel zur Rudolfshütte. Abfahrt nordwärts 300 hm zur Mittelstation der alten Seilbahn nahe der Tauernmoos-Staumauer, über diese weiter nordwärts in das breite Schwarzkarl. Nun ostwärts über eine Steilstufe und ein Stück entlang des Unteren Hocheiserkeeses, bis sich nord-

ostseitig zwischen zwei Felsbändern ein breiter Durchlass zur Höhe 2883 m öffnet. Hier südwärts über das Obere Hocheiserkees zum Gipfel. Abfahrt wie Anstieg bis in das Schwarzkarl, nun aber nordwärts in den flachen Kühtauern und der alten Baustraße folgend hinunter zum Enzinger Boden.

Notizen:

298 LÄRCHWAND

2388 m, 1400 hm, ↑ 5 h, schwierig, nur bei stabiler Firnlage

Anfahrt: Zell am See – Niedernsill/Mühlbach – Auffahrt westwärts und durch eine Kehre bis in den Bereich des Gehöfts Dachslehen (1000 m). Info über die Zufahrt eventuell sogar bis zur Hinteren Einödalm unter der Tel. Gemeinde Niedernsill 06548 82021.

Anstieg erst 3,5 km auf dem markierten Fahrweg in den Aisdorfer Graben zur Hinteren Einödalm (1500 m), südwärts weiter bis zur letzten Hütte im Talschluss, entlang des markierten Sommerweges westwärts den Hang hinauf, südseitig am Steinkarl vorbei und auf den Grat. Von hier nur bei günstigen Bedingungen ohne Skier auf den Gipfel.

Notizen:

299 Variante HINTERER PLANITZER

2562 m, 1550 hm, ↑ 5,5 h, schwierig, nur bei stabiler Firnlage

Schwieriger Anstieg aus dem Talschluss des Aisdorfer Grabens südostwärts durch ein zunehmend steiles Kar auf den Kamm und über diesen südwärts zum Gipfel.

Notizen:

TRISTKOGEL 300

2642 m, 1650 hm, ↑ 5 h, schwierig, nur bei stabiler Schneelage

Anfahrt: Zell am See – Walchen/Hummersdorf – südwärts hinauf nach Unterholz.

Südwärts auf dem markierten Sommerweg durch den Dietersbachgraben zur Erlach Grundalm (hierher bei besonders günstigen Verhältnissen auch von der Maiskogel-Bergstation auf dem markierten Sommerweg Nr. 1a über die Unterbergalm, spart 700 hm und 2 h Anstieg). Weiter an der Ostseite der riesigen Mulde über eine heikle Steilstufe, südwärts weiter auf den Kamm (etwas westlich der Stangerhöhe) und nun westwärts zum steil aufschwingenden Gipfel.

Notizen:

GROSSER GRIESSKOGEL 301

3066 m, 1050 hm, ↑ 3 h, erst nach Beginn des Busverkehrs vom Kesselfall-Alpenhaus zur Moosersperre möglich (Info Tel. 050313 23201), Karte S. 165

Anfahrt: Zell am See – Kapruner Tal – Kesselfall.

Anstieg vom Bus-Wendeplatz bei der Heidnischen Kirche vor der Talsperre südwestwärts entlang des markierten Sommerweges über den Sedlgrat auf eine kleine Terrasse vor dem Kleinen Grießkogel und westwärts (zuletzt je nach Verhältnissen über etwas Blockwerk) zum Gipfel.

Notizen:

302 **Variante HOCHEISER/Ostanstieg**

3206 m, 1250 hm, ↑ 4 h, Karte S. 165

Anstieg auf den Grießkogel, kurze Abfahrt südwestwärts auf das Hocheiserkees und über dieses zum Gipfel. Abfahrt nordwärts an den Rand des Hocheiserkeeses zur Scharte nördlich des Grießkogels und hinunter über das Hochweißenfeldkees zur Fürthermoaralm.

Notizen:

303 **HOHE RIFFL/Nordanstieg**

3338 m, 1350 hm, ↑ 5 h, Spaltenzonen, Austriaweg entlang des Mooserbodenspeichers kann von Lawinen und Steinschlag bedroht sein, Karte S. 182

Anfahrt: Zell am See – Kapruner Tal – Kesselfall.

Anstieg vom Bus-Wendeplatz 3 km weit ostwärts über Mooser- und Drossensperre und weiter südwestwärts auf dem markierten Austriaweg (Nr. 717) bis zum auffallenden Rücken Bärenleiten. Nun über diesen hinauf in den flachen Oberen Karlingerboden, südostwärts weiter durch eine Spaltenzone auf das Rifftor und westwärts zum Gipfel. Abfahrt wie Anstieg oder südostwärts durch den Rifflwinkel zur Oberwalder Hütte.

Notizen:

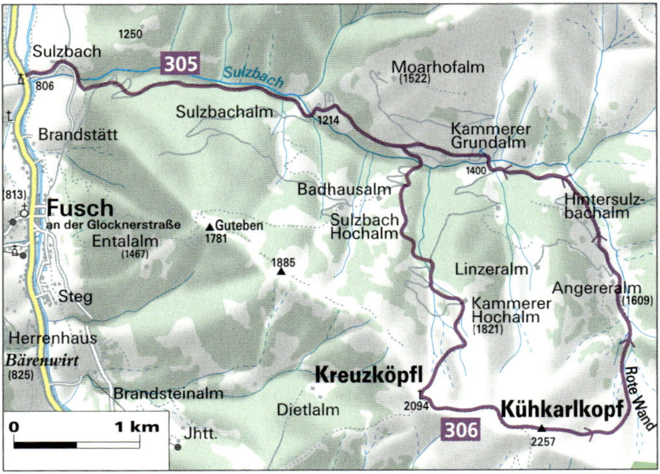

SCHAFELKOPF (DREI BRÜDER) 304

2266 m, 1100 hm, ↑ 3 h, nur bei stabiler Schneelage
Anfahrt: Bruck/Glocknerstraße – Hauserdorf – Glemmerwirt – Straße zur Erlhofalm bis zum Schranken.
Anstieg vom Schranken auf der Almstraße zur Erlhofalm (letzte Kehre abkürzen), weiter über den flachen Almboden nach Süden auf die steile Rinne zwischen Breitkopf und Schafelkopf zu, durch diese Rinne direkt auf den Sattel und über den Rücken nach Westen zum Gipfel.
Notizen:

KREUZKÖPFL 305

2094 m, 1300 hm, ↑ 3,5 h
Anfahrt: Zell am See – Fusch/Sulzbach.
Anstieg vom Weiler Sulzbach, ca. 1 km nördlich von Fusch, südwärts über den Sulzbach, ostwärts ansteigend mehr oder minder entlang eines Güterwegs über die Sulzbachalmen zur Kammerer Hochalm und südwärts durch eine Mulde auf den Gipfel.
Notizen:

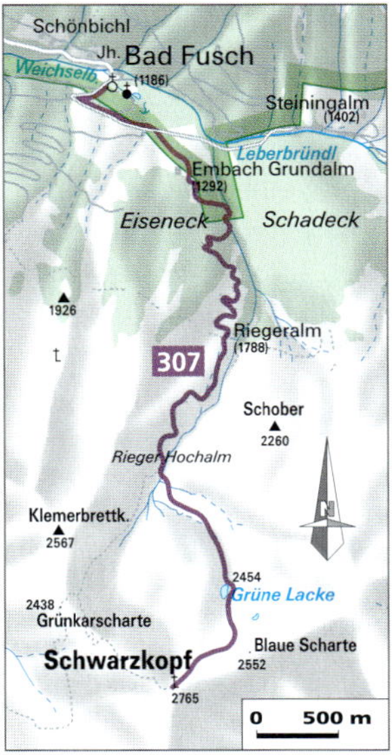

Variante KÜHKARLKOPF 306

2257 m, 1450 hm, ↑ 4 h
Anstieg erst auf das Kreuzköpfl und auf dem Kamm weiter südostwärts auf den Gipfel. Abfahrtsvariante: Vom Gipfel nach Osten und das Kar nordwärts zur Angereralm, talauswärts über die Kammerer Grundalm.
Notizen:

SCHWARZKOPF 307

2765 m, 1600 hm, ↑ 4,5 h, nur bei stabiler Schneelage
Anfahrt: Zell am See – Fusch – Bad Fusch.
Anstieg erst auf einer Forststraße rund 300 m weit ostwärts, dann

auf dem Sommerweg durch ein Waldstück zur Riegeralm, südwärts weiter zur verfallenen Rieger Hochalm, durch eine steile Engstelle, südostwärts durch eine Mulde zur Grünen Lacke, auf den Nordostrücken und über diesen zum Gipfel.

Notizen:

308 IMBACHHORN

2470 m, 1600 hm, ↑ 4,5 h

Anfahrt: Zell am See – Fusch/Judendorf.

Anstieg von Judendorf westwärts auf einem Güterweg durch drei Kehren zu den Judendorfer Almen, weiter zur Wachtbergalm, dann südwärts durch eine Mulde auf einen Sattel westlich des Roßkopfes, jenseits einige Höhenmeter hinunter und durch einen breiten Graben auf einen Rücken, auf diesem westwärts zu einer Scharte und nordwärts zum Gipfel.

Notizen:

ZWINGKOPF

3117 m, 2150 hm, ↑ 6 h, nur bei stabiler Firnlage

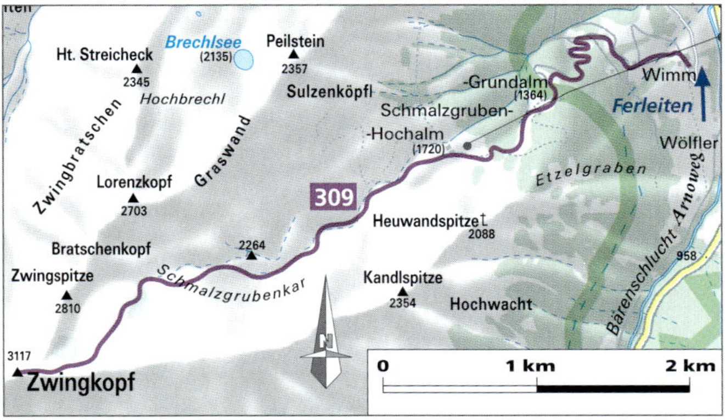

Anfahrt: Zell am See – Fusch/Bildungsheim Wimmhof.
Anstieg erst auf einem markierten Almweg durch einen Waldgürtel westwärts zur Schmalzgrubenhochalm (1720 m) und weiter durch das Schmalzgrubenkar bis auf etwa Höhe 2600 m. Nun südwärts auf einer abfallenden Rampe über die Schneeleite auf den Kamm bei Höhe 2940 m und westwärts auf den Gipfel.

Notizen:

Großglockner von der Oberwalder Hütte

TOURENGEBIET GROSSGLOCKNER HOCHALPENSTRASSE

Die Schneeräumung der Glocknerstraße (Fusch bis Roßbach/ Heiligenblut) ist im Regelfall um den 1. Mai beendet (Info Tel. 0662 8736730), die Skitourensaison reicht je nach Hanglage und Höhe (Gletscher) bis ca. Mitte Juni – in Süd- bis Ostlage eher kürzer, in Nord- bis Westlage zuweilen bis Anfang Juli.

Notizen:

310 GRUBERSCHARTE

3085 m, 1950 hm, ↑ 6 h, schwierig, nur bei stabiler Firn- und Schönwetterlage

Anfahrt: Zell am See – Fusch – Ferleiten.

Anstieg an der Westseite der Fuscher Ache 2 km taleinwärts, dann südwestwärts über die Vögeialm dem Mainzer Weg folgend zur Schwarzenberghütte (Biwak möglich), nun westwärts über das Hochgruberkees Richtung Gruberscharte. Die letzten 100 hm sind sehr steil und können oft wegen der Wechte und einer großen Spalte nicht überwunden werden. An der Gruberscharte ist eine Biwakschachtel, 300 hm Anstieg zur Klockerin **[333]** lohnend. Hierher auch von der Oberwalder Hütte **[331]**.

Notizen:

311 DURCHECKKOPF

2680 m, 1500 hm, ↑ 4,5 h

Anfahrt: Zell am See – Ferleiten.

Anstieg von der Mautstelle 500 m auf der Glocknerstraße bis zur ersten Brücke, links (nordwärts) auf einen Weg abzweigen, rund 100 hm steil durch Wald, dann ostwärts über Wiesen bis an die Durcheckwand, südseitig um diese Wand herum, weiter ostwärts in das große Hochkar und durch dieses zum Gipfel.

Notizen:

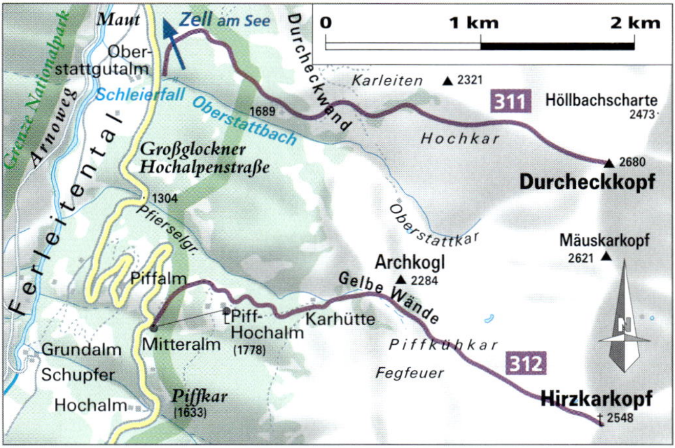

HIRZKARKOPF 312

2548 m, 1000 hm, ↑ 3 h, vollwertiger Ersatz für die aus Gründen der hochalpinen Ökologie gesperrte Nationalparkzone Piffkar

Anfahrt: Glocknerstraße bis zur Piffmitteralm (1576 m, Materialseilbahn).

Anstieg auf einem Almweg nordwärts quer über einen steilen Hang, ostwärts weiter über die Piffhochalm und durch ein Waldstück zu einer Hütte im Futtererkar, durch das man dem Weg bis auf einen Absatz südöstlich der Gelben Wände folgt. Von hier durch das große Piffkühkar direkt auf den Gipfel.

Notizen:

Variante BAUMGARTLKAR 313

Wer zur Firnzeit den Hirzkarkopf so früh erreicht, dass der Harsch im Baumgartlkar gerade aufweicht, könnte noch auf den Baumgartlkopf hinüberqueren und ca. 400 hm südostwärts bis an die Abstürze in das Seidlwinkltal abfahren.

Notizen:

KLOBEN 314

2938 m, 550 hm, ↑ 1,5 h, 1600 hm Abfahrt, Taxidienst zwischen Talschluss Ferleiten und Fuscher Törl

Anfahrt: Glocknerstraße bis zum Fuscher Törl.

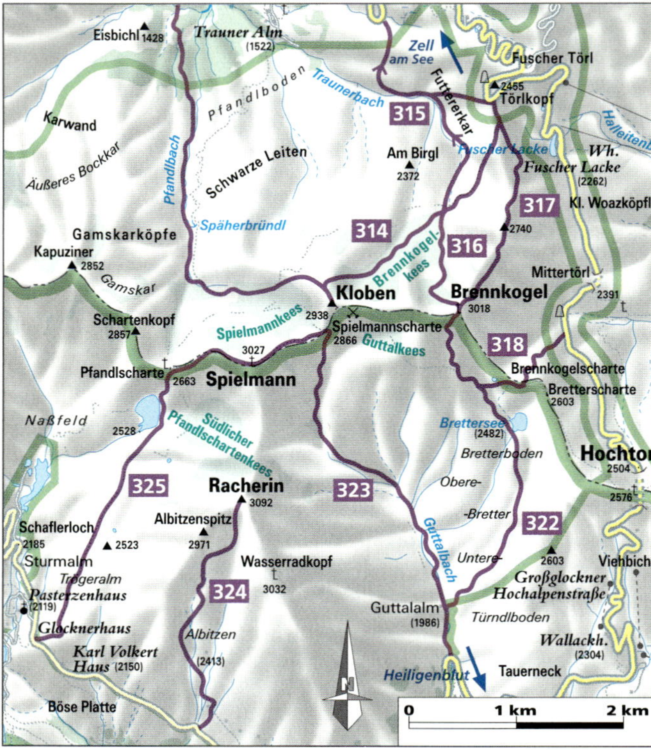

Erst kurzer Abstieg südwestwärts in das gewaltige Becken des Brennkogelkeeses, weiter flach bis zur Versteilung im Beckenschluss, westwärts steil auf einen Rücken und südwärts zum Gipfel. Abfahrt südwärts in eine Scharte, westwärts hinunter über das Spielmannkees und nordwärts in das Tal. Im untersten Drittel möglichst links halten, weil das Schneegewölbe über dem wilden Pfandlbach einbrechen kann!

Notizen:

315 Variante FUTTERERKAR

Abfahrt vom Kloben nordostwärts 900 hm erst entlang des Aufstiegs und dann steil weiter hinunter in das zunehmend schmale Futtererkar bis ca. Höhe 2000 m. Nun nordwärts auf einen Kamm und entweder ca. 600 m zur Glocknerstraße queren oder auf dem Kamm ostwärts ca. 450 hm steil hinauf zum Fuscher Törl.

Notizen:

Variante BRENNKOGEL/Nordanstieg **316**

3018 m, insgesamt 1000 hm, ↑ 3 h, steil, nur bei stabiler Firnlage

Anstieg vom Fuscher Törl wie zum Kloben bis unter die auffallende, breite und steile Nordwestflanke des Brennkogels, nun hinauf, links vorüber an einem markanten Felsriegel, weiter links im Bogen auf einen Sattel und nordostwärts auf den Gipfel. Abfahrt wie Anstieg, aber weiter hinunter in das Futtererkar.

Notizen:

Variante BRENNKOGEL NORDGRAT **317**

3018 m, 600 hm, ↑ 1,5 h, eine kurze, aber leichte Kletterstelle, Skier sind zu tragen

Vom Fuscher Törl südwärts ein kurzes Stück hinunter auf einen Sattel und nun immer auf dem Nordgrat zum Gipfel. Nach knapp zwei Dritteln trifft man auf einen kleinen Felskopf, den man links umgehen, sonst aber ohne Schwierigkeiten direkt übersteigen kann.

Notizen:

BRENNKOGEL/Ostanstieg **318**

3018 m, 700 hm, ↑ 2 h

Anfahrt: Glocknerstraße – Fuscher Törl – Parkplatz Elendgrube/Beindlkar (500 m südlich des Mittertörls), nur bei stabiler Firnlage.

Anstieg südostwärts durch eine auffallende Mulde und zunehmend steil in die Brennkogelscharte, westwärts in den Kessel an der Südflanke des Brennkogels, durch diese nordwärts auf den Sattel und nordostwärts zum Gipfel.

Notizen:

HINTERES MODERECK **319**

2930 m, 1200 hm, ↑ 4 h, „umgekehrte“ Tour, weil der Anstieg nach der Abfahrt folgt

Anfahrt: Glocknerstraße – Mittertörl – Fuscher Wegscheide.

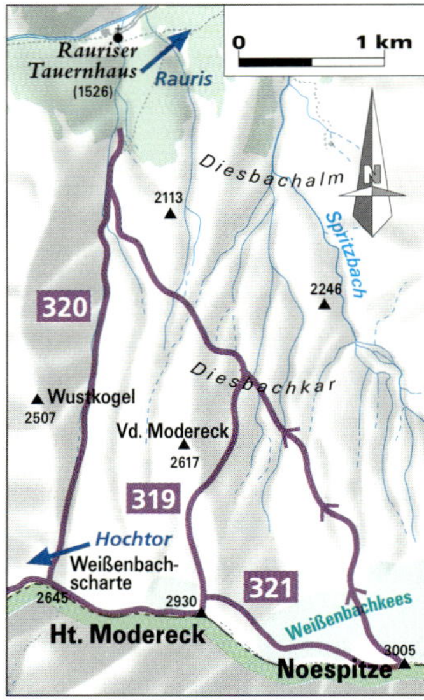

Vom kleinen Parkplatz ostwärts um den Tauernkopf herum durch das weite Plattenkar in die Weißenbachscharte und in einem weitem Bogen südwärts relativ flach auf den Gipfel. Nun Abfahrt nordwärts und ostseitig am Vorderen Modereck vorbei in das Dießbachkar, nordwestwärts weiter in die von der Weißenbachscharte herabziehende Mulde, die man westlich von Felsabbrüchen auf etwa Höhe 2000 m erreicht. Anstieg durch diese Mulde südwärts hinauf zur Weißenbachscharte (↑ 2 h) und Abfahrt westwärts zurück zur Fuscher Wegscheide.

Notizen:

320 Variante WEISSENBACHSCHARTE

2645 m, 1300 hm, ↑ 4,5 h

Ab der Weißenbachscharte nordwärts durch die Mulde hinunter bis zur Baumgrenze (Höhe ca. 1800 m) und Anstieg zurück entlang der Abfahrt.

Notizen:

321 Variante NOESPITZE

3005 m, 1300 hm, ↑ 4,5 h

Unterhalb des Moderecks südostwärts über das Weißenbachkees zum Gipfel.

Abfahrt nordwestwärts in das Dießbachkar und weiter wie Modereck **[319]** zur Fuscher Wegscheide.

Notizen:

BRENNKOGEL/Südanstieg 322

3018 m, 1050 hm, ↑ 3 h, nur bei stabiler Firnlage, Karte S. 176

Anfahrt: Glocknerstraße – Hochtor – Parkplatz Ankehr nördlich von Guttal.

Anstieg zuerst nordwärts etwa 500 m weit in das Guttal zur Lacknerkaser, nach rechts (ostwärts) steil über „die Bretter", nordostwärts auf den Bretterboden (See), nordwestwärts durch den großen Kessel auf den Sattel und nordostwärts auf den Gipfel.

Notizen:

SPIELMANN/Ostanstieg, Karte S. 176 323

3027 m, 1050 hm, ↑ 3 h, schwierig, nur bei stabiler Firnlage

Anfahrt: Glocknerstraße – Parkplatz Ankehr.

Anstieg vom Parkplatz nordwärts rund 1,5 km weit in den Talschluss („am Wändle"), jetzt nordwestwärts sehr steil durch eine Bresche in den Felsabstürzen hinauf in einen Kessel (Höhe etwa 2400 m), aus diesem nordwärts durch eine breite Rinne bis auf Höhe 2750 m, weiter in die Scharte zwischen Kloben und Spielmann und südwestwärts über den Grat auf den Gipfel.

Notizen:

RACHERIN 324

3092 m, 1000 hm, ↑ 2,5 h, Karte S. 176

Anfahrt: Glocknerstraße – Gletscherstraße bis Parkplatz Fensterbach.

Anstieg nordwärts an der Ostseite eines Bachgrabens, nach 300 hm auf die andere Seite des Grabens zu einer Almhütte, nordwestwärts in eine große Mulde und aus dieser nordwärts steil zum Gipfel.

Notizen:

SPIELMANN/Südanstieg 325

3027 m, 900 hm, ↑ 2,5 h, Karte S. 176

Anfahrt: Glocknerstraße – Gletscherstraße bis Glocknerhaus.

Anstieg nordostwärts entlang der Racherin-Flanke in einen weiten Kessel, über ein kurzes Steilstück in die Pfandlscharte und ostwärts auf dem meist abgeblasenen Kamm noch 350 hm – die letzten 20 hm ohne Skier durch Schrofen – auf den Gipfel. Abfahrt je nach Schneelage an beliebiger Stelle vom Westgrat in den Kessel.

Notizen:

---

326 FREIWANDKASTEN

3116 m, 850 hm, ↑ 3 h, schwierig, nur bei stabiler Firnlage

Anfahrt: Glocknerstraße – Gletscherstraße – Parkmöglichkeit zwischen letzter Kehre und Lawinengalerie im Bereich Sturmalpe (2272 m).

Anstieg erst sehr steil 150 hm westwärts über die Freiwandleiten, von der oberhalb der Magneswand eine breite Rampe nordwärts mäßig ansteigt und bei Höhe 2640 m in einen Bachgraben mündet. Aus diesem nordwestwärts weiter in eine zunehmend steile Mulde, die beim Gipfel endet.

Notizen:

---

327 Variante GAMSGRUBENSCHARTL

3096 m, 850 hm, ↑ 3 h

Anstieg wie auf den Freiwandkasten, doch ab dem Bachgraben (Höhe ca. 2700 m) auf das Freiwandkees und in weitem nordwärts ausholenden Bogen schließlich westwärts in das Gamsgrubenschartl. Von hier ist der Fuscherkarkopf in leichter Kletterei in etwa 1 h zu besteigen, sofern dessen Südflanke schneefrei ist sowie Steigeisen und eine längere Reepschnur mitgenommen werden.

Notizen:

Variante SONNENWELLECK **328**

3261 m, 1000 hm, ↑ 3,5 h, schwierig, sehr steil, nur bei stabiler Firnlage

Anstieg wie Gamsgrubenschartl bis zum Freiwandkees, nun rechts (nordwärts) sehr steil in den „Rinner", einen Sattel zwischen Sonnenwelleck und Fuscherkarkopf. Von hier deutlich einfacher über den Rücken nach Osten auf den Gipfel.

Notizen:

JOHANNISBERG **329**

3453 m, 1100 hm, ↑ 4,5 h, mehrere Spaltenzonen, Karte S. 182

Anfahrt: Glocknerstraße – Kaiser-Franz-Josefs-Höhe.

Anstieg nordwestwärts 3 km und 350 hm auf dem Gamsgrubenweg (mehrere Tunnel) zum Wasserfallwinkel über das Südliche Bockkarkees zur Oberwalder Hütte und in sanftem Bogen zum Fuß des Johannisberg-Ostgrates. Von hier entweder direkt etwas links vom Grat oder aber südwestwärts ausholend über die Südflanke zum Gipfel. Die steile Abfahrt von der Oberwalder Hütte südwestwärts auf die Pasterze ist wegen des Gletscherschwundes nicht ratsam. Deshalb erfolgt der Rückweg ab dem Wasserfallwinkel zur Kaiser-Franz-Josefs-Höhe auf dem knapp 3 km langen Gamsgrubenweg (fallweise Skier tragen).

Notizen:

Variante HOHE RIFFL/Ostanstieg **330**

3338 m, 950 hm, 850 hm, ↑ 4 h, Karte S. 182

Bedingungen für die Tour wie auf den Johannisberg, doch ab der Oberwalder Hütte nordwestwärts über Spaltenzonen direkt zum Gipfel.

Notizen:

Variante MITTLERER BÄRENKOPF **331**

3358 m, 1000 hm, ↑ 3,5 h, nur bei exakt verfolgter Route über den Eiswandbichl ohne Gletscherausrüstung, Karte S. 182

Anstieg von der Oberwalder Hütte nordwärts über den breiten Rücken auf den Eiswandbichl, weiter zum Vorgipfel und durch die flache Eiswandscharte auf den Gipfel.

Notizen:

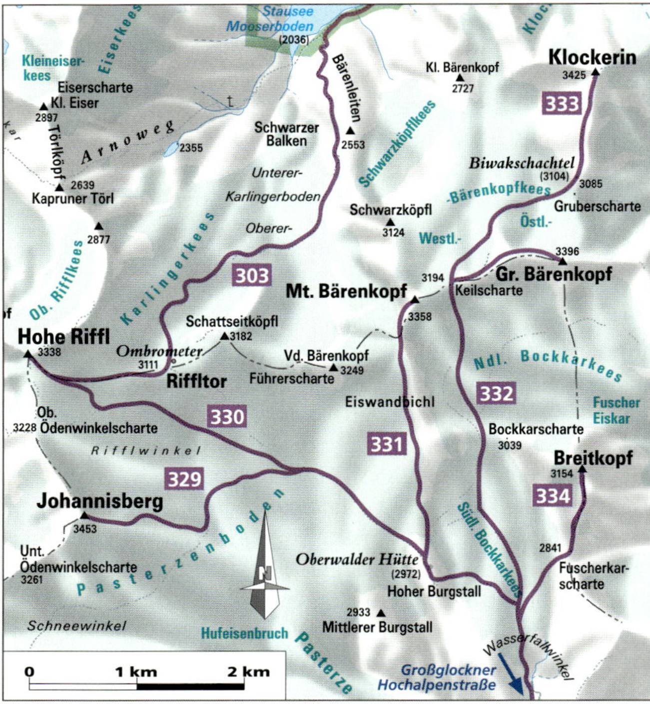

332 Variante GROSSER BÄRENKOPF

3396 m, 1050 hm, ↑ 4 h

Anstieg vom Wasserfallwinkel etwa 150 hm unterhalb der Oberwalder Hütte nordwärts abbiegen zur Bockkarscharte (Spaltenzone), über das Nördliche Bockkarkees (Spaltenzone) in die Keilscharte und ostwärts über einen Klapf und den Kamm zum Gipfel.

Notizen:

333 Variante KLOCKERIN

3425 m, 1300 hm (mit Gegenanstieg), ↑ 4,5 h, lohnt nur mit Abfahrt über das Hochgruberkees

Vom Wasserfallwinkel bis in die Keilscharte (3194 m), dann weiter nordostwärts leicht bergan, um den Felssporn des Bärenkopf-Nordgrates herum, ostwärts in die Gruberscharte und nordwärts an der Biwakschachtel vorbei 300 hm zum Gipfel. Ob die Abfahrt über das Hochgruberkees möglich ist, kann erst in der Gruberscharte entschieden werden (allenfalls Nächtigung in der Biwakschachtel). Sonst Abfahrt wie vom Großen Bärenkopf.

Notizen:

Variante BREITKOPF **334**

3154 m, 750 hm, ↑ 2,5 h

Vom Wasserfallwinkel über das Südliche Bockkarkees nach Nordosten in der Fuscherkarscharte, über die Südhänge in eine kleine Einsattelung westlich des Gipfels und wenige Meter nach Osten auf den Gipfel.

Notizen:

ADLERSRUHE/Nordostanstieg, Karte S. 184 **335**

3454 m, 1250 hm, ↑ 4 h, zunehmend ausgeapert, schwierig

Von der Kaiser-Franz-Josefs-Höhe auf Skiern oder zu Fuß parallel zur Standseilbahn hinunter auf die Pasterze, westwärts über den Gletscher zum Sporn des Glocknerkarkamps westseits des steilen Hofmannskeeses, steil (Sommerweg) 200 hm durch schrofiges Gelände zum „Frühstücksplatzl", südwärts auf die Ostseite des Hofmannskeeses (Spaltenzone) und in einem Bogen westwärts zur Hütte. Besteigung des Großglockners im Winter schwierig und nur mit Kletter- und Eisausrüstung.

Notizen:

RAURISER SONNBLICK/Westanstieg **336**

3106 m, 1350 hm, ↑ 4 h, Karte S. 191

Anfahrt: Glocknerstraße – Fleißkehre (2 km bergwärts von Heiligenblut) – Kleines Fleißtal – Parkplatz vor dem Schranken.

Anstieg ostwärts durch das Kleine Fleißtal an dessen nördlicher Seite auf dem markierten Weg bis zur Werkstraße, auf dieser nordwärts zum Speicher Zirmsee, nun südostwärts und links am Hörndl vorbei auf Höhe 2762 m (hierher auch direkt durch einen steilen Bachgraben, durch den man meist abfährt!) und ostwärts über das Fleißkees zum Gipfel.

Notizen:

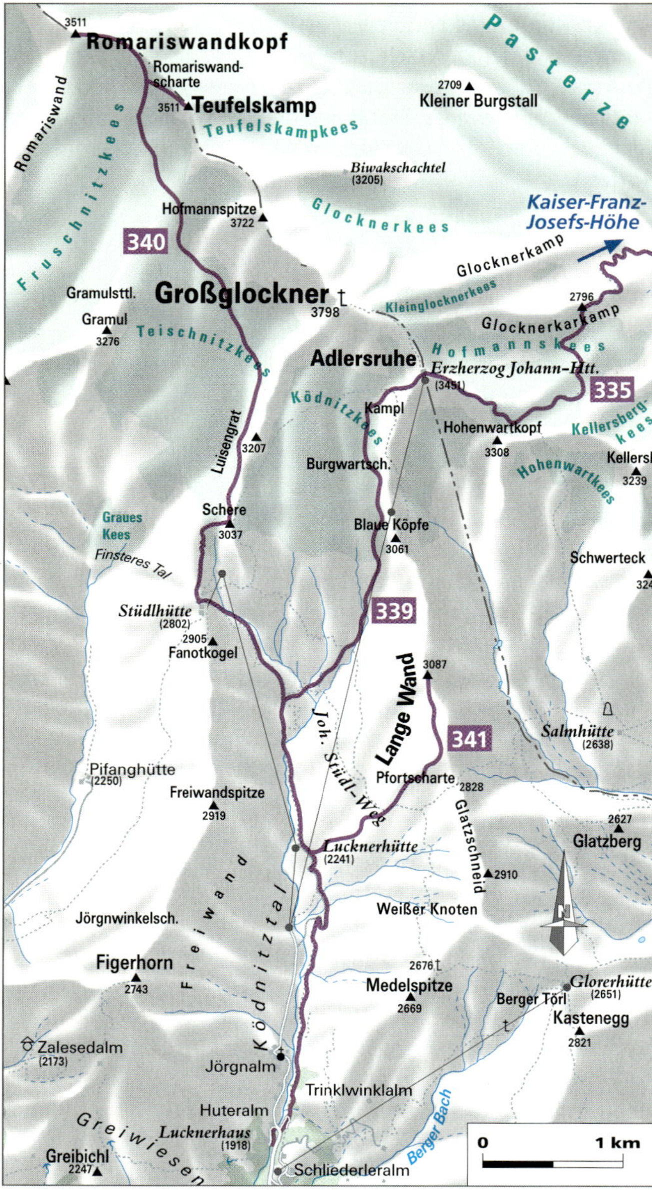
3511
Romariswandkopf
Romariswand-
scharte
3511
Teufelskamp
Teufelskampkees
Romariswand
Fruschnitzkees
Pasterze
2709
Kleiner Burgstall
Biwakschachtel
(3205)
Hofmannspitze
3722
Glocknerkees
Kaiser-Franz-
Josefs-Höhe
340
Glocknerkamp
Großglockner
3798
Gramulsttl.
Gramul
3276
Kleinglocknerkees
2796
Glocknerkarkamp
Teischnitzkees
Hofmannskees
Adlersruhe
Erzherzog Johann-Htt.
(3451)
335
Ködnitzkees
Kampl
Hohenwartkopf
3308
Kellersbergkees
Luisengrat
3207
Burgwartsch.
Kellersk
3239
Hohenwartkees
Schere
3037
Graues
Kees
Blaue Köpfe
3061
Finsteres Tal
Schwerteck
3247
Stüdlhütte
(2802)
339
2905
Fanotkogel
3087
Lange Wand
Joh. Stüdl-Weg
341
Salmhütte
(2638)
Pifanghütte
(2250)
Freiwandspitze
2919
Pfortscharte
2828
Glatzschneid
2627
Glatzberg
Lucknerhütte
(2241)
2910
Freiwand
Ködnitztal
Weißer Knoten
Jörgnwinkelsch.
Figerhorn
2743
2676
Medelspitze
2669
Glorerhütte
(2651)
Berger Törl
Kastenegg
2821
Zalesedalm
(2173)
Jörgnalm
Trinklwinklalm
Huteralm
Berger Bach
Greiwiesen
Lucknerhaus
(1918)
Greibichl
2247
Schliederleralm
0
1 km

Variante HOCHARN/Westanstieg **337**

3254 m, 1500 hm, ↑ 4,5 h, Karte S. 191

Anstieg wie auf den Sonnblick bis zum Zirmsee, dann aber an dessen Südufer weiter nordostwärts, in einem großen „S" auf den Südgrat und nordwärts zum Gipfel.

Notizen:

SANDKOPF **338**

3090 m, 1500 hm, ↑ 4,5 h

Anfahrt: Glocknerstraße – Fleißkehre – Oberschachnern.

Anstieg von Oberschachnern nordostwärts gut 300 hm durch einen schütteren Lärchenwald, vorbei an der Schachner Kaser, oberhalb des Waldes weiter in Richtung auf das weithin sichtbare Obere Wetterkreuz (2760 m) und ostwärts auf den Gipfel. Ob die Schneelage auf der riesigen Südwestflanke des Sandkopfs ausreicht, ist von der Südrampe der Glocknerstraße aus gut zu beurteilen. Genügt sie nicht, bieten sich entlang der Glocknerstraße viele Alternativen an.

Notizen:

ADLERSRUHE/Südanstieg **339**

3451 m, 1450 hm, ↑ 4,5 h

Anfahrt: Felbertauerntunnel – Huben – Kals – Lucknerhaus.

Anstieg vom Parkplatz nordwärts in das Ködnitztal, vorbei an der neuen Lucknerhütte, in einen Graben an der Ostseite des Tales und aus diesem steil in Stufen nordostwärts zu den Blauen Köpfen, entlang dieser Wandflucht am östlichen Rand des Knödnitzkeeses bis zu einem markanten Felssporn, um diesen in weitem Bogen herum (Spalten!) und ostwärts steil zur Adlersruhe.

Notizen:

Variante ROMARISWANDKOPF **340**

3511 m, 1500 hm, ↑ 5 h, Spaltenzonen

Vom Lucknerhaus nordwärts auf dem Sommerweg zur Stüdlhütte, nordwärts hinauf zur Schere und westseitig entlang des Luisengrates (bis hierher auch schon lohnende Tour) bis an den Stüdlgrat. Nun nordwestwärts nahe der Glocknerwand über einen Aufschwung (Spalten) und ein Flachstück (Spalten) auf den Romariswandsattel und auf den Gipfel (oder südostwärts auf den Teufelskamp).

Notizen:

---

341 **Variante LANGE WAND,** Karte S. 184

3087 m, 1100 hm, ↑ 3,5 h, sehr steil, nur bei stabiler Firnlage

Vom Lucknerhaus bis knapp an die Lucknerhütte, nun ostwärts in einen Graben und aus diesem nordwärts steil an den Fuß einer markanten Felsschneide. An deren südwestlicher Seite nordostwärts steil auf den südlichen Gipfel. Den 450 m hohen Gipfelhang erst nach beginnendem Auffirnen besteigen!

Notizen:

---

342 **BÖSES WEIBELE**

3121 m, 1100 hm, ↑ 3,5 h

Anstieg aus der letzten Kurve 200 m vor dem Lucknerhaus nach rechts (ostwärts) auf einem Almweg durch den Kessel der Nigglalm zum Peischlachtörl, nun südwärts in einen kleinen Kessel, entlang des Sommerweges über den ausgeprägten Rücken knapp an den Tschadinsattel heran und ostwärts auf den Gipfel. Abfahrt ab dem Tschadinsattel ostseitig parallel zum Aufstieg über freie Hänge und durch einen Graben zum Peischlachtörl, dann weiter wie Anstieg (oder besser nochmals Aufstieg nordwärts gut 200 hm bis auf einen Vorgipfel des Kastenecks und Abfahrt westwärts steil hinunter in den Graben zum Glorerbach und weiter zum Parkplatz).

Notizen:

---

343 **Variante GRIEDENKARKÖPFE**

3020 m, 1000 hm, ↑ 3 h

Vom Lucknerhaus zum Peischlachtörl, nach rechts (südwärts) durch den Graben und aus diesem südostwärts durch eine Rinne und einen Kessel auf einen der Köpfe.

Notizen:

HOCHSCHOBER **344**

3240 m, 1550 hm, ↑ 5,5 h, steil

Anfahrt: Kals – Oberlesach.

Anstieg von Oberlesach südostwärts auf einem Almweg in das Lesachtal (Zufahrt bis zum Schranken möglich) zur Lesachalm, nun südwärts über eine bewaldete Stufe auf dem markierten Sommerweg in das Ralftal, aus dessen Kessel (Höhe ca. 2540 m) südwärts ostseitig entlang einer Felsrippe 200 hm hinauf, Querung nach rechts auf das Hochschoberkees, ganz hart an dessen Ostseite auf einen Sattel (Skidepot) und südwestwärts über den erst felsigen Kamm zum Gipfel.

Notizen:

Variante RALFKOPF **345**

3105 m, 1500 hm, ↑ 5 h

Anstieg wie auf den Hochschober bis in den Kessel des Ralftales, nun ostwärts durch eine weite Mulde direkt auf den Ralfkopf (oder auf den schrofigen Ganot nordwestlich des Ralfkopfes).

Notizen:

So schön kann der Winter sein – am Alteck

346 **BREITEBENKOPF**

2236 m, 1600 hm, ↑ 5 h

Anfahrt: Schwarzach – Taxenbach – Kohlschnaitlift an der Straße nach Rauris.

Anstieg 5 km und 450 hm auf einem Güterweg in das Wolfbachtal zur Oberhaus-Grundalm, weiter südwärts über Almböden zur Kendlhofalm im Talgrund und in ausholendem Bogen ostwärts über die Breitebenscharte zum Gipfel.

Notizen:

347 **BAUKOGEL**

2224 m, 1300 hm, ↑ 3,5 h

Anfahrt: Taxenbach – Straße nach Rauris bis zum Weiler Triegl.

Anstieg von Triegl erst steil westwärts über Wiesen und durch einen stark verwachsenen Waldgürtel zu einer Forststraße, der

man zu den freien Böden der Sauschneideralm folgt. Nun südwestwärts auf den Kamm und über diesen zum Gipfel.

Notizen:

ROSSKOGEL 348

2039 m, 1100 hm, ↑ 3 h

Anfahrt: Taxenbach – Rauriser Tal – Hanslwirt.

Anstieg südwestwärts entlang des markierten Sommerweges über freies Gelände, durch zwei bewaldete kurze Steilstufen zur Forsthof Hochalm, südwärts durch den weiten Kessel auf den Sattel und ostwärts auf den Gipfel.

Notizen:

HOCHARN/Ostanstieg 349

3254 m, 1700 hm, ↑ 5 h

Anfahrt: Taxenbach – Parkplatz Lenz Anger 1,5 km vor Kolm Saigurn.

Anstieg etwa 600 m auf der Straße Richtung Kolm Saigurn, dann westwärts über den Bach und auf dem Erfurter Weg an der Nordseite der Lacheggklamm in steilen Serpentinen mühsam zum Hocharnkees und zu dessen ausgeprägtem

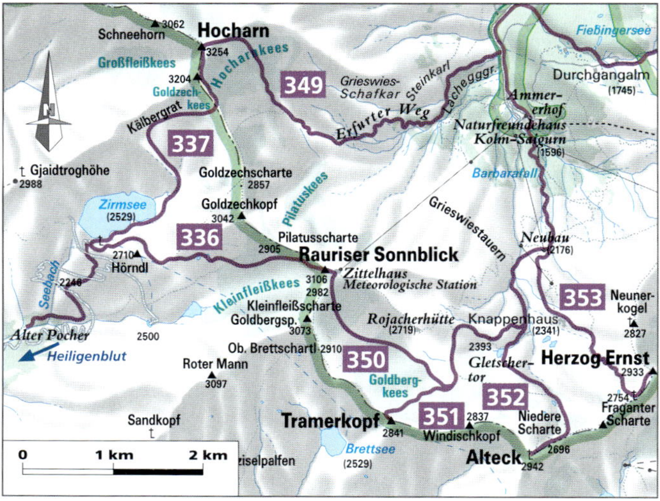

Wulst (Spalten!). Ab ca. Höhe 2800 m in die unterhalb eines Felsabbruches beginnende Mulde und nach Nordwesten zum Gipfel.
Abfahrtsvariante Krumltal (Spalten!): Vom Hocharn erst auf dem Grat nordostwärts bis fast an den Nordgrat, an dessen Westseite nun steil hinunter in das Krumlkees, ostseitig vorbei an einer riesigen Querspalte und 1300 hm hinunter in die Wasserfallalm. Nun talauswärts in der Hoffnung, dass die letzten Schneereste auf der rechten Talseite noch lange vorhalten.
Notizen:

---

350 **RAURISER SONNBLICK/Nordanstieg**
3106 m, 1550 hm, ↑ 5,5 h, Karte S. 191
Anfahrt: Taxenbach – Parkplatz Lenz Anger 1,5 km vor Kolm Saigurn.
Anstieg von Kolm Saigurn südwärts auf dem markierten Sommerweg anfangs steil hinauf zum Naturfreundehaus-Neubau, nun südwestwärts in den Kessel zum Vogelmaier-Ochsenkarkees und auf diesem über zwei Steilstufen (Spaltenzonen!) westwärts zum Gipfel.
Notizen:

---

351 **Variante TRAMERKOPF**
2841 m, 1300 hm, ↑ 4,5 h, Karte S. 191
Anstieg wie auf den Sonnblick bis zum Ochsenkarkees, über dessen erste Steilstufe (Vorsicht: Spalten!) westwärts bis auf Höhe 2700 m, nun südwestwärts in ein Schartl im Kamm und auf diesem nach links zum Gipfel.
Notizen:

---

352 **Variante ALTECK**
2942 m, 1400 hm, ↑ 4,5 h, Karte S. 191
Anstieg wie auf den Sonnblick bis zum Ochsenkarkees, nun aber südostwärts steil direkt zur Niederen Scharte und nach rechts steil auf den Gipfel.
Notizen:

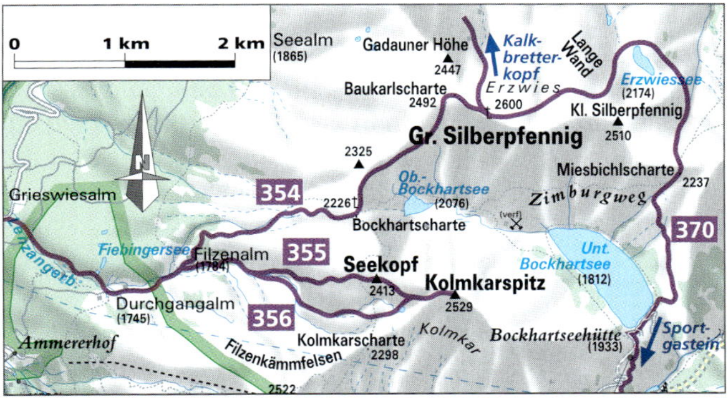

Variante HERZOG ERNST 353

2933 m, 1350 hm, ↑ 4,5 h, Karte S. 191

Anstieg wie auf den Sonnblick bis zum Neubau, nun auf dem Sommerweg südostwärts in die Fraganter Scharte und nordostwärts über den breiten Rücken zum Gipfel.

Notizen:

SILBERPFENNIG/Westanstieg 354

2600 m, 1050 hm, ↑ 3,5 h

Anfahrt: Taxenbach – Lenz Anger/Kolm Saigurn.

Anstieg ab dem Schranken auf dem Almweg südostwärts zur Durchgangalm, weiter ostwärts zur Filzenalm und durch das Filzenkar in die Bockhartscharte, nun nordwärts rechts unterhalb des Kammes in die Baukarlscharte und ostwärts auf den Gipfel.

Notizen:

Variante SEEKOPF 355

2413 m, 900 hm, ↑ 2,5 h

Anstieg wie auf den Silberpfennig bis zur Filzenalm und nun ostwärts entweder auf einem breiten Rücken und zwischen zwei Abbrüchen hindurch direkt zum Gipfel oder durch das breite Kar auf einen flachen Sattel zwischen Seekopf und Kolmkarspitz und westwärts wenige Schritte auf den Gipfel.

Notizen:

356 **Variante KOLMKARSPITZ**

2529 m, 1050 hm, ↑ 3 h, Karte S. 193

Anstieg entweder direkt über den Seekopf oder durch das Kar auf den flachen Sattel und nun nach Osten noch 100 hm auf den Gipfel. Für beide Varianten lohnt die Abfahrt durch das Kolmkar zur Durchgangalm.

Notizen:

357 **KALKBRETTERKOPF/Westanstieg**

2412 m, 1200 hm, ↑ 3,5 h, Karte S. 196

Anfahrt: Taxenbach – Rauris – Bodenhaus.

Anstieg nordostwärts über Wiesen und dann 300 hm durch Wald zur Mitterastenalm, weiter ostwärts über freie Hänge zur Gasteiner Höhe und nordwärts auf dem Kamm zum Gipfel.

Notizen:

358 **RÜHRKÜBEL/Westanstieg**

2482 m, 1300 hm, ↑ 4 h, Karte S. 196

Anfahrt: Taxenbach – Bucheben/Frohnwirt.

Anstieg ostwärts über freie Hänge zur Frohnalm, auf die Nordseite des Bachgrabens, durch den Wald zur Lercheggalm und südostwärts beliebig zum Gipfel.

Notizen:

359 **RÜHRKÜBEL/Nordanstieg**

2482 m, 1500 hm, ↑ 4,5 h, Karte S. 196

Anfahrt: Taxenbach – Rauris – Wörth/Vorstanddorf.

Anstieg ostwärts auf einem Güterweg 6 km und 650 hm durch den nach Süden drehenden Graben über die Hofmannalm in den Bereich der Flatscheralm, nun an der Ostseite eines Bachgrabens südostwärts zunehmend steil durch den riesigen Kessel auf den Gipfel.

Notizen:

360 **Variante GAMSKOGEL**

2436 m, 1500 hm, ↑ 4,5 h

Von der Hofmannalm ostwärts steil über reich gegliedertes Gelände und ab halber Hanghöhe durch eine Mulde südostwärts

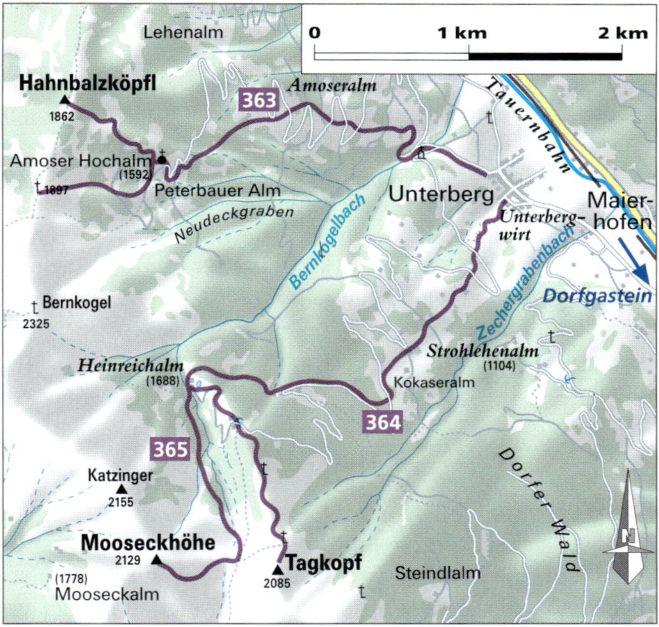

auf den Kamm und zum Gipfel (oder nordostwärts auf den benachbarten Hundskopf).

Notizen:

KATZENKOPF 361

2061 m, 1100 hm, ↑ 3,5 h, Karte S. 190

Anfahrt: Taxenbach – Straße nach Rauris bis zum Hanslwirt. Anstieg ostwärts über die Brücke und dann entlang des markierten Sommerweges über die Stuhleralm zur Penninghofkaralm, südwärts auf den Westkamm und über diesen zum Gipfel.

Notizen:

Variante ANTHAUPTEN 362

1924m, 1000 hm, ↑ 3 h, Karte S. 190

Von der Penninghofkaralm nach Osten in die Karscharte und über den teilweise bewaldeten Südrücken auf den Gipfel.

Notizen:

363 HAHNBALZKÖPFL

1862 m, 1000 hm, ↑ 2,5 h, Karte S. 195

Anfahrt: Lend – Dorfgastein/Unterbergwirt.

Anstieg von Unterberg auf der Almstraße Richtung Amoseralm über den Bernkogelbach, auf Wiesen nach Westen (die Straße wird wiederholt gequert) an der Amoseralm vorbei hinauf zu einer kleinen Jagdhütte am Waldrand. Durch einen kleinen Durchlass im schmalen Waldgürtel und weiter westwärts hinauf zu einer Straße. Auf dieser südwärts zur Amoser Hochalm und etwas nordwestlich haltend über Almwiesen und lichten Wald hinauf zum Hahnbalzköpfl oder zum etwas südlicher gelegenen Gipfelkreuz. Bei der Abfahrt die Abhänge des Bernkogels meiden: Lawinengefahr!

Notizen:

364 TAGKOPF

2085 m, 1250 hm, ↑ 3,5 h, Karte S. 195

Anfahrt: Lend – Dorfgastein/Unterbergwirt.

Von Unterberg südwestwärts fast 800 hm entlang einer Forststraße und dann westwärts durch ein Waldstück zur Heinreich-

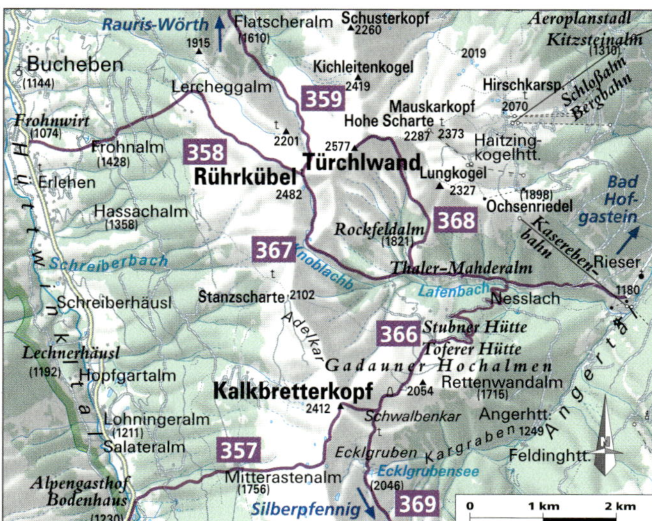

alm, von hier südwärts entweder durch eine weite Mulde oder auf einem bewaldeten Rücken zum Gipfel.
Notizen:

Variante MOOSECKHÖHE 365

2129 m, 1300 hm, ↑ 3,5 h, Karte S. 195
Anstieg wie zum Tagkopf bis zur Heinreichalm, nun südwärts durch die Mulde auf einen Sattel und westwärts zum Gipfel.
Notizen:

KALKBRETTERKOPF/Ostanstieg 366

2412 m, 1200 hm, ↑ 3,5 h
Anfahrt: Bad Hofgastein – Liftparkplatz Angertal.
Vom Parkplatz entlang der Piste nordwestwärts bis zur Abzweigung der Forststraße Richtung Thalerhütte/Stanzscharte (Wegweiser). Ab hier auf dem Almweg zur Nesslachalm, ein kurzes Stück zum Lafenbach hinunter (Wegweiser), den Bach queren, entlang der Sommermarkierung südwestwärts zu einer Forststraße und auf dieser zur Gadauner Hochalm. (Anstiegsvariante: Bei der Nesslachalm weiter taleinwärts, vorbei an der Thalerhütte und dahinter nach dem Straßenverlauf den Graben queren und südwärts zum Almgelände.) Von der Gadauner Hochalm südwärts, an einem kleinen Denkmal vorbei in das Schwalbenkar und westwärts direkt auf den Kalkbretterkopf. Am besten hält man sich etwas links des steilen Gipfelhanges, wo ein kleiner Rücken den Anstieg zur Gipfelschneide vorgibt.
Notizen:

Variante RÜHRKÜBEL/Ostanstieg 367

2482 m, 1250 hm, ↑ 3,5 h, eine Steilstufe, nur bei stabiler Schneelage
Von der Nesslachalm westwärts bis zur letzten Hütte im Talboden. Nun nach Nordwesten und zunehmend steil parallel zum Knoblachbach hinauf in einen Kessel. Durch diesen über mehrere Stufen nach Norden in die ausgeprägte Scharte zwischen Rührkübel und Türchlwand. Der felsige Gipfel wird im Allgemeinen nicht erklettert.
Notizen:

368 **Variante TÜRCHLWAND,** Karte S. 196

2577 m, 1400 hm, ↑ 4 h, schwierig, nur bei stabiler Firnlage
Anstieg von der Nesslachalm taleinwärts zur Thalerhütte und in einem Rechtsbogen entlang der Almstraße nach Norden zur Rockfeldalm. Auf der rechten Seite des Kars weiter nach Norden zu einer Engstelle zwischen den Felsen. Danach etwas flacher nach Westen drehend entlang des Siebenspitzes direkt auf den Gipfel zu.

Notizen:

369 **Variante SILBERPFENNIG/Nordanstieg**

2600 m, 1400 hm, ↑ 4,5 h, Karte S. 196
Aus dem Schwalbenkar geradeaus südwärts hinauf zum Ecklgrubensee, weiter direkt auf die Gadauner Höhe zu, etwa auf Höhe 2300 m südostwärts drehen und direkt auf den Silberpfennig.

Notizen:

370 **SILBERPFENNIG/Ostanstieg**

2600 m, 1200 hm und 200 hm Gegenanstieg, ↑ 3,5 h, nur bei stabiler Firnlage, Orientierungssinn erforderlich, Karte S. 193
Anfahrt: Gasteinertal – Böckstein – Sportgastein – Valeriehaus.
Anstieg vom Valeriehaus nach Norden Richtung Bockhartseehütte bis vor den Tunnel, diesen auf dem Sommerweg rechts umgehen und weiter bis knapp unter die Hütte. Kurz hinunter zum Stausee, über die Staumauer zu einem Wegweiser, auf dem Sommerweg in die Miesbichlscharte, weiter nordwärts bis ca. Höhe 2100 m. Dann entlang eines Grabens abfahren und unter den Felsen des vom Kleinen Silberpfennig nach Nordosten ziehenden Ausläufers die steilen Hänge queren. Nun nach Nordwesten hinauf zum Erzwiessee. Rechts am See vorbei und in einem Linksbogen auf Südwest drehend durch das reich gegliederte Gelände direkt auf den Gipfel.

Notizen:

371 **SCHARECK**

3123 m, 1500 hm, ↑ 4,5 h, schwierig
Anfahrt: Lend – Böckstein – Sportgastein/Aualm.

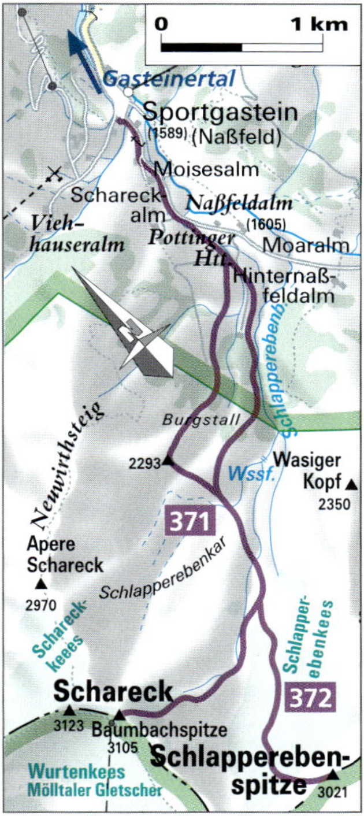

Anstieg erst auf breitem Güterweg südwärts bis zu einem Wasserschloss auf dem Unteren Burgstall, dann zwei Möglichkeiten: Westwärts zunehmend steil zu einer weithin sichtbaren Rinne, die nach links oben durch einen Felsriegel zieht, und westwärts auf ein Plateau (Höhe 2200 m), oder aber südwärts durch eine steile Rinne Richtung Wasiger Kopf und oberhalb des Felsriegels westwärts zum Plateau. Nun südwestwärts über Steilpassagen jeweils rechts an einem Felsriegel und am „Keesauge" vorbei auf das Schlapperebenkees, nordwestwärts über eine Steilstufe auf die Baumbachspitze (Liftstation) und hinüber zum Gipfel.

Notizen:

Variante SCHLAPPEREBENSPITZE 372

3021 m, 1400 hm, ↑ 4,5 h

Anstieg wie auf das Schareck bis auf das Schlapperebenkees, nun südwärts über das Kees, steil auf einen Kamm und über diesen zum Gipfel.

Notizen:

GEISELKOPF 373

2974 m, 1350 hm, ↑ 4,5 h, im Gipfelaufbau schwierig

Anfahrt: Lend – Böckstein – Sportgastein.

Anstieg von Sportgastein 2 km südwärts bis zum Ende des Almbodens und auf dem markierten Sommerweg teils steil zur Hagener Hütte. Nun südwestwärts in Richtung auf einen Vorgipfel zu, nordseitig daran vorüber und je nach Verhältnissen beliebig auf den Gipfel. Abfahrtsvariante Wallnerrinne: Entlang des Anstiegs bis etwa Höhe 2500 m zum Ansatz der Wallnerrinne. Sie führt anfangs breiter, in Talnähe steil und eng nach Nordwesten hinunter bis knapp vor den Talboden.

Notizen:

---

374 ANKOGEL

3246 m, 650 hm, ↑ 2,5 h, mindestens 1200 hm Abfahrt, nur bei stabilen Schnee- und Wetterverhältnissen

Anfahrt: Lend – Böckstein – Bahn nach Mallnitz – Bus zur Talstation der Ankogel-Seilbahn – Auffahrt zur Bergstation auf 2630 m (Info Tel. 04784 290).

Erst kurze Abfahrt ostwärts zu einem auffallenden Felssporn, um diesen herum und Anstieg über das Lassachkees zur Radeckscharte. Ab hier knapp 400 hm Gipfelanstieg ohne Skier, doch gegebenenfalls mit Seil und Steigeisen. Abfahrt von der Radeckscharte nordwärts steil hinunter in den Talschluss und das Anlauftal hinaus nach Böckstein (im späten Frühjahr bis zu 6 km Fußmarsch).

Notizen:

---

375 HÖLLTORKOGEL

2905 m, insgesamt 1600 hm (zwei Gegenanstiege), ↑ 5 h, konditionell anspruchsvoll, Orientierungssinn erforderlich

Anfahrt: Lend – Bad Gastein – Auffahrt Graukogel.

Anstieg von der Station nahezu eben südwärts auf dem Sommerweg um den Graukogel herum zum Palfner See und ostwärts durch das Kar hinauf in die Palfner Scharte. Nun Abfahrt nordostwärts annähernd 350 hm und möglichst nahe dem Windschnurriegel in das Seekarl (drei kleine Seen), wieder Anstieg südostwärts in das Kühkar, durch eine ausgeprägte Rinne südwärts hinauf zum Gamskarlsee und südostwärts über eine kurze Steilstufe in den Kessel, durch den man je nach Schneelage bis an den Gipfelaufbau oder ohne Skier auf den Gipfel ansteigt. Abfahrt bis zum Palfner See wie Anstieg nun entweder zurück zur Bergstation und auf einer Piste ins Tal oder aber direkt durch den Palfner Graben und den Palfner Wald zurück zum Ausgangspunkt.

Notizen:

GEISSKARKOPF 376

2334 m, 1450 hm, ↑ 4 h, steil

Anfahrt: Lend – Dorfgastein – Laderding.

Anstieg von Laderding südostwärts erst rund 500 hm mehr oder minder entlang eines Güterweges, dann auf dem markierten Sommerweg zur Laderdinger Alm. Nun südwärts auf einen Kamm („Hörndl") und ostwärts auf den Gipfel.

Notizen:

GASTEINER HÖHE 377

1994 m, 1150 hm, ↑ 3,5 h, nur bei stabiler Schnee- und Wetterlage

Anfahrt: Lend – Dorfgastein/Meierhofen.

Anstieg nordostwärts über freie Hänge fast 800 hm zur Maierhofalm und dann nordwestwärts über teils steile Südwesthänge zum Wetterkreuz auf der Gasteiner Höhe. Bei günstigen Verhältnissen Abstecher auf das Haßeck lohnend.

Notizen:

Gipfelkreuz am Frauenkogel

SCHOBER, Karte S. 204 378

1997 m, 1250 hm, ↑ 3,5 h, steil, nur bei stabiler Schneelage

Anfahrt: St. Johann im Pongau – Richtung Liechtensteinklamm – Niederuntersberg – Güterweg Sulzau.

An der Gabelung rechts auf der abgeschrankten Forststraße etwa 600 hm zur Unteren Tennalm (Talstation Materialseilbahn), dann südwärts entlang einer breiten Rippe ansteigen, bis man vor den Felsen des Steilaufschwunges auf den Sommerweg trifft. Auf diesem links halten und über das Steilstück zur Oberen Tennalm. Dann direkt nach Süden über die felsdurchsetzte Flanke bis auf die runde Gipfelkuppe.

Notizen:

Variante TENNKOGEL, Karte S. 204 379

1975 m, 1250 hm, ↑ 3,5 h, nur bei stabiler Schneelage

Von den flachen Böden der Oberen Tennalm in einem südwärts ansetzenden weiten Linksbogen auf den Südwestrücken und zum Gipfel.

Notizen:

Variante HEUKARECK, Karte S. 204 380

2100 m, 1350 hm, ↑ 3,5 h, nur bei stabiler Schneelage

Von der Oberen Tennalm über die flachen Böden nach Westen, über die steilen Hänge nordwärts auf den Ostrücken und über diesen zum Gipfelkreuz.

Notizen:

SCHIEDREITSPITZ 381

2094 m, 1250 hm, ↑ 3,5 h

Anfahrt: Tauernautobahn – St. Johann im Pongau – Großarltal bis zum Schieder Hof.

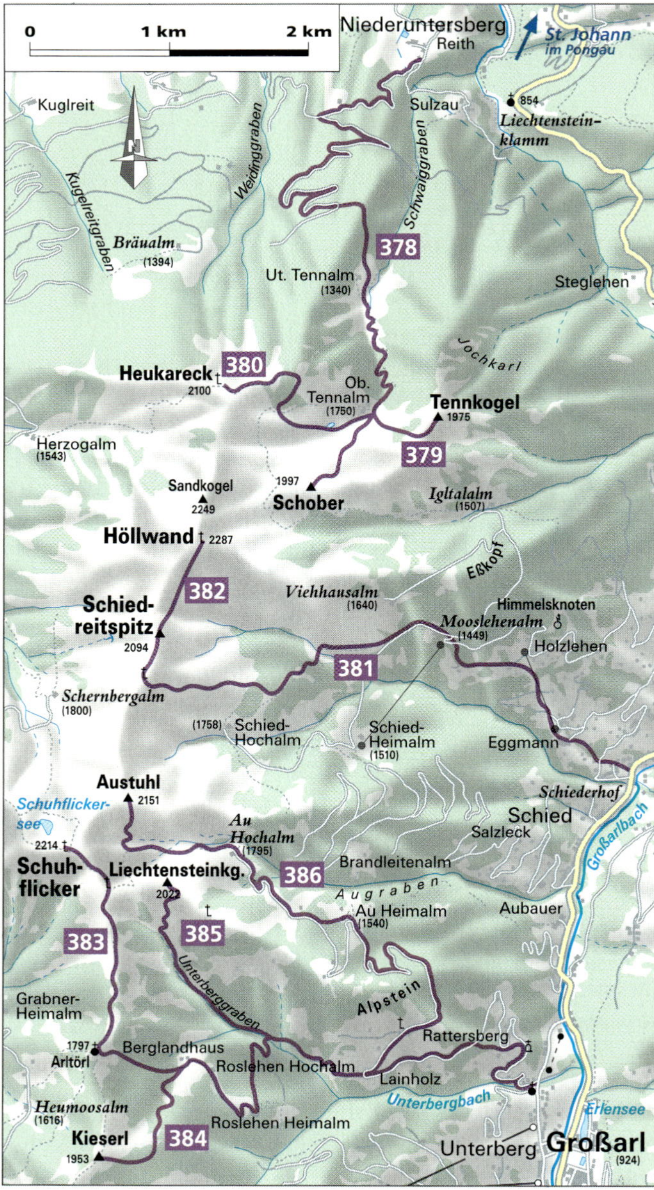
0
1 km
2 km
Niederuntersberg
Reith
St. Johann im Pongau
Kuglreit
Sulzau
854
Liechtensteinklamm
Weidinggraben
Schwaiggraben
Kugelreitgraben
Bräualm
(1394)
378
Ut. Tennalm
(1340)
Steglehen
Jochkarl
Heukareck
380
2100
Ob. Tennalm
(1750)
Tennkogel
1975
Herzogalm
(1543)
379
1997
Sandkogel
2249
Schober
Igltalalm
(1507)
Höllwand
2287
Eßkopf
382
Viehhausalm
(1640)
Himmelsknoten
Schiedreitspitz
Mooslehenalm
(1449)
2094
Holzlehen
381
Schernbergalm
(1800)
(1758)
Schied-Hochalm
Schied-Heimalm
(1510)
Eggmann
Schiederhof
Austuhl
2151
Schuhflickersee
Schied
Au Hochalm
(1795)
Salzleck
Großarlbach
2214
Schuhflicker
Liechtensteinkg.
386
Brandleitenalm
2022
Augraben
Au Heimalm
(1540)
Aubauer
383
385
Unterberggraben
Alpstein
Grabner-Heimalm
Rattersberg
1797
Arltörl
Berglandhaus
Roslehen Hochalm
Lainholz
Unterbergbach
Erlensee
Heumoosalm
(1616)
Roslehen Heimalm
Kieserl
384
1953
Unterberg
Großarl
(924)

Anstieg ca. 300 m talauswärts vom Schieder Hof, über einen freien Hang 500 hm hinauf zum Holzlehen (bis hierher Auffahrt zu einem Parkplatz möglich). Dann einen Abschneider (einer Kehre der Almstraße) geradeaus noch etwa 40 hm und auf der Almstraße westwärts 1,5 km bis in den Schiedgraben. Südwestwärts knapp 200 hm auf dem markierten Sommerweg zu einem breiten Rücken, auf diesem westwärts zum Kreuz auf dem Kamm und schließlich nach rechts auf den Gipfel.
Notizen:

Variante HÖLLWAND 382

2287 m, 1450 hm, ↑ 4 h, nur bei absolut stabiler Schneelage
Anstieg bis zum Schiedgraben, nun entweder auf den Schiedreitspitz oder aber an der Nordseite des Schiedbachs die steile Südflanke der Höllwand queren, steil in die flache Senke rechts vom Schiedreitspitz und nun nordwärts erst über den Kamm und dann steil über die breite Südflanke zum Gipfel.
Notizen:

SCHUHFLICKER 383

2214 m, 1300 hm, ↑ 4 h
Anfahrt: St. Johann im Pongau – Großarl/Parkplatz Kreuzkogellift.
Anstieg auf einer Straße westwärts über den Rattersberg und durch ein Waldstück bis zur Rechtskehre neben dem Gehöft Lainholz auf ca. 1300 m Höhe. Nun auf einem Almweg (Wegweiser) nordwestwärts durch den Unterberggraben zum Berglandhaus und zum Arltörl (hierher auch nach Auffahrt mit den Liften vom Fulseck). Weiter nordwärts über eine Steilstufe und einen Rücken zum Wetterkreuz, an dem der Anstieg meist vor dem steilen Gipfelhang endet.
Notizen:

Variante KIESERL 384

1953 m, 1050 hm, ↑ 3 h
Anstieg wie [383] bis zum Berglandhaus und nun südwärts auf einen Rücken und über diesen westwärts zum Gipfel.
Notizen:

385 **Variante LIECHTENSTEINKOGEL,** Karte S. 204

2022 m, 1200 hm und ↑ 3,5 h, nur bei stabiler Schneelage

Anstieg vom Gehöft Lainholz bis zur Kehre im Unterberggraben, durch diesen nordwestwärts hinauf und über freies Gelände zum Gipfel (oder westwärts zum Schuhflicker-Wetterkreuz).

Notizen:

386 **Variante AUSTUHL**

2152 m, 1250 hm, ↑ 4 h, Karte S. 204

Ab dem Gehöft Lainholz nordostwärts auf einem Güterweg Richtung Augraben ca. 2 km zur Aubauer-Heimalm, die nächste Kehre abschneiden, direkt über die Aualm in den Kessel unter dem Schuhflicker und nordwärts auf den Austuhl. Aus dem Kessel Anstieg südwestwärts zum Schuhflicker-Wetterkreuz oder Abfahrt von dort nordostwärts möglich.

Notizen:

387 **GAMSKARKOGEL**

2467 m, 1300 hm, ↑ 4 h

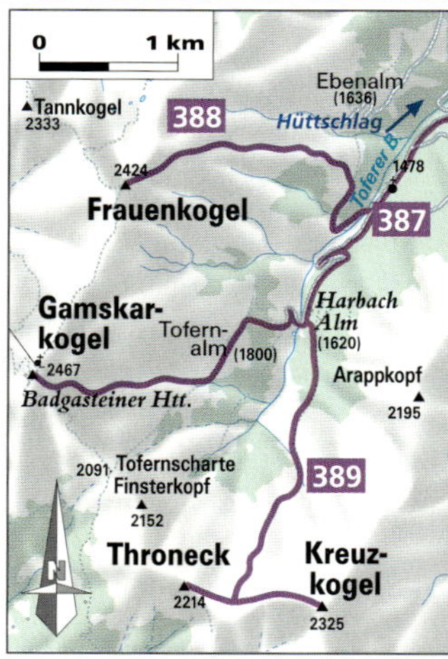

Anfahrt: Großarl – Abzweigung vor dem Hüttschlager Straßentunnel nach rechts (südwestwärts) und in mehreren Kehren hinauf zum letzten Gehöft auf Höhe 1250 m.

Anstieg auf einem gesperrten Güterweg ca. 2,5 km leicht ansteigend durch Wald in das Toferntal, an einer Kapelle vorbei zu einem Almboden und südwestwärts hinauf zur Tofernalm. Noch ein Stück eben in den Talgrund hinein, bis rechts nach einem Waldstück eine bewachsene Steilstufe auftaucht. Über diese mühsam hinauf, weiter westwärts zu einem Sattel an der Nordseite des Gamskarkogels und südwestwärts zum Gipfel.

Notizen:

Variante FRAUENKOGEL 388

2424 m, 1300 hm, ↑ 3,5 h, nur bei absolut stabiler Schneelage
Anstieg bis auf den Almboden nach der Kapelle. Wo nun rechts der Wald endet, scharf nach Norden über eine verwachsene Steilstufe, die aber auf einem breiten Weg einfach zu überwinden ist, zu einer Heuhütte und über die riesige Ostflanke (rechts halten) zum Gipfel.

Notizen:

Variante KREUZKOGEL 389

2325 m, 1150 hm, ↑ 3,5 h
Anstieg zur Tofernalm, südwärts über eine Steilstufe, weiter in die Throneckscharte und ostwärts zum Gipfel (oder westwärts auf das Throneck).

Notizen:

ARAPPKOPF-VORGIPFEL 390

2100 m, 1050 hm, ↑ 3 h
Anfahrt: Großarl – Hüttschlag.
Anstieg von Hüttschlag südwestwärts hinauf zum Gehöft Neuhaus (Lift spart 200 hm ↑), weiter auf einem Almweg durch den Wald zur Schlappbachalm und südwestwärts möglichst am rechten Rand des steilen Hangs zum Vorgipfel.

Notizen:

HEIDENTEMPEL 391

2315 m, 1300 hm, ↑ 3,5 h
Anfahrt: Großarl – Hüttschlag.
Anstieg von der Kirche südwestwärts über Wiesen zum Gehöft Buchkolm und zu einer Forststraße. Auf dieser erst durch Wald etwa 3 km zur Reitalm, weiter in den Talgrund, über eine Steilstufe und durch ein Kar zum Gipfel.

Notizen:

Variante ROSSKARKOGEL 392

2186 m, 1150 hm, ↑ 3,5 h
Anstieg bis zur Reitalm, südostwärts durch schütteren Baumbestand parallel zur Gossenwand zu einer Hütte, zuletzt steil

auf den Grat und über diesen meist ohne Skier zum Gipfel.
Notizen:

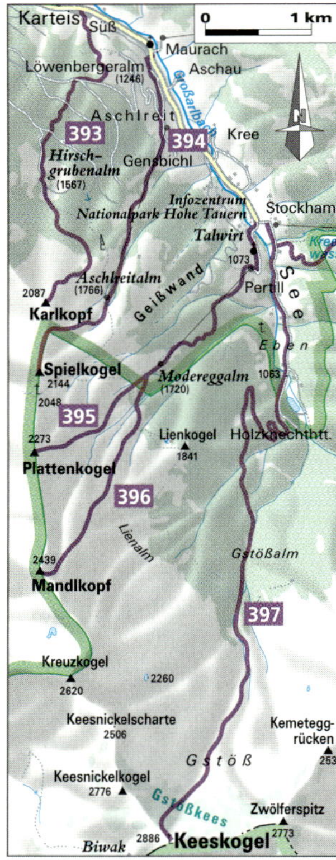

393 KARLKOPF

2087 m, 1050 hm, ↑ 3 h

Anfahrt: Großarl – Karteis.

Anstieg an beliebiger Stelle zwischen Süß und Aschau über steile Wiesen südwärts, bis man die Materialseilbahn zur Hirschgrubenalm quert. Der Bahn folgend bis zur Alm, nach links dem Waldrand entlang, südostwärts über ein Steilstück im Wald und über freie Hänge zum Gipfel.

Notizen:

394 SPIELKOGEL

2144 m, 1100 hm, ↑ 3 h

Anfahrt: Großarl – Karteis – Aschau.

Anstieg von der Kapelle in Aschau auf einem Güterweg südwärts zum Gehöft Gensbichl, südwestwärts weiter durch eine teils bewaldete und zunehmend steile Mulde zur Aschlreitalm, westwärts in einen Sattel und links auf dem Grat zum Gipfel.

Notizen:

395 PLATTENKOGEL

2273 m, 1150 hm, ↑ 3,5 h

Anfahrt: Großarl – Karteis – Talschluss/Gehöft Pertill.

Anstieg von Pertill westwärts durch den schütter bewachsenen und zunehmend steilen Moderegggraben entlang der auffallenden Geißwand hinauf zu weiten Almböden und südwestwärts über die Modereggalm zum Gipfel.

Notizen:

Variante MANDLKOPF 396

2439 m, 1300 hm, ↑ 4 h

Anstieg von Pertill zur Modereggalm, nun südwärts direkt auf den Mandlkopf zu, durch einen Graben, der in einer weiten Mulde endet, und durch diese zuletzt steil auf den Ostgipfel.

Notizen:

KEESKOGEL 397

2886 m, 1750 hm, ↑ 5,5 h, steil, im untersten Teil Orientierungssinn erforderlich

Anfahrt: Großarl – Hüttschlag – Talschluss beim sehenswerten Gehöft Stockham.

Anstieg südwärts an einem kleinen See vorüber zu einem großen Stadel, nun steil nach rechts auf einem Almweg, der nach drei Kehren nordwestwärts ansteigt. Nach ca. 300 m zweigt nach links sehr schwierig erkennbar ein Weg ab, der den steilen und bewaldeten Hang nun nach Süden in den Lienbachgraben quert und jenseits bei einer Hütte endet. Ab hier südwärts durch ein Waldstück, dann südostwärts in einen Graben, durch den man in das weite Gstößkar gelangt, und durch dieses zuletzt steil auf den Gipfel.

Notizen:

WEINSCHNABEL/Westanstieg 398

2750 m, 1600 hm, ↑ 6 h, steil, nur bei absolut stabiler Firnlage

Anfahrt: Großarl – Hüttschlag – Stockham.

Anstieg südwärts auf dem markierten Sommerweg Richtung Arischarte in das enge Schödertal bis zum Schödersee, weiter südostwärts in das Marchkar, über einige Steilstufen bis an die Muritzenscharte und südwärts auf den Gipfel.

Notizen:

MURECK 399

2475 m, 1400 hm, ↑ 4 h

Anfahrt: Großarl – Hüttschlag – Stockham.

Anstieg südwärts über eine Brücke und gleich ostwärts auf dem markierten Almweg über einen Schwemmkegel und durch ein kurzes Waldstück steil zur Kreealm, südostwärts weiter durch

schütteren Baumbestand in ein riesiges Becken, durch dieses und im oberen Teil über eine auffallende Rampe zum Gipfel.
Notizen:

400 **KREUZECK**
2204 m, 900 hm, ↑ 2,5 h, Karte S. 212–213
Anfahrt: Großarl – Karteis – Auffahrt bis Oberseilsitz.
Anstieg auf dem markierten Almweg (Nr. 721) nordostwärts zur Karteisalm, ostwärts durch eine riesige flache Mulde in das Karteistörl und südwärts auf das Kreuzeck (oder nordwärts auf den Gurenstein, 2219 m).
Notizen:

401 **Variante MITTERECKALM**
2204 m, 900 hm, ↑ 2,5 h, Karte S. 212–213
Von Oberseilsitz 500 m auf dem Almweg Richtung Karteisalm bis zur Kreuzung mit einer Forststraße. In spitzem Winkel nach rechts in diese einbiegen und durch den Wald bis zur Mittereckalm. Nun durch eine breite Mulde ostwärts auf das Kreuzeck.
Notizen:

402 **Variante GLINGSPITZE/Westanstieg**
2433, 1750 hm, ↑ 5,5 h, zwei Gegenanstiege, Karte S. 212–213
Von Oberseilsitz 800 hm hinauf zum Karteistörl, Abfahrt südostwärts in das Tappenkar bis etwa Höhe 1850 m, Anstieg südwärts 600 hm auf den Gipfel, Abfahrt wie Anstieg mit 300 hm Gegenanstieg aus dem Tappenkar auf das Karteistörl.
Notizen:

403 **DRAUGSTEIN**
2358 m, 1050 hm, ↑ 3 h, nur bei stabilem Firn, im Gipfelaufbau schwierig, Karte S. 212–213
Anfahrt: Großarl – Karteis – Oberseilsitz und noch ca. 700 m weit in den Karteisgraben (Hütte).
Anstieg entlang der Sommermarkierung (Nr. 723) zuerst auf einer Forststraße, dann auf einem Almweg nordostwärts durch den Karteisgraben und schließlich durch ein steiles Waldstück zur Draugsteinalm. Anschließend nordwärts steil zum

Filzmoossattel, ostwärts über einen Rücken zum Gedenkstein (Skidepot) und allenfalls durch eine Steilrinne auf den Grat und zum Gipfel.

Notizen:

Variante SCHEIBENKOGEL/Westanstieg 404

2251 m, 950 hm, ↑ 3 h, Karte S. 212–213

Anstieg ab Hinterseilsitz erst zur Draugsteinalm, nun aber ostwärts in das Draugsteintörl und nordwärts über eine Steilstufe auf den Kamm und zum Gipfel.

Notizen:

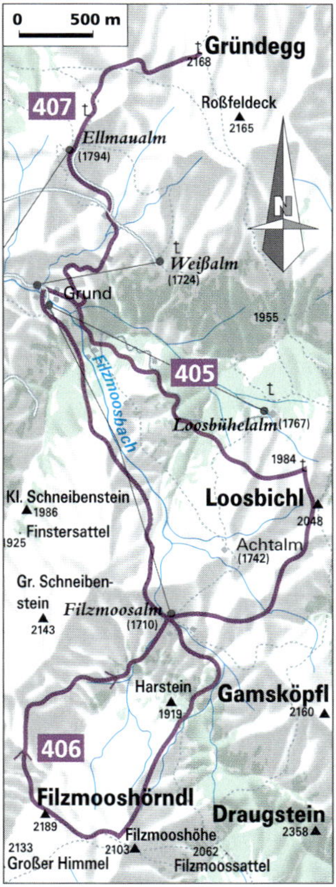

LOOSBICHL 405

2048 m, 700 hm, ↑ 2 h

Anfahrt: Großarl – Ellmautal bis Parkplatz Grund.

Vom Parkplatz südostwärts vorbei an einem alten Anwesen und auf einem Almweg über den Bach, durch ein Waldstück, ostwärts über eine steile Wiese und südostwärts über einen sanften Rücken auf den Gipfel.

Notizen:

FILZMOOSHÖRNDL 406

2189 m, 850 hm, ↑ 2,5 h

Anfahrt: Großarl – Ellmautal bis Parkplatz Grund.

Anstieg auf dem markierten Almweg entlang der Materialseilbahn südwärts zur Filzmoosalm, ostseitig um den markanten Harstein herum, südwestwärts auf den Kamm und nordwestwärts auf den Gipfel.

Abfahrtsvarianten bei absolut stabiler Schneelage: Über den

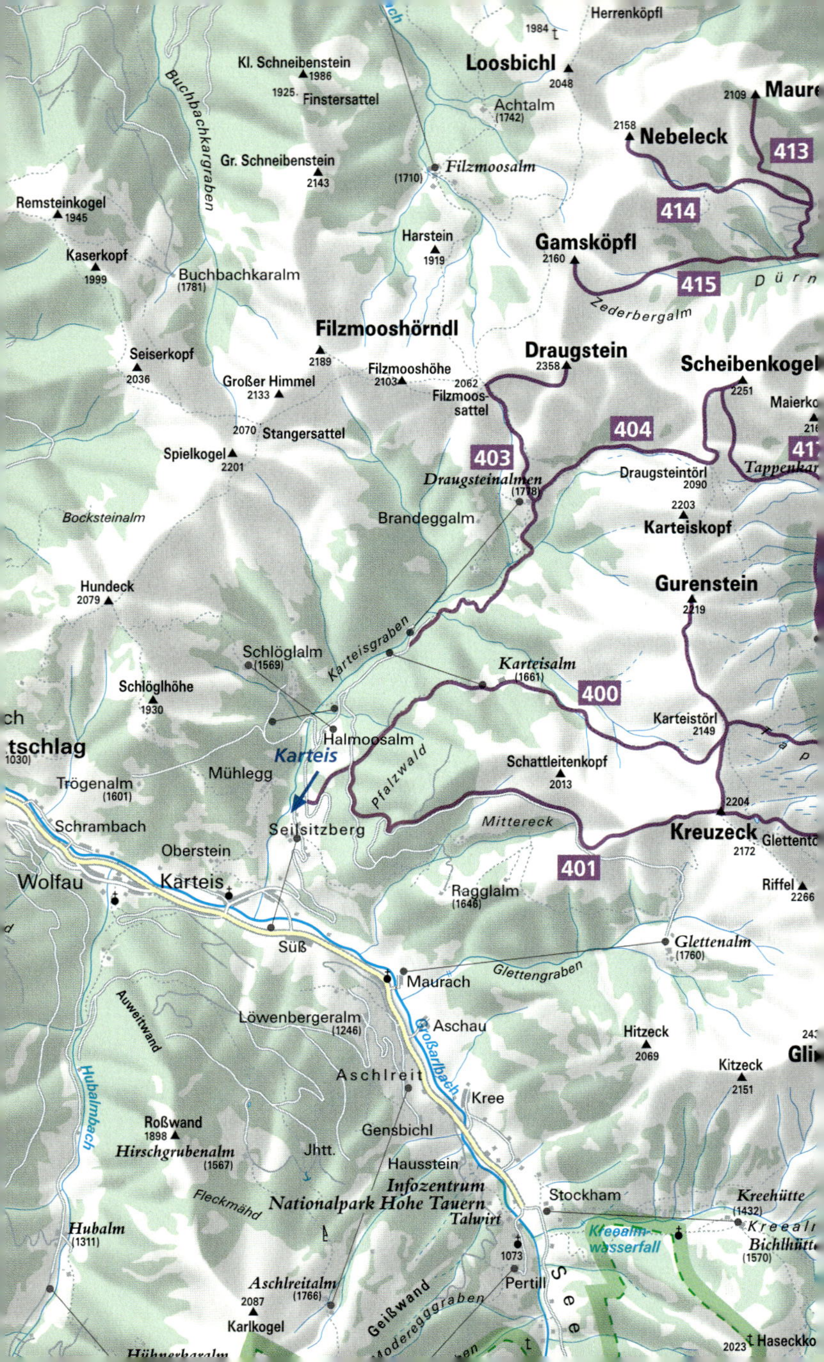

Herrenköpfl
1984
Kl. Schneibenstein
1986
1925
Finstersattel
Loosbichl
2048
Achtalm
(1742)
2109
Maure
2158
Nebeleck
413
Gr. Schneibenstein
2143
(1710)
Filzmoosalm
414
Remsteinkogel
1945
Buchbachkargraben
Harstein
1919
Gamsköpfl
2160
415
Dürn
Kaserkopf
1999
Buchbachkaralm
(1781)
Zederbergalm
Filzmooshörndl
2189
Draugstein
2358
Scheibenkogel
2251
Seiserkopf
2036
Filzmooshöhe
2103
2062
Filzmoos-
sattel
Großer Himmel
2133
Maierko
2070
Stangersattel
404
Spielkogel
2201
403
Draugsteinalmen
(1778)
Draugsteintörl
2090
Tappenkar
Bocksteinalm
Brandeggalm
2203
Karteiskopf
Hundeck
2079
Gurenstein
2219
Karteisgraben
Schlöglalm
(1569)
Karteisalm
(1661)
400
Schlöglhöhe
1930
Karteistörl
2149
Halmoosalm
tschlag
(1030)
Karteis
Schattleitenkopf
2013
Mühlegg
Pfalzwald
Trögenalm
(1601)
2204
Mittereck
Schrambach
Seilsitzberg
Kreuzeck
2172
Glettentö
Oberstein
401
Wolfau
Karteis
Ragglalm
(1646)
Riffel
2266
Süß
Glettenalm
(1760)
Maurach
Glettengraben
Auweitwand
Löwenbergeralm
(1246)
Aschau
Großarlbach
Hitzeck
2069
Kitzeck
2151
Aschlreit
Kree
Hubalmbach
Roßwand
1898
Gensbichl
Hirschgrubenalm
(1567)
Jhtt.
Hausstein
Infozentrum
Fleckmähd
Nationalpark Hohe Tauern
Talwirt
Stockham
Kreehütte
(1432)
Kreealmwasserfall
Kreealm
Bichlhütte
(1570)
Hubalm
(1311)
1073
Aschlreitalm
(1766)
Pertill
2087
Geißwand
Karlkogel
Modereggraben
2023
Haseckko

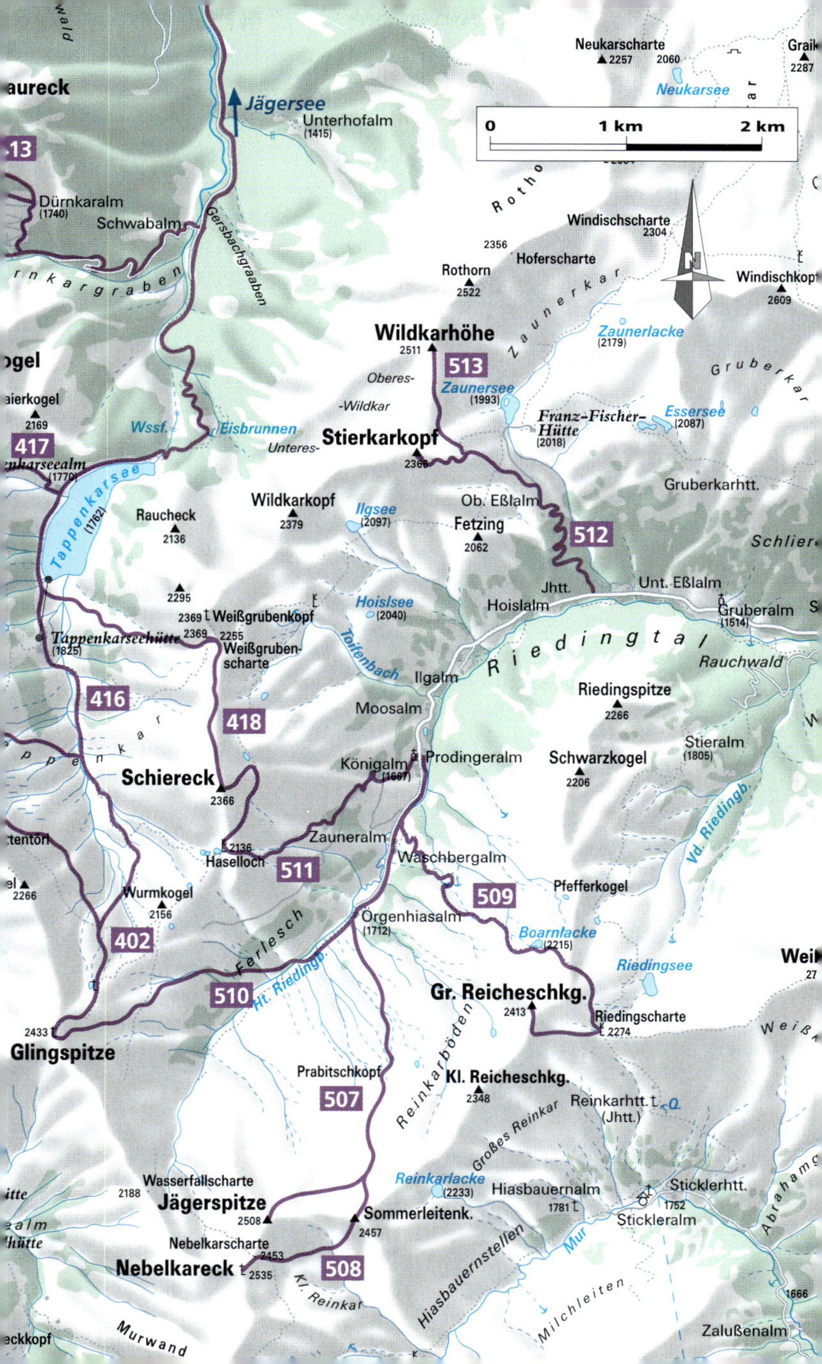
Jägersee
Unterhofalm
(1415)
Neukarscharte
2257
2060
Neukarsee
2287
0
1 km
2 km
Dürnkaralm
(1740)
Schwabalm
Gersbachgraben
Rothorn
Windischscharte
2304
2356
Hoferscharte
Rothorn
2522
Windischkopf
2609
Zaunerkar
Zaunerlacke
(2179)
Wildkarhöhe
2511
513
Oberes-
-Wildkar
Zaunersee
(1993)
Gruberkar
Franz-Fischer-Hütte
(2018)
Essersee
(2087)
2169
417
Wssf.
Eisbrunnen
Unteres-
Stierkarkopf
2366
(1770)
Tappenkarsee
(1762)
Raucheck
2136
Wildkarkopf
2379
Ilgsee
(2097)
Ob. Eßlalm
Fetzing
2062
512
Gruberkarhtt.
2295
Jhtt.
Unt. Eßlalm
Hoislalm
Gruberalm
(1514)
2369
Weißgrubenkopf
Hoislsee
(2040)
Tappenkarseehütte
(1825)
2369
2255
Weißgrubenscharte
Toifenbach
Riedingtal
Rauchwald
Ilgalm
416
418
Moosalm
Riedingspitze
2266
Stieralm
(1805)
Königalm
(1667)
Prodingeralm
Schwarzkogel
2206
Schiereck
2366
Vd. Riedingb.
2136
Haselloch
Zauneralm
511
Waschbergalm
Pfefferkogel
2266
Wurmkogel
2156
509
Örgenhiasalm
(1712)
402
Boarnlacke
(2215)
Riedingsee
Ferlesch
510
Ht. Riedingb.
Gr. Reicheschkg.
2413
Riedingscharte
2274
2433
Glingspitze
Prabitschkopf
Reinkarböden
Kl. Reicheschkg.
2348
Reinkarhtt.
(Jhtt.)
507
Großes Reinkar
Wasserfallscharte
2188
Jägerspitze
2508
Reinkarlacke
(2233)
Hiasbauernalm
1781
Sticklerhtt.
1752
Stickleralm
Sommerleitenk.
2457
Nebelkarscharte
2453
Nebelkareck
2535
508
Kl. Reinkar
Hiasbauernstellen
Mur
Milchleiten
1666
Murwand
Zalußenalm

Nordosthang in den Graben und hinaus zur Filzmoosalm oder vom Gipfel nordwärts den Kamm entlang in eine breite Mulde, an der Nordseite eines steilen Grabens ostwärts in den Graben und hinaus zur Filzmooshütte. Statt der Abfahrt von der Filzmoosalm nach Grund lohnt der Umweg über den Loosbichl: Anstieg südostwärts an ein paar Hütten vorbei in den Graben, ostwärts steil auf eine Hochfläche und in weitem Bogen auf den Loosbichl (300 hm, 1 h).

Notizen:

407 GRÜNDEGG/Südanstieg

2168 m, 800 hm, ↑ 2,5 h, Karte S. 211

Anfahrt: Großarl – Ellmautal bis Parkplatz Grund.

Anstieg vom Parkplatz auf einem Almweg am alten Gehöft vorbei, dann durch eine steile Linkskurve und eine Waldpassage zur Ellmaualm, nordwärts auf den Kamm und über diesen ostwärts zum Gipfel (hierher bei günstigen Verhältnissen auch direkt von der Ellmaualm). Abfahrt wie Anstieg oder (bei stabilen Verhältnissen) durch die große Südwestmulde zwischen Gründegg und Roßfeldeck hinunter und über einen schütter bewaldeten Riedel zwischen zwei Bachgräben bis zur Aufstiegsspur.

Notizen:

408 SAUKARKOPF

2048 m, 1200 hm, ↑ 3,5 h

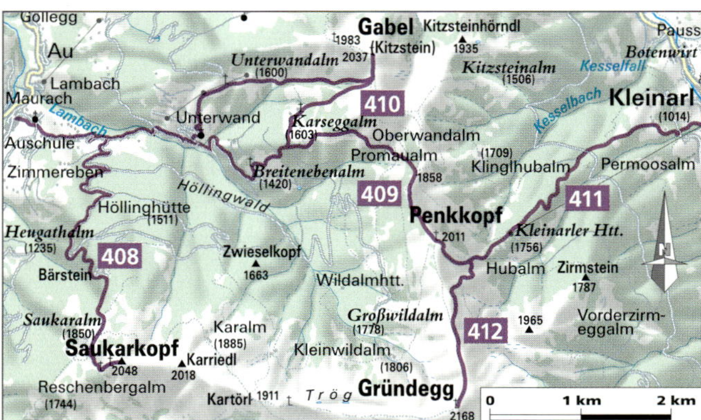

Anfahrt: St. Johann – Großarltal bis zum Weiler Au/Bushaltestelle an der Abzweigung der Straße in die Breiteben.
Von der Bushaltestelle ostwärts über freie Hänge 300 hm zum Gehöft Hinterhölling, ca. 300 m auf der Straße Richtung Breiteben, dann nach rechts (südwärts) auf eine Forststraße, der man unbeirrbar durch Kehren bis auf Höhe 1450 m (letzte Kehre) folgt. Nun südostwärts langsam auf Süd drehend durch einen Hochwald zur Saukaralm und meist ohne Skier zum Gipfel.
Notizen:

Variante PENKKOPF/Westanstieg 409

2011 m, 800 hm, ↑ 2,5 h
Nach der Auffahrt von Au auf der Straße Richtung Breiteben bis an den Karsegggraben (1200 m). Auf der ab hier nicht mehr geräumten Straße weiter über eine Steilstufe zur Breitebenalm, ostwärts auf den freien Kamm und über diesen zum Gipfel.
Notizen:

Variante KITZSTEIN 410

2037 m, 800 hm, ↑ 2,5 h
Anstieg wie auf den Penkkopf bis zur Breitebenalm, nun nordostwärts über einen Hang und durch ein Waldstück zur Karseggalm, ostwärts auf den Kamm und nordwärts (zuletzt steil und ohne Skier) auf den Gipfel. Abfahrt wie Anstieg oder vom Kamm direkt westwärts in einen Graben, aus diesem hinaus zur Unterwandalm und südwärts über freie Hänge entlang der Materialseilbahn zum Ausgangspunkt.
Notizen:

PENKKOPF/Ostanstieg 411

2011 m, 1000 hm, ↑ 3 h
Anfahrt: St. Johann – Wagrain – Kleinarl.
Anstieg von Kleinarl westwärts steil zum Gehöft Hirschleiten, dann entlang des markierten Sommerweges durch ein Waldstück, über eine Forststraße und weiter zur Kleinarler Hütte, südwestwärts über freie Hänge und in einem Bogen nordwestwärts zum Gipfel.
Notizen:

412 **Variante GRÜNDEGG/Nordanstieg**

2168 m, 1150 hm, ↑ 3,5 h, Karte S. 214

Anstieg von Kleinarl bis zur Kleinarler Hütte, dann südwestwärts auf den Kamm und über diesen südwärts zum Gipfel.

Notizen:

413 **MAURECK**

2109 m, 1000 hm, ↑ 4 h, Karte S. 212–213

Anfahrt: Wagrain – Kleinarl – Jägersee.

Erst südwärts sanft ansteigend 3 km bis zur Schwabalm, nun westwärts auf einem Almweg in den Dürnkargraben, durch ein Waldstück, dann in weitem Bogen zur Dürnkaralm und nordwärts zum Gipfel.

Notizen:

414 **Variante NEBELECK**

2158 m, 1050 hm, ↑ 4 h, Karte S. 212–213

Anstieg vom Jägersee bis zur Dürnkaralm, dann aber westwärts durch eine Mulde auf den Kamm und nordwärts auf den Gipfel.

Notizen:

415 **Variante GAMSKÖPFL**

2160 m, 1050 hm ↑ 4 h, Karte S. 212–213

Anstieg vom Jägersee durch den Dürnkargraben bis unter die Dürnkaralm, nun weiter westwärts einen steilen Hang querend hinein in den Kessel der Zederbergalm und beliebig zum Gipfel.

Notizen:

416 **Variante GLINGSPITZE/Nordanstieg**

2433 m, 1350 hm, ↑ 5,5 h, Karte S. 212–213

Anstieg vom Jägersee südwärts 3 km zur Schwabalm und auf dem markierten Sommerweg über die Steilstufe (600 hm) zum Tappenkarsee, an diesem westseitig vorüber in das riesige Tappenkar und durch eine ausgeprägte Mulde auf den Gipfel.

Notizen:

Variante SCHEIBENKOGEL/Ostanstieg 417

2251 m, 1150 hm, ↑ 4,5 h, Karte S. 212–213

Anstieg erst zum Tappenkarsee, von der Alm am Westufer des Sees jedoch westwärts Richtung Draugsteintörl und auf halber Höhe nordwärts zum Gipfel.

Notizen:

Variante SCHIERECK/Nordanstieg 418

2366 m, 1300 hm, ↑ 5 h, Karte S. 212–213

Anstieg erst bis zum Südufer des Tappenkarsees, nun südostwärts hinauf zur Weißgrubenscharte und südwärts über den Rücken auf den Gipfel (oder auch nordwärts steil durch Schrofen auf den Weißgrubenkopf).

Notizen:

Über dem Talnebel in den Niederen Tauern

BENZECK 419

2076 m, 1000 hm, ↑ 2,5 h, Karte S. 222–223

Anfahrt: Tauernautobahn – Abfahrt Flachauwinkl, auf der Landstraße 4 km taleinwärts bis zur Weggabelung auf Höhe 1105 m. Anstieg von der Gabelung rechts auf dem abgeschrankten Güterweg südwärts zur Vorderen Marbachalm, in spitzem Winkel nordwärts auf einem Almweg über zwei Kehren, dann direkt zur Ranstlalm. Nun nordwestwärts durch eine schütter bewaldete Mulde auf einen Sattel (Höhe 1877 m) und nordostwärts über den Kamm zum Gipfel. Abfahrt unbedingt wie Anstieg und keinesfalls(!) durch die steile Rinne, die vom Gipfel südostwärts zieht.

Notizen:

Variante SCHILCHECK 420

2040 m, 950 hm, ↑ 2,5 h, Karte S. 222–223

Anstieg bis zur Vorderen Marbachalm und weiter zum Sattel oberhalb der Ranstlalm. Nun südwestwärts über den Kamm in 0,5 h auf den Gipfel.

Notizen:

Variante LIEBESECK 421

2303 m, 1200 hm, ↑ 3,5 h, Karte S. 222–223

Anstieg von der Vorderen Marbachalm weiter taleinwärts zur Hinteren Marbachalm und noch etwa 600 m um einen felsigen Kopf bis knapp an die Ursprungalm. Nun westwärts über eine Steilstufe in das gewaltige Ennskar zur weithin sichtbaren Ennskarhütte, in eine Scharte im Kamm und auf diesem nordwärts zum Gipfel.

Notizen:

422 **MOSERMANDL/Nordanstieg**

2680 m, 1500 hm, ↑ 5 h, schwierig, Karte S. 222–223

Anfahrt: Tauernautobahn – Rasthaus Tauernalm.

Anstieg vom Parkplatz erst südwärts auf einer abgeschrankten Werkstraße bergab, unter der Autobahnbrücke hindurch und südwärts in den Talschluss, aus diesem westwärts über das Autobahnportal auf einem alten Bauweg über fünf Kehren, dann steil durch den Wald, nach knapp 500 hm unterm Neunerkogel südwärts in das freie Gelände der verfallenen Oberen Gasthofalm. Nun weiter an der Westseite des markanten Hochbirgs über einen Sattel auf die Hochfläche des Gasthofkars zum Nordwestfuß des Mosermandls, zu einer Schneerinne (hier Skidepot) und durch diese Rinne (wenn vereist, ist die Begehung trotz Drahtseilsicherung schwierig) auf den Gipfel. Erscheint die Begehung dieser Rinne als zu riskant, ist der um 70 m niedrigere Windischkopf mit seiner Nordostflanke ein guter Ersatz.

Notizen:

423 **Variante GRAIHORN**

2221 m, 1000 hm, ↑ 3 h, Karte S. 222–223

Anstieg von der Oberen Gasthofalm weiter südwärts bis etwa auf Höhe 2050 m, nun südwestwärts durch eine Mulde an die Südseite des Graihorns und über den breiten Kamm zum Gipfel.

Notizen:

424 **Variante SCHLIERERSPITZE/Nordanstieg**

2402 m, 1200 hm, ↑ 4 h, Karte S. 222–223

Anstieg von der Oberen Gasthofalm südwärts an einer Jagdhütte und am Hochbirg vorbei in eine lang gestreckte Mulde und aus dieser über die Westflanke zum Gipfel.

Notizen:

425 **Variante HOCHBIRG**

2319 m, 1100 hm, ↑ 3,5 h, schwierig, steil, nur bei absolut stabiler Firnlage, Karte S. 222–223

Anstieg ab der Autobahnbrücke südwärts bis in den Talschluss, an der Westseite einer Schottergrube in eine auffallende Rinne und durch deren westlichen Ast auf etwa Höhe 1600 m. Nun ostwärts queren zu einer vom Tal aus erkennbaren und von Lärchen bestandenen Rampe, an deren linkem Rand (Felsabstürze!) steil bergan, ostseitig an einer Jagdhütte vorbei und steil zu einem Kamm (Höhe 2000 m) vor einem großen Kessel. Ab hier westwärts direkt zur Südostflanke des Gipfelaufbaus und auf den Gipfel.

Notizen:

Variante RETTENWAND/Nordanstieg **426**

2364 m, 1150m, ↑ 3,5, Karte S. 222–223

Anstieg von der Autobahnbrücke zuerst südwärts wie auf den Hochbirg bis zum Kamm auf etwa Höhe 2000 m, dann westseitig um den großen Kessel herum und weiter südwärts zum Gipfel.

Notizen:

Variante PERMUTHWAND/Nordanstieg **427**

2479 m, 1250 hm, ↑ 4 h, Karte S. 222–223

Anstieg von der Oberen Gasthofalm bis Höhe 2000 m, nun durch ein kleines Becken ostwärts über eine kurze schrofige Steilstufe und südwärts zum letzten ca. 60 m hohen Steilaufschwung (hier Skidepot) auf den Gipfel.

Notizen:

TAFERLNOCK/Nordanstieg **428**

2375 m, 1150 hm, ↑ 3,5 h, steil, nur bei absolut stabiler Schneelage, Karte S. 222–223

Anfahrt: Tauernautobahn – Station Tauernalm.

Anstieg vom Parkplatz südwärts auf der abgeschrankten Werkstraße unter der Autobahnbrücke hindurch und auf dem markierten Tauernhöhenweg südostwärts in das Pleißlingtal bis zu den Unteren Pleißlingalmen. Jetzt südwärts über mehrere Steilstufen in eine Rinne entlang der Rießlwand, durch den Gamsboden in ein Schartl und südostwärts auf dem Kamm zum Gipfel.

Notizen:

Moseregg
1960
1811
1832
Baierhtt.
Latschenhtt.
Grießwände
Wiesenaualm
Aigenhütte
Eiswand
Steinkaralm (1692)
Benzeck
2076
Pleißlingbach
A10
Steinschütt
Seekopf
1986
Unterennsalm
(1396)
Blauer See
Täublalm
Ennskraxen
2410
420
419
Schüttbachalm
Zehenthofhüt
(1275)
Kraxenkogel
2436
(1502)
Ranstlalm
2040
Oberennsalm
Schilchegg
Enns Ursprung
Marbach
Rasthaus
Tauernalm
(1192)
Bernkarkogel
2336
Obere-
(1689)
-Lärchenbachhtt.
Untere-
Marbachalm
Neunerkogel
1693
chsöln
Dunkelgraben
Zehnerkogel
1862
Gasthofalm
1242
Liebeseck
2303
421
Hatexachtt.
Ennskarhütte
(2202)
Hahnpfalzköpfl
Raucheck
Ob.
Gasthofalm
(verf.)
Schoberkogel
2229
Ursprungalm
(1531)
Geißkopf
2051
Oberviehhofalm
(1653)
Viehhof
1860
Graihorn
2221
2045
Gruberra
Tauerntunnel
Abendweide
1977
423
Jhtt.
Hochbirg
424
2319
425
426
Neukarscharte
2257
2060
Graikopf
2287
Neukarsee
Frauenkar
Faulkogel
2654
Rothorn
422
Gasthofkar
(Rauchenecckar)
2402
Schlierer-
scharte
Schliererspitze
2212
Retten
515
516
Urbankar
Kößlerhia
(1790)
2356
Hoferscharte
2304
Windischscharte
Windischkopf
2609
2538
Kl. Mosermandl
1900
2680
Mosermandl
Jakoberkar
Wildkarhöhe
2511
Zaunerkar
Zaunerlacke
(2179)
Tauerntunnel
514
Gruberkar
Oberes-
Wildkar
Zaunersee
(1993)
Franz-Fischer-
Hütte
(2018)
Essersee
(2087)
Schöpfing
2143
Rothen-
wandersee
517
Stierkarkopf
2366
Stoffmähder
Wurm
2088
526
Jakoberalm
1839
518
Ilgsee
(2097)
Ob. Eßlalm
Schlierermoas
Aschstatt
Hasschermalm
1505
Jhtt.
Unt. Eßlalm
Seppalm
1489
Neu
Hoislsee
(2040)
Hoislalm
Gruberalm
(1514)
Schliereralm
(1495)
Sieglalm
Riedingtal
Riedingb.
Ilgalm
Rauchwald
Brünnwand
Jh.
Riedingspitze
2266
Weißeckwald
Finsterwald
Moosalm
2087
Prodingeralm
Schwarzkogel
Rauchkopf

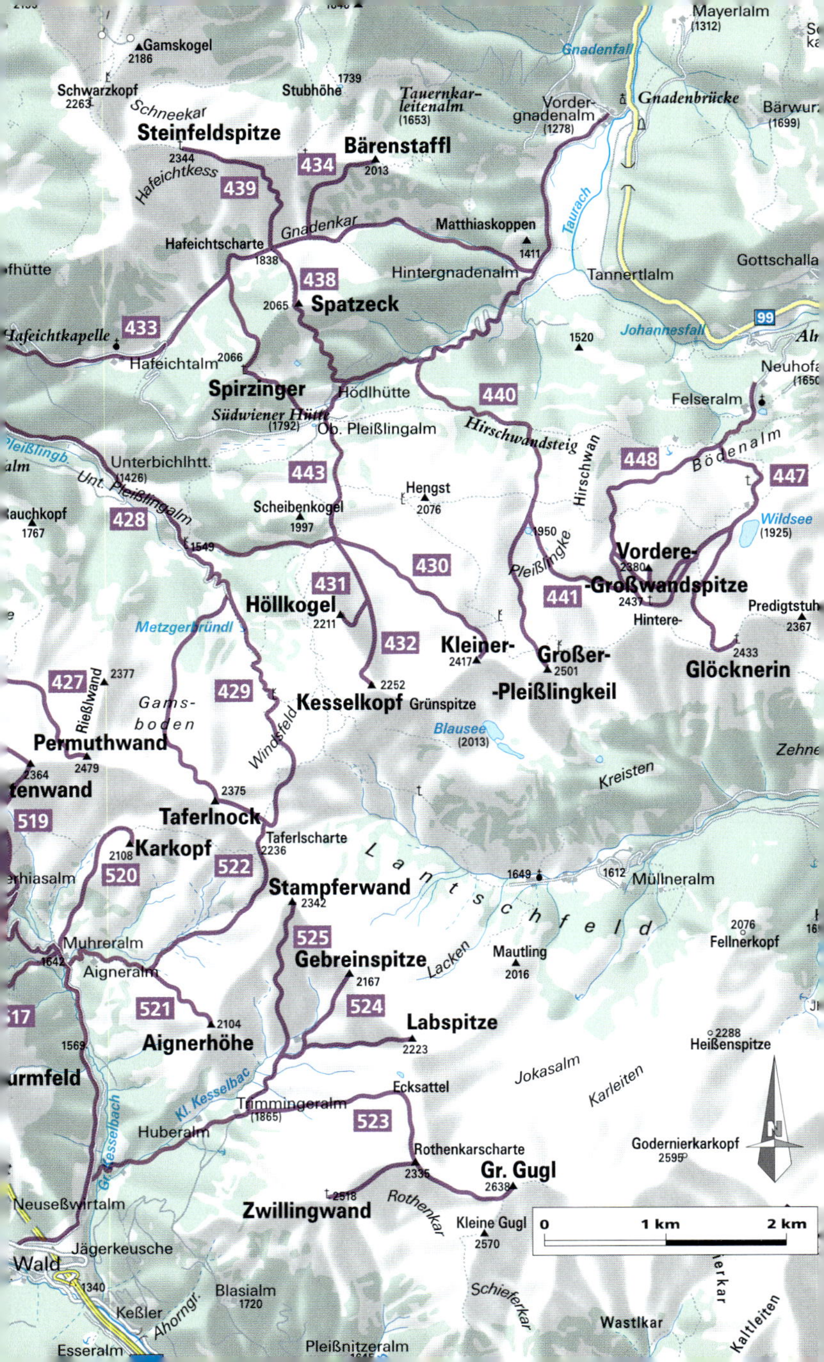

Mayerlalm
(1312)
Gamskogel
2186
Gnadenfall
Schwarzkopf
2263
Stubhöhe
1739
Tauernkar-
leitenalm
(1653)
Vorder-
gnadenalm
(1278)
Gnadenbrücke
Bärwurz
(1699)
Schneekar
Steinfeldspitze
2344
Bärenstaffl
2013
434
439
Hafeichtkess
Gnadenkar
Matthiaskoppen
1411
Taurach
Hafeichtscharte
1838
Gottschalla
438
Hintergnadenalm
Tannertlalm
2065
Spatzeck
99
433
Hafeichtkapelle
Johannesfall
1520
Hafeichtalm
2066
Neuhofa
Spirzinger
Hödlhütte
440
Felseralm
Südwiener Hütte
(1792)
Ob. Pleißlingalm
Hirschwandsteig
Unterbichlhtt.
(1426)
Unt. Pleißlingalm
448
Bödenalm
447
443
Hengst
2076
Hirschwan
Rauchkopf
1767
428
Scheibenkogel
1997
Wildsee
(1925)
1549
1950
Vordere-
2380
430
431
Pleißlingke
-Großwandspitze
2437
441
Hintere-
Predigtstuh
2367
Höllkogel
2211
Metzgerbründl
432
Kleiner-
2417
Großer-
2501
2433
Glöcknerin
427
2377
Rießlwand
Gams-
boden
429
Kesselkopf
2252
Grünspitze
-Pleißlingkeil
Blausee
(2013)
Permuthwand
2479
Windsfeld
Zehne
2364
tenwand
2375
Kreisten
519
Taferlnock
Taferlscharte
2236
2108
Karkopf
Lantschfeld
520
522
1649
1612
Müllneralm
erhiasalm
Stampferwand
2342
525
2076
Fellnerkopf
Muhreralm
1642
Aigneralm
Gebreinspitze
Lacken
Mautling
2016
2167
521
524
17
2104
Labspitze
1569
Aignerhöhe
2223
2288
Heißenspitze
urmfeld
Jokasalm
Karleiten
Ecksattel
Kl. Kesselbach
Trimmingeralm
(1865)
523
Gr. Kesselbach
Huberalm
Rothenkarscharte
Godernierkarkopf
2595
2335
Gr. Gugl
2638
2518
Rothenkar
Neuseßwirtalm
Zwillingwand
Kleine Gugl
2570
0
1 km
2 km
Jägerkeusche
Wald
1340
Blasialm
1720
Kaltleiten
Schieferkar
Ahorngr.
Keßler
Wastlkar
Esseralm
Pleißnitzeralm

429 **Variante TAFERLNOCK/Ostanstieg,** Karte S. 222–223
2375 m, 1150 hm, ↑ 3,5 h, einfacher als der Nordanstieg
Durch das Pleißlingtal zu den Unteren Pleißlingalmen, über eine Steilstufe in den von einer Hochspannungsleitung gekennzeichneten Sattel (Windsfeld) und in einem nach Süden ausholenden Bogen westwärts zum Gipfel.
Notizen:

---

430 **KLEINER PLEISSLINGKEIL/Westanstieg**
2417 m, 1200 hm, ↑ 4 h, Karte S. 222–223
Anfahrt: Tauernautobahn – Station Tauernalm.
Anstieg erst wie auf das Taferlnock in das Pleißlingtal, beim Wegweiser auf Höhe 1549 m ostwärts durch einen schütter bewaldeten Graben und über eine sehr enge Steilstufe in eine Mulde (ca. 1920 m), südostwärts weiter auf ein Plateau, durch eine breite Rinne 200 hm auf den nächsten Absatz, durch ein System von Rinnen und Mulden bis an den steilen Gipfelhang. An dessen linker Seite auf den Gipfel.
Notizen:

---

431 **Variante HÖLLKOGEL/Westanstieg**
2211 m, 1000 hm, ↑ 3 h, Karte S. 222–223
Ab der Mulde nach der sehr engen Steilstufe (ca. 1920 m), dann südwärts in das von Höllkogel, Kesselkopf und Grünspitze eingerahmte Kargelände. Aus dem Kar nach Westen auf den Verbindungsgrat Kesselkopf-Höllkogel, auf dem Südgrat zum Gipfel.
Notizen:

---

432 **Variante KESSELKOPF/Westanstieg**
2252 m, 1000 hm, ↑ 3 h, Karte S. 222–223
Aus dem großen Kar südwärts und etwas rechts vom Gipfel über den steilen Nordosthang auf den Nordgrat und südwärts auf den Gipfel.
Notizen:

---

433 **SPIRZINGER/Nordanstieg**
2066 m, 900 hm, ↑ 2,5, im oberen Drittel steil, nur bei stabiler Schneelage, Karte S. 222–223

Anfahrt: Tauernautobahn – Station Tauernalm.

Anstieg erst kurz südwärts auf der gesperrten Werkstraße, unter der Autobahnbrücke hindurch, nordwärts auf einer Forststraße, an deren Kehre nordostwärts zu Wiesen, nun ostwärts zu einer Forststraße hinauf und weiter zur Hafeichtalm. In der Rechtskehre hinter der Hafeichtalm noch kurz Richtung Hafeichtscharte und über den steilen Nordhang hinauf bis zum Verbindungsgrat Spirzinger-Spatzeck und auf dem Gratrücken wenige Meter bis zum Gipfelkreuz. Als Alternative von der Hafeichtalm nordostwärts in die Hafeichtscharte (1838 m) und an der linken Seite des Gipfelhanges hinauf zum Verbindungsgrat.

Notizen:

Variante BÄRENSTAFFL 434

2013 m, 850 hm, ↑ 2,5 h, Karte S. 222–223

Von der Hafeichtalm bis knapp an die Hafeichtscharte, dann nordostwärts in das Kar drehen, aus dem Karboden nach Osten steil auf den Südrücken des Bärenstaffls und über den Rücken direkt zum Kreuz.

Notizen:

LACKENKOGEL 435

2051 m, 1100 hm, ↑ 3,5 h, im Gipfelaufbau steil, nur bei stabiler Schneelage

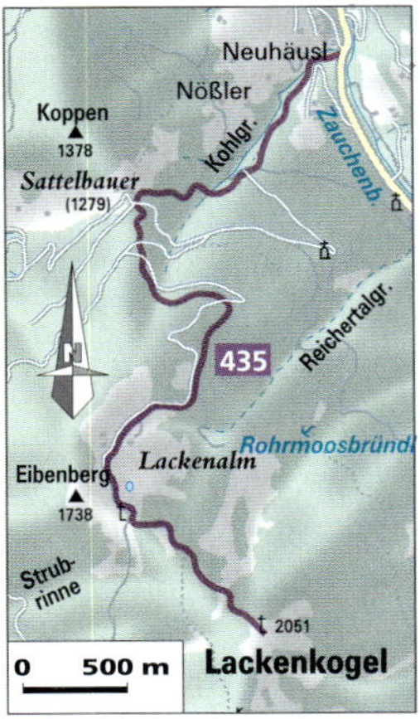

Anfahrt: Tauernautobahn – Abfahrt Radstadt – Altenmarkt – Zauchental bis Wh Neuhäusl.

Anstieg südwestwärts über freie Hänge zum Wh Sattelbauer in einer breiten Senke (1279 m, bis hierher Fahrmöglichkeit von Flachau, verkürzt den Anstieg um 1 h und 300 hm). Jetzt südwärts auf markierter Forststraße (Abschneider möglich) zu den flachen Böden der Lackenalm und über den ausgeprägten Nordwestkamm südostwärts direkt auf den Gipfel.

Notizen:

436 **STRIMSKOGEL**

2139 m, 800 hm, ↑ 2,5 h, steil

Anfahrt: Altenmarkt – Parkplatz am Nordufer des Zauchensees.

Anstieg vom Parkplatz ostwärts auf einem Güterweg (Kehren abschneiden) zur Vorderen Strimsalm, über freie Hänge nordostwärts zu einer Senke im Kamm und nordwärts steil auf den Gipfel.

Notizen:

---

437 **LECKRIEDEL**

1846 m, 600 hm, ↑ 1,5 h

Anfahrt: Radstadt – Untertauern – Parkplatz Gnadenbrücke.

Anstieg vom Parkplatz zur Vorderen Gnadenalm, nordwestwärts (Wegweiser und Rodelbahn) über Wiesen auf einen flachen Sattel an den Waldrand heran. Weiter auf dem Sommerweg (oder steiler Abschneider entlang der Stromleitungsschneise) westwärts Richtung Tauernkarleitenalm. Jenseits des Waldes nordwestwärts in das flache Kar abbiegen, hinauf zu einer weithin sichtbaren Jagdhütte und mäßig steil nordwestwärts auf den unauffälligen Gipfel.

Notizen:

---

438 **SPATZECK/Ostanstieg**

2065 m, 800 hm, ↑ 2,5 h, Karte S. 222–223

Anfahrt: Radstadt – Untertauern – Parkplatz Gnadenbrücke.

Anstieg vom Parkplatz ca. 1,5 km südwärts entlang der Loipe bis zum Matthiaskoppen, hinter diesem Hügel westwärts durch zunehmend steilen, aber gut befahrbaren lichten Wald in das Gnadenkar, weiter bis zur Hafeichtscharte und am besten über die linke Seite der steilen Nordwestflanke nordwärts auf den Gipfel. Als Alternative von der Hafeichtscharte auf den Bärenstaffl **[434]**.

Notizen:

---

439 **Variante STEINFELDSPITZE,** Karte S. 222–223

2344 m, 1250 hm, ↑ 3,5 h, sehr steil, nur bei stabiler Schneelage, Trittsicherheit und Schwindelfreiheit erforderlich

Von der Hafeichtscharte (hierher auch von der Station Tauernalm **[433]**) nordwärts in das Kar und zunehmend steil über den Südhang auf den Ostgrat. Auf dem Kamm nach Westen (die Ski fallweise kurz tragen) in die Südflanke und an deren oberem Rand zum Gipfel.

Notizen:

GROSSER PLEISSLINGKEIL 440

2501 m, 1250 hm, ↑ 4 h, Gipfelaufbau steil, nur bei stabiler Schneelage, Karte S. 222–223

Anfahrt: Radstadt – Untertauern – Parkplatz Gnadenbrücke.

Anstieg vom Parkplatz über den ebenen Almboden 2 km nach Süden zur Hintergnadenalm. Von hier auf dem normalen Anstieg Richtung Südwiener Hütte (Abkürzungen sinnvoll) bis auf jene Höhe (1600 m), wo die Straße über den Bach führt. Jetzt scharf nach Südosten, über mehrere Steilstufen (Achtung: Entlang der Aufstiegsspur abfahren – weiter im Osten Felsabbrüche) durch lichten Baumbestand bis an den Nordrand des Pleißlingkessels, an dessen Westseite südwärts in eine Mulde und zum Fuß des steilen Nordwesthanges, der – nur bei absolut stabilen Schneeverhältnissen(!) – beliebig erstiegen wird.

Notizen:

Variante GROSSWANDSPITZE/Westanstieg, Karte S. 222–223 441

2437 m, 1150 hm, ↑ 4 h, steil, nur bei stabiler Schneelage

Vom Nordrand des Pleißlingkessels durch diesen hindurch, weiter nach Südosten durch schönes Muldengelände auf den Westrücken und zum Gipfel.

Notizen:

Variante SPIRZINGER/Ostanstieg 442

2066 m, 800 hm, ↑ 2,5 h

Von der Hintergnadenalm zur Südwiener Hütte (Abkürzungen sinnvoll) und nordwestwärts über einen Rücken zum Gipfel. Alternative nur bei absolut stabiler Schneelage: Ab der Hödlhütte knapp vor der Südwiener Hütte nach Norden zunehmend steil auf das Spatzeck.

Notizen:

443 Varianten KLEINER PLEISSLINGKEIL/Nordanstieg, HÖLLKOGEL UND KESSELKOPF, Karte S. 222–223

Anstieg von der Südwiener Hütte entlang des Sommerweges nach Süden und durch eine Rinne in den Sattel beim Scheibenkogel, kurz hinunter in eine Senke und jeweils weiter nach den Routen **[430]**, **[431]** und **[432]**.

Notizen:

---

444 STEINKARLSPITZE

2154 m, 900 hm, ↑ 2,5 h, nur bei stabiler Schneelage

Anfahrt: Radstadt – Gnadenbrücke.

Anstieg vom Parkplatz östlich der Brücke auf einer Forststraße wenige Meter südostwärts und dann nordwärts 2 km leicht ansteigend durch Wald zur Hauskoppenalm. Ostwärts wieder durch ein Waldstück, links vorbei am Tauernkarsee zur Tauernkaralm, halbwegs durch das von Steilhängen eingeschlossene Fuchsloch hinauf und nordwärts auf den Gipfel.

Notizen:

---

445 Variante SEEKARSPITZE

2358 m, 1100 hm, ↑ 3 h, nur bei stabiler Schneelage

Ab der Tauernkaralm durch das auf den letzten 100 hm steile Fuchsloch auf die Ostschulter der Seekarspitze (Skidepot) und zu Fuß die letzten 150 hm über den felsigen Grat zum Gipfel.

Notizen:

---

446 Variante KONNERS

2049 m, 800 hm, ↑ 2,5 h

Ab der Hauskoppenalm ostwärts bis fast an die Tauernkaralm, doch an der Weggabelung links (nordwärts) über die Sauschneidalm zum Gipfel.

Notizen:

---

447 GLÖCKNERIN

2433 m, 900 hm, ↑ 2,5 h, steiles Anfangsdrittel, nur bei stabiler Schneelage, Karte auch S. 222–223

Anfahrt: Radstadt – Untertauern – Tauernstraße bis Abzweigung Felseralm.

Anstieg zuerst südostwärts auf der Straße in mehreren Kehren zur Felseralm und dann südwärts in eine steile Rinne, die südwestwärts zu einem Steilhang zieht. Über diesen auf eine Kuppe nördlich des Wildsees (Kreuz), nun westseitig um den großen Kessel quer durch den Osthang der Großwand in eine Mulde, durch diese südostwärts auf einen Kamm und zum Gipfel. Abfahrt durch die Gipfelmulde, nordwärts um einen Felssporn, steil hinunter zum Wildsee, nochmals 100 hm Anstieg zur Kuppe (Kreuz) und Abfahrt weiter wie Anstieg.

Notizen:

Varianten GROSSWANDSPITZEN/Nordanstiege 448

2437 m, 800 hm, ↑ 2 h, nur bei stabiler Firnlage, Karte S. 222–223

Von der Felseralm unter dem Lift hindurch, auf dem Sommerweg nach Südwesten bis zum Wegweiser (Wildsee). Nun zunehmend steil nach Südwesten bis an eine Felsbarriere, entlang dieser zur Hirschwand, bis sich nach Süden ein Durchlass auftut. Durch diesen hinauf in einen Kessel und steil auf einen Rücken, der nach Südosten zur Vorderen Großwandspitze leitet.

Auf die Hintere Großwandspitze folgt die Route aus dem Kessel dem Gelände angepasst südwärts, zum Schluss steil auf den Westrücken und über diesen auf den Gipfel. Auf die Vordere Großwandspitze auch über die Route zur Glöcknerin: Vom Kreuz vor dem Wildsee westlich am See vorbei, zunehmend

steil nach Westen in die Scharte zwischen den beiden Großwandspitzen und auf dem Rücken zum Gipfel.
Notizen:

---

449 ZEHNERKARSPITZE

2381 m, 1000 hm, ↑ 3,5 h, zwei Gegenanstiege, Karte S. 229
Anfahrt: Radstädter Tauern – Parkplatz beim Friedhof.
Südwestwärts entlang der Piste zur Bergstation der Zehnerkarbahn, südwärts auf den Kamm, nun steile Abfahrt ca. 100 hm hinunter in das Zehnerkar, westwärts um die Zehnerkarspitze unterhalb eines Felsabbruchs herum, nordwestwärts in das Zinnerkar, aus diesem nordwärts in den Sattel und nordostwärts auf dem Rücken zum Gipfel. Auf dem Rückweg nochmals etwa 100 hm Anstieg aus dem Zehnerkar hinauf zum Kamm.
Notizen:

---

450 GROSSE KESSELSPITZE/Ostanstieg

2361 m, 700 hm, ↑ 2 h, in der oberen Hälfte Steilgelände, nur bei absolut stabiler Schneelage, Karte S. 229
Anfahrt: Radstadt – Obertauern – Schaidberg.
Anstieg durch die Schaidberg-Lawinengalerie, vom Nordportal südwestwärts in den Kessel der Schaidberglahn. An der linken Seite eines ausgeprägten steilen Rückens (der zum Gipfel weist) über schwach gegliedertes Steilgelände zum felsigen Gipfel.
Notizen:

---

451 GROSSE KESSELSPITZE/Südanstieg

900 hm, ↑ 2,5 h, nur bei stabiler Schneelage, Karte S. 229
Anfahrt: Radstadt – Obertauern – Schaidberg.
Anstieg vom Parkplatz südlich der Lawinengalerie (Straßenkilometer 49,6) auf dem Güterweg zu den Hütten der Gastalm, nordwestwärts weiter über ein von Lärchen bestandenes Plateau in einen Graben, aus diesem nach rechts zum Fuß eines stark gegliederten Rückens und über diesen zum Gipfel. Abfahrt wie Anstieg oder – nur bei absolut stabiler Schneelage – direkt ostwärts über die von der Tauernstraße gut erkennbaren Steilstufen der gewaltigen Ostflanke in den Graben und durch diesen hinaus zur Breitlahnalm.

Alternative Route für Anstieg und Abfahrt bei stabiler Firnlage: Von der Gastalm nordostwärts zur Mittereckalm und über die steile Südflanke zum Gipfel. Aus dem Bereich der Gastalm besteht bei sehr guter Schneelage die Möglichkeit, direkt durch schmale Passagen im steilen Wald in den Talboden abzufahren.

Notizen:

Variante SICHELWAND 452

2068 m, 700 hm, ↑ 2 h, Karte S. 229

Ab der Rechtskehre des Güterweges (ca. Höhe 1680 m) knapp vor der Gastalm südwestwärts abschwenken, durch lichten Lärchenwald, über die Wiesen der Mittereckalm auf den Sattel zwischen Mittereck und Sichelwand und nordwestwärts auf dem Rücken am geschmiedeten Kreuz vorbei zum höchsten Punkt. Anstieg und Abfahrt über die steile Nordostflanke der Sichelwand sind nur bei absolut stabiler Schneelage ratsam.

Notizen:

LUNGAUER KALKSPITZE 453

2471 m, 1100 hm, ↑ 3,5 h, zwei Gegenanstiege

Anfahrt: Radstadt – Obertauern/Seekarhaus.

Ostwärts entlang der Hundskogel-Abfahrt bis knapp an die Bergstation der Sesselbahn, Abfahrt 150 hm durch die Klammlscharte zum Oberhüttensattel, Anstieg 600 hm über eine Steilstufe und durch das Ahkar in die Ahkarscharte und südwärts auf den Gipfel (oder nordwärts auf die Steirische Kalkspitze).

Notizen:

Variante PLATTENSPITZE 454

2294 m, 1000 hm, ↑ 4 h

Von der Bergstation der Sesselbahn südwärts auf dem Kamm über den Hundskogel, leicht fallend in eine Senke und rund 100 hm auf die Plattenspitze. Abfahrt 700 hm nordostwärts über das Tscheibitsch direkt auf einen Bachgraben zu und durch diesen steil hinunter zur Abrahamalm (1600 m). Nun 450 hm Anstieg erst nordwärts zum Oberhüttensattel, dann westwärts bis knapp an die Bergstation und hinunter zum Seekarhaus.

Notizen:

Auch im Winter hilft oft die Sommermarkierung

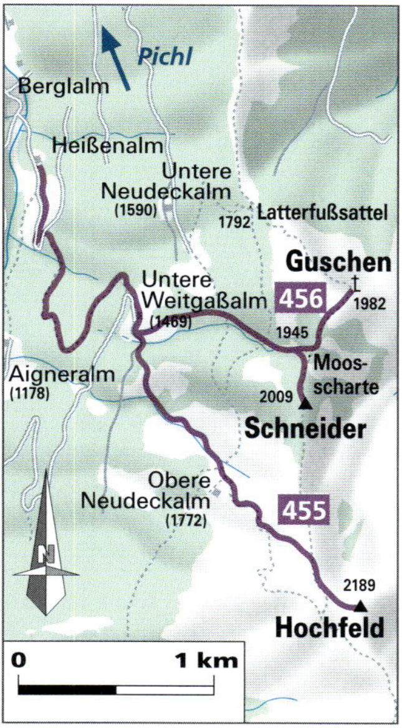

HOCHFELD 455

2189 m, 1000 hm, ↑ 3,5 h

Anfahrt: Radstadt – Pichl/Enns – Preuneggtal möglichst bis an die Heißenalm.

Anstieg auf dem Almweg südostwärts zur Unteren Weitgaßalm, weiter durch ein kurzes Waldstück zur Oberen Neudeckalm und über das Hochfeldmandl direkt zum Gipfel.

Notizen:

Variante GUSCHEN 456

1982 m, 800 hm, ↑ 2,5 h

Anstieg ab der Unteren Weitgaßalm ostwärts bis knapp an die Moosscharte und nordwärts zum Gipfel des Guschen oder südwärts auf den Schneider (2009 m).

Notizen:

WASSERFALLSPITZE 457

2507 m, 1450 hm, ↑ 4 h, steil, nur bei stabiler Schneelage, Trittsicherheit erforderlich

Anfahrt: Schladming – Rohrmoos – Untertal – Parkplatz bei der Sondlalm.

Anstieg vom Parkplatz über die Brücke auf die andere Seite des Untertalbachs, über Wiesen nach Südwesten hinauf zur Forststraße, auf dieser in weiten Kehren durch den Waldgürtel bis zu einer Furt über den Herzmairgraben, doch vor dem Graben südwestwärts hinauf zum lichten Lärchenbestand, um die Herzmairalm und eine Jagdhütte und weiter südwärts in das Herzmairkar hinein. Über dessen erste Steilstufe am besten rechts, dann im Kar bis unter den Gipfelaufbau, westwärts in die Scharte zwischen Wasserfallspitze und Grünriedel (Skidepot) und zu Fuß über den Grat auf den Gipfel.

Notizen:

458 Variante SONNTAGKARZINKEN

2243 m, 1200 hm, ↑ 3,5 h

Bei der Furt den Herzmairgraben durchqueren und auf der Forststraße nordwestwärts weiter bis zu einem roten Markierungspfeil vor dem Abflussgraben des Seekarsees. Nun entweder mühsam durch den steilen Wald hinauf, bis man wieder auf eine Forststraße (Hochstand) trifft oder (einfacher) auf der Straße bis zu einem großen Schlag und über diesen auf die Forststraße hinauf und ungefähr entlang des Seekarseeabflusses südwestwärts zum See, an diesem links vorbei und durch das Kar auf den Gipfel.

Notizen:

459 LIGNITZHÖHE

2205 m, 1150 hm, ↑ 3,5 h, Karte S. 238

Anfahrt: Schladming – Rohrmoos – Obertal – Wh Tauerngold. Anstieg vom Gasthof südostwärts auf der Forststraße über die Eschachböden zur Eschachalm und weiter auf der Forststraße zur Neualm. Das Nordkar gibt den weiteren Anstieg nach Süden vor, anfangs flach und zuletzt steiler hinauf zum Gipfel.

Notizen:

PIETRACH/Nordanstieg 460

2396 m, 1250 hm, ↑ 4 h, nur bei stabiler Firnlage, Karte S. 238

Anfahrt: Radstadt – Schladming – Obertal – Wh Hopfriesen.

Anstieg südostwärts auf dem Almweg zur Eschachalm (im Frühjahr bis hierher befahrbar), dann weiter zur Neualm, steil südostwärts hinauf zum Gamsfeld und zur Trockenbrotscharte, weiter meist ohne Skier über den Kamm südwestwärts zum Gipfel.

Notizen:

KLEINES GURPITSCHECK/Westanstieg 461

2378 m, 1150 hm, ↑ 3 h, steil

Anfahrt: Tweng – etwa 1 km talauswärts zum Stoffengut.

Anstieg hinter dem Stoffengut ostwärts über einen Schwemmkegel zu einem Almweg, auf diesem nordwärts durch schütteren Baumbestand zur Purnalm, nordwestwärts weiter zur Weitgasserhütte und nordostwärts über einen ausgeprägten Rücken zum Gipfel.

Notizen:

KLEINES GURPITSCHECK/Ostanstieg 462

2378 m, 1250 hm, ↑ 4 h

Anfahrt: Mariapfarr – Fanning – Hinterweißpriach.

Taleinwärts zweigt hinter der Brücke westwärts der markierte Sommerweg ab, der vorwiegend durch Wald zur Karneralm führt, dann westwärts in ein breites Kar (Gurpitsch), auf einen Sattel zwischen beiden Gipfeln und schließlich südwärts auf das Kleine Gurpitscheck.

Notizen:

Variante FANNINGHÖHE 463

Gesamtgehzeit 3 h (mehrere Anstiege)

Mit dem Lift Auffahrt zum Gamsstadel (2000 m), nun nordwestwärts in aussichtsreicher Kammwanderung über Fanninghöhe (2115 m), Zechnerriegel (2115 m) und Karneitschen (2160 m) und zuletzt steil auf das Kleine Gurpitscheck. Abfahrt wie Anstieg oder über die Karneralm nach Hinterweißpriach.

Notizen:

464 GROSSES GURPITSCHECK

2526 m, 1250 hm, ↑ 4 h, steil, nur bei stabiler Firnlage und wenn die Straße ab Hinterweißpriach befahrbar ist

Anfahrt: Mariapfarr – Weißpriachtal – Parkplatz nahe Abzweigung in das Znachtal.

Anstieg auf der Straße Richtung Ulnhütte über die erste Brücke (Untere Abrahamhütte), nun südwestwärts 200 hm durch Wald zu einer Forststraße. Nach rechts auf die Nordseite des Rupaningrabens, südwestwärts vorbei an der Schwarzenbichlerhütte hinauf zum Rupaninsee und direkt weiter hinauf zum Gipfel.

Notizen:

465 VETTERNSCHARTE

2437 m, 1150 hm, ↑ 4 h, steil

Anfahrt: Weißpriachtal – Parkplatz Abzweigung Znachtal.

Anstieg nordwärts in das Znachtal zur verfallenen Greinmeisteralm, nach Osten in ein Nebental, im Bogen nordwärts parallel zum Südgrat der Zinkwand in das Knappenkar und nordwärts in die ausgeprägte Scharte.

Notizen:

466 ZECHNERKARSPITZE

2452 m, 1300 hm, ↑ 4 h

Anfahrt: Mariapfarr – Vorderweißpriach/Sonndörfl.

Auf markiertem Weg nordwärts über Wiesen und durch ein kurzes Waldstück 250 hm zum Kirchnergut (bei Schneemangel auch mit dem Pkw von Mariapfarr über Grabendorf), nordwärts durch ein Waldstück auf den Rücken zum markierten Güterweg und auf diesem nordwestwärts vorbei an einem Kreuz (ca. 1800 m) in das gewaltige Kar. Aus dessen Schluss westwärts steil auf den Kamm und in einem Bogen nordostwärts auf den Gipfel.

Notizen:

467 Variante GRANITZL

2221 m, 1100 hm, ↑ 3 h

Ab dem Kreuz (ca. 1800 m) nordwärts über einen Rücken auf diesen ersten Vorgipfel im Zechnerkar-Südostgrat.

Notizen:

GENSGITSCH 468

2279 m, 950 hm, ↑ 3 h

Anfahrt: Mariapfarr – Zankwarn – mit dem Pkw bis zum Schranken beim Kasperlbauern, bei guter Schneelage lohnt der Anstieg schon ab Zankwarn (200 hm und 0,5 h mehr).

Vom Schranken auf der Forststraße nordwärts 2,5 km zum Kobaltsattel (hierher Anstieg auch von der Kirche in Göriach auf dem markierten Sommerweg), weiter auf dem rechten (östlichen) Ast des Forstweges über eine Kehre (Abschneider möglich) zur Gensgitschalm und über den breiten Gipfelhang zum Kreuz.

Notizen:

LESSHÖHE 469

2490 m, 1150 hm, ↑ 3,5 h, schwierig, nur bei stabiler Firnlage

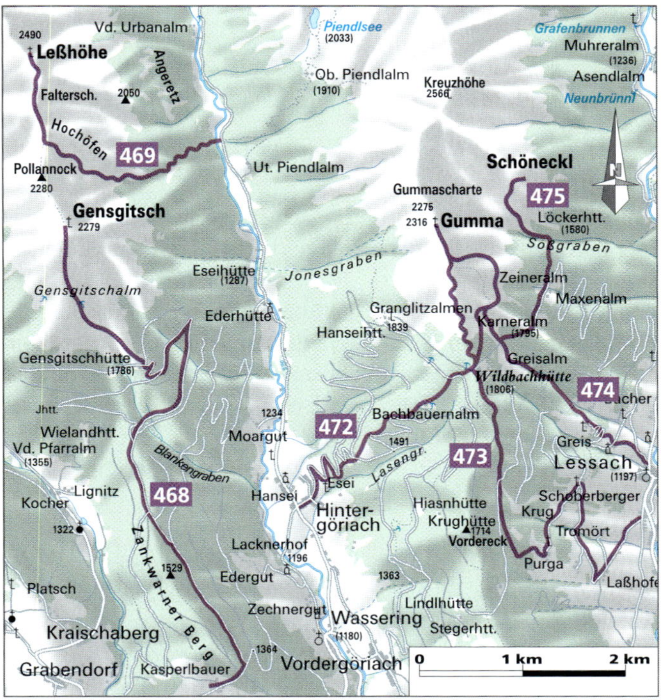

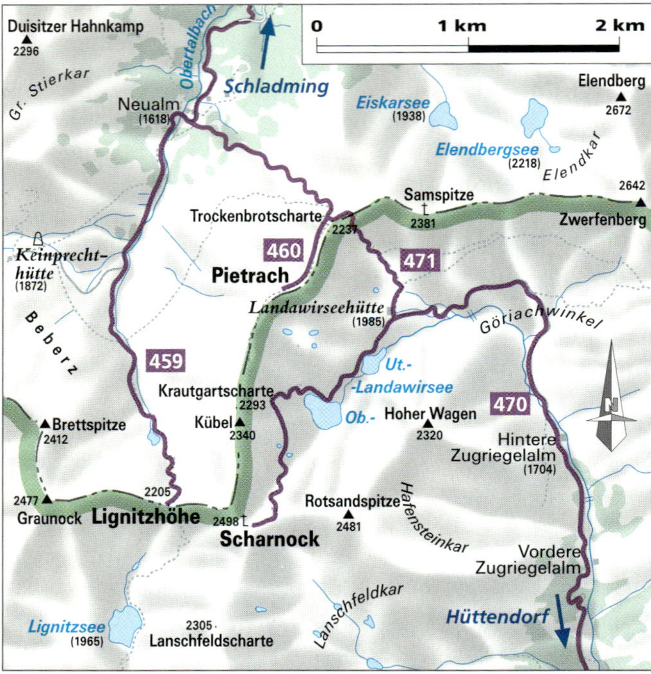

Anfahrt: Mariapfarr – Hintergöriach – noch ca. 3,5 km in das Göriachtal zu einem Aufstau des Göriachbaches kurz hinter der Unteren Piendlalm.

Anstieg westwärts über die Staumauer auf die andere Talseite und direkt 500 hm durch den mit Lawinenresten gefüllten steilen Graben hinauf in ein Becken, aus dem gestufte Mulden (Hochöfen) nordwärts zur Falterscharte leiten. Ab hier meist ohne Skier auf den Gipfel.

Notizen:

470 SCHARNOCK

2498 m, 1050 hm, ↑ 3,5 h, nur bei stabiler Firnlage und wenn die Straße bis zum Göriacher Hüttendorf befahrbar ist

Anfahrt: Mariapfarr – Hintergöriach – Hüttendorf.

Anstieg nordwärts auf dem markierten Güterweg über eine Steilstufe und in den Talschluss, weiter westwärts zur Landawir-

seehütte, südwestwärts zum Oberen Landawirsee, westseitig um eine Steilstufe, südwärts in die Scharte zwischen Rotsandspitze und Scharnock und westwärts ohne Skier auf den Gipfel.
Notizen:

Variante PIETRACH/Südanstieg 471

2396 m, 950 hm, ↑ 3 h
Von der Landawirseehütte nordwestwärts durch eine steile Mulde auf die Trockenbrotscharte und südostwärts auf den Gipfel.
Notizen:

GUMMA/Westanstieg 472

2316 m, 1100 hm, ↑ 3 h, Karte S. 237
Anfahrt: Mariapfarr – Hintergöriach.
Anstieg von Hintergöriach nordostwärts zum letzten Gehöft, auf einer Forststraße durch den Wald bis zur vierten oder sechsten Kehre, dann auf dem Rücken zwischen zwei Gräben zur Bachbauernalm, weiter nordostwärts zur Wildbachhütte und nordwärts auf dem breiten Rücken mit einer Steilstufe zur auffallenden Messmarke für die Schneehöhe und nun flach zum Gipfel. Bei absolut stabiler Firnlage ist die Abfahrt durch die steile Gipfelmulde möglich.
Notizen:

GUMMA/Südanstieg 473

2316 m, 900 hm, ↑ 2,5 h, Karte S. 237
Anfahrt: Tamsweg – Lessach, ca. 300 m vor der Kirche scharf nach links (Wegweiser „Wildbachhütte“) und durch drei Kehren über 250 hm zum Parkplatz knapp vor dem Purga.
Anstieg nordwestwärts nach den Wegweisern „Wildbachhütte“ schräg ansteigend durch einen schütteren Wald zu einer Forststraße und auf dieser zur Wildbachhütte (1802 m). Nun entweder nordwärts weiter über den breiten Rücken oder aber nordostwärts unterhalb der mit Kegeln zum Lawinenschutz verbauten, großen Gipfelmulde zum steilen Ostrücken, über diesen zur Messmarke und zum Gipfel.
Notizen:

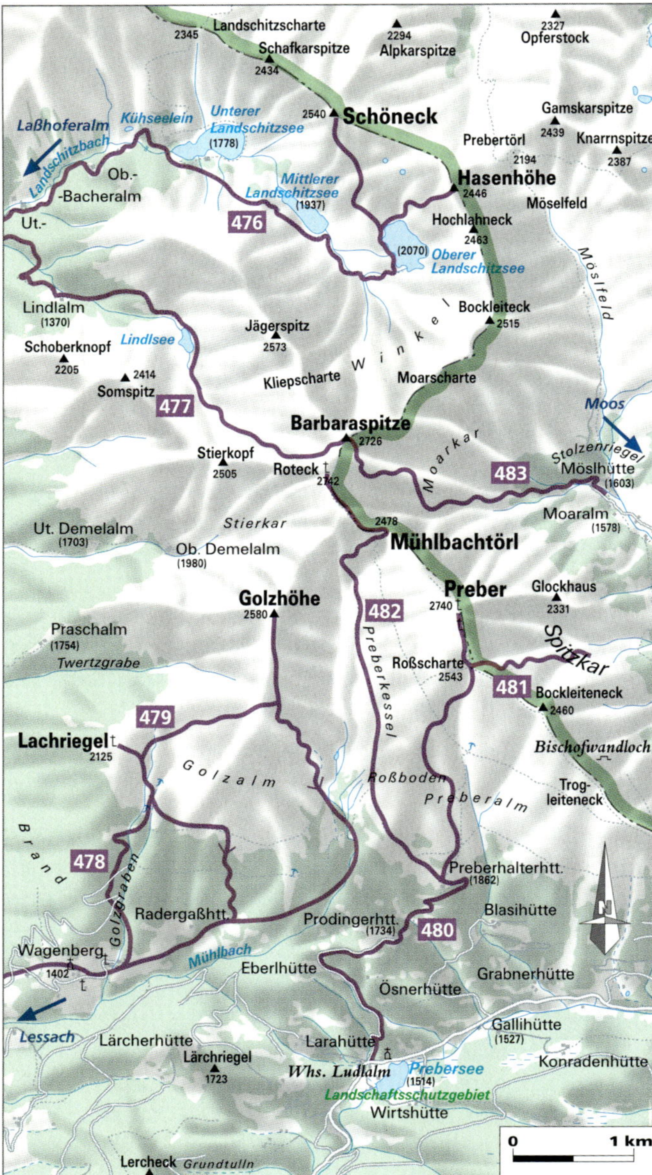
Landschitzscharte
2345
Schafkarspitze
2434
2294
Alpkarspitze
2327
Opferstock
Laßhoferalm
Kühseelein
Unterer
Landschitzsee
(1778)
2540
Schöneck
Gamskarspitze
2439
Prebertörl
2194
Knarrnspitze
2387
Landschitzbach
Ob.-
-Bacheralm
Mittlerer
Landschitzsee
(1937)
Hasenhöhe
2446
Möselfeld
Ut.-
476
Hochlahneck
2463
(2070)
Oberer
Landschitzsee
Möslfeld
Lindlalm
(1370)
Bockleiteck
2515
Jägerspitz
2573
Schoberknopf
2205
Lindlsee
2414
Somspitz
477
Winkel
Kliepscharte
Moarscharte
Moos
Barbaraspitze
2726
Stierkopf
2505
Roteck
2742
Moarkar
Stolzenriegel
483
Möslhütte
(1603)
Moaralm
(1578)
Ut. Demelalm
(1703)
Stierkar
2478
Mühlbachtörl
Ob. Demelalm
(1980)
Golzhöhe
2580
Preber
2740
Glockhaus
2331
482
Praschalm
(1754)
Twertzgrabe
Preberkessel
Roßscharte
2543
Spitzkar
481
Bockleiteneck
2460
479
Lachriegel
2125
Bischofwandloch
Golzalm
Roßboden
Preberalm
Trog-
leiteneck
Brand
478
Golzgraben
Preberhalterhtt.
(1862)
Radergaßhtt.
Prodingerhtt.
(1734)
480
Blasihütte
Wagenberg
1402
Mühlbach
Eberlhütte
Grabnerhütte
Ösnerhütte
Lessach
Lärcherhütte
Larahütte
Gallihütte
(1527)
Lärchriegel
1723
Whs. Ludlalm
Prebersee
(1514)
Konradenhütte
Landschaftsschutzgebiet
Wirtshütte
0
1 km
Lercheck
Grundtulln

GUMMA/Ostanstieg 474

2316 m, 1100 hm, ↑ 3 h, Karte S. 237
Anfahrt: Tamsweg – Lessach.
Anstieg von Lessach nordwestwärts über Wiesen zum weithin sichtbaren Gehöft Greis, auf dem Rücken zwischen zwei Bachgräben weiter, über eine Wiese, durch ein Waldstück und dann über freies Gelände zur Gipfelmulde und über den steilen Ostrücken hinauf zum Gipfel.
Notizen:

Variante SCHÖNECKL 475

2220 m, 1000 hm, ↑ 3 h, Karte S. 237
Anstieg ab Lessach wie auf den Gumma bis Höhe 1800 m, wo man einen Güterweg quert, auf diesem nordwärts zur Karneralm und weiter in den großen Kessel, aus dem man nordostwärts steil auf das Schöneckl kommt. Je nach Verhältnissen noch bis zu 150 hm Anstieg auf dem Kamm Richtung Kreuzhöhe möglich.
Notizen:

HINTERE ALPKARSPITZE (auch HASENHÖHE) 476

2446 m, 1200 hm, ↑ 4 h, sofern Zufahrt von Lessach zur Laßhoferalm möglich ist, nur bei stabiler Firnlage
Anfahrt: Tamsweg – Lessach
Anstieg von der Laßhoferalm noch 400 m taleinwärts, dann auf dem markierten Sommerweg ostwärts über den Bach und durch den bewaldeten Landschitzgraben zum Unteren Landschitzsee, südostwärts über Stufen zu den beiden nächsten Seen und vom Westufer des obersten Sees nordostwärts durch eine Mulde in weit gezogenem Rechtsbogen zum Gipfel (oder alternativ ab dem See nordwärts auf das 100 m höhere Schöneck).
Notizen:

Variante BARBARASPITZE/Westanstieg 477

2726 m, 1500 hm, ↑ 4,5 h, schwierig, nur bei stabiler Firnlage
Anstieg ab der Laßhoferalm rund 150 hm ostwärts in den Landschitzgraben, nach rechts (südostwärts) abzweigen und auf markiertem Weg in den Stodergraben zur Lindlalm, weiter zum

Lindlsee, südostwärts durch ein gewaltiges Becken und zuletzt steil in eine Scharte und wenige Meter nach links auf die Barbaraspitze.

Notizen:

---

478 LACHRIEGEL

2125 m, 950 hm, ↑ 3 h, Karte S. 240

Anfahrt: Tamsweg – Lessach.

Anstieg vom Unterdorf ostwärts geradewegs über Wiesen und durch ein schütteres Waldstück nach Wagenberg, über den Bach und an dessen Ostseite nordwärts auf dem markierten Sommerweg etwa 300 hm steil durch Wald auf einen Almboden, ostwärts bis zu den freien Hängen und über diese nordwärts zum Gipfel. Abfahrt erst rund 200 hm entlang des Anstiegsweges, dann nach links (südostwärts) ca. 400 m weit einen breiten Hang queren bis in den lichten Wald, nun teils steil über mehrere Lichtungen hinunter zu den Wiesen von Wagenberg und zurück nach Lessach.

Notizen:

---

479 Variante GOLZHÖHE

2580 m, vom Lachriegel noch 450 hm, ↑ 1,5 h, wegen vieler kleiner Felsriegel im Almboden nur bei ausreichend hoher Schneelage lohnend, Karte S. 240

Vom Lachriegel ostwärts auf den Kamm (ca. 2420 m) und ohne Skier nordwärts zum Gipfel. Abfahrt wie Anstieg oder wesentlich lohnender südwärts an der Westseite des ostseitig steil abfallenden Rückens bis etwa Höhe 2150 m, nun ostwärts hinunter durch eine steile Mulde, die südostwärts in den Graben abfällt und durch diesen an der rechten Bachseite vorbei an der Radergaßhütte nach Wagenberg und Lessach.

Notizen:

---

480 PREBER

2740 m, 1200 hm, ↑ 3,5 h, Karte S. 240

Anfahrt: Tamsweg – Prebersee.

Anstieg vom Prebersee nordwärts auf einer Forststraße (Abschneider möglich) durch Wald zur Prodingerhütte, über eine schütter bewaldete Steilstufe zur Preberhalterhütte und den psychisch anstrengenden 800 m hohen Südhang zum Gipfel.

Notizen:

Variante SPITZKAR 481

schwierig, steil, nur bei stabiler Firnlage, Karte S. 240

Anstieg wie auf den Preber bis zur Roßscharte unter dem letzten Aufschwung (2543 m), nun ostwärts steil in einen Trichter, der sich zur Rinne verengt. Diese endet fast 500 hm tiefer auf dem ebenen Boden des Spitzkars. Mühsamer Anstieg durch die Rinne zurück zur Roßscharte.

Notizen:

Variante MÜHLBACHTÖRL 482

2478 m, 950 hm, ↑ 2,5 h, Karte S. 240

Ab der Preberhalterhütte nordostwärts leicht ansteigend in den gewaltigen Preberkessel, durch diesen – auf den letzten 100 hm steil – direkt auf das Mühlbachtörl. Bei sehr günstigen Bedingungen (kein Schnee!) Anstieg über den teils scharfen Grat nordwestwärts auf das Roteck möglich (2742 m, 350 hm, ↑ 1 h) oder auf dessen etwas niedrigeren Vorgipfel (Schwindelfreiheit und Trittsicherheit erforderlich).

Notizen:

BARBARASPITZE/Ostanstieg, Karte S. 240 483

2726 m, 1400 hm, ↑ 5 h, schwierig, nur bei stabiler Firnlage

Anfahrt: Tamsweg – Prebersee – Krakauhintermühlen/Bushaltestelle Moos.

Anstieg von Krakauhintermühlen ca. 6 km nordwestwärts in den Prebergraben zur Moaralm (hierher allenfalls auch mit dem Pkw, Schlüssel für den Schranken beim letzten Bauern vor der Säge; spart 1,5 h Anstieg). Von der Moaralm westwärts ca. 300 hm durch den linken von zwei steilen Bachgräben in das große Moarkar, weiter in den Kessel unterhalb des Rotecks. Nun nordwärts links neben einem ausgeprägten Kamm steil in die Scharte zwischen Roteck und Barbaraspitze und nach rechts auf den Gipfel.

Notizen:

Abstieg vom Großen Mosermandl

GSTODER 484

2141 m, 900 hm, ↑ 2,5 h

Anfahrt: Tamsweg – Seetal/Ortsteil „In der Stadt" an der südlichen Talseite.

Anstieg auf einem Almweg ca. 100 hm südwärts bis zu einer Forststraße, auf dieser ostwärts entlang der Sommermarkierung in vier Kehren (Abschneider möglich) zu den Seethaler Hütten, südostwärts steil durch eine Schneise auf einen Rücken und über diesen zum Gipfel.

Notizen:

KLEINER KÖNIGSTUHL 485

2254 m, 950 hm, ↑ 3 h, zwei Gegenanstiege

Anfahrt: Tamsweg – Ramingstein – Straße zur Karneralm rund 6 km weit bis zum Wechsel der Straße vom nördlichen zum südlichen Ufer (Höhe ca. 1550 m).

Anstieg auf einer Forststraße in spitzem Winkel nach links (ostwärts) durch Wald bis zur Laineralm, rund 200 hm westwärts durch schütteren Lärchenbestand auf den Kamm und über diesen südwärts auf den Predigtstuhl (2097 m, auch für sich eine Tour wert), Abfahrt 100 hm in einen Sattel und südostwärts hinauf auf den Gipfel. Abfahrt wie Anstieg oder aber kurzer Abstieg ostwärts, Abfahrt bis in einen Sattel, nun nordwärts durch eine flache Rinne hinunter zur Prodingeralm, Anstieg westwärts 150 hm durch den Sattel auf den Predigtstuhl und weiter wie Anstieg.

Notizen:

KARNERALM-RUNDE 486

2214 m, 400 hm, ↑ 1,5 h, aussichtsreiche Höhen- und Rundwanderung.

Anfahrt: Tamsweg – Ramingstein – Karneralm.

Von der Karneralm-Kapelle südwärts 200 hm auf die Klölingscharte, nordwestwärts nochmals 60 hm auf das Klölingnock, dann auf dem Kamm erst ca. 100 hm sanft bergab in eine Senke und nochmals ca. 140 hm hinauf auf die Mühlhauser Höhe. Abfahrt etwa den halben Weg zurück Richtung Senke und beliebig ostwärts zur Kapelle.

Notizen:

487 GROSSER KÖNIGSTUHL

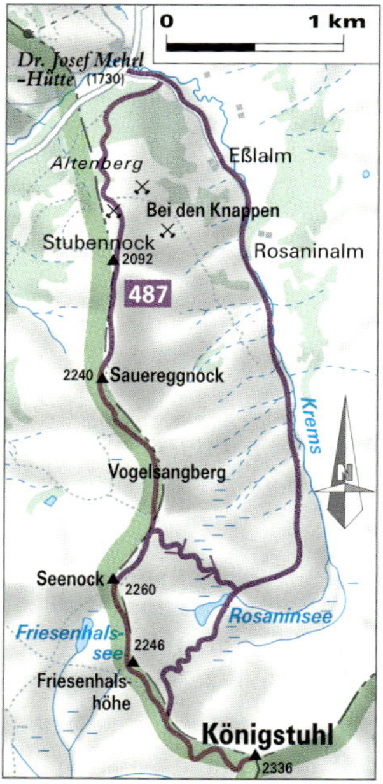

2336 m, 650 hm , ↑ 2,5 h

Anfahrt: St. Michael – Bundschuh – Schönfeld/Mehrl-Hütte.

Anstieg südwärts entlang des Bachs auf die Rosaninalm bis zum Ende der Loipe auf einem Plateau (ca. 2050 m). Hierher auch von der Mehrl-Hütte direkt südwärts hinauf erst durch ein Waldstück auf das Stubennock, weiter auf dem Kamm in eine flache Senke zwischen Vogelsang und Seenock und Abfahrt ostwärts rund 250 hm zum Plateau. Weiterer Anstieg steil in den Friesenhals (Sattel) und südostwärts zum Gipfel. Abfahrt wie Anstieg oder ab Friesenhals auf das Seenock, nordwärts über den Kamm bis zum Stubennock, ostwärts hinunter in den Rosaningraben und hinaus zur Mehrl-Hütte.

Notizen:

488 LENZENBÜHEL

2106 m, 750 hm, ↑ 2,5 h

Anfahrt: St. Michael – Bundschuh – Hochofen (Industriedenkmal). Anstieg vom Hochofen südwärts auf einer Forststraße 1,5 km bis zur Grallalm, südostwärts auf einem Almweg hinauf zu einer Forststraße, auf dieser südostwärts entlang des Gaipabachs

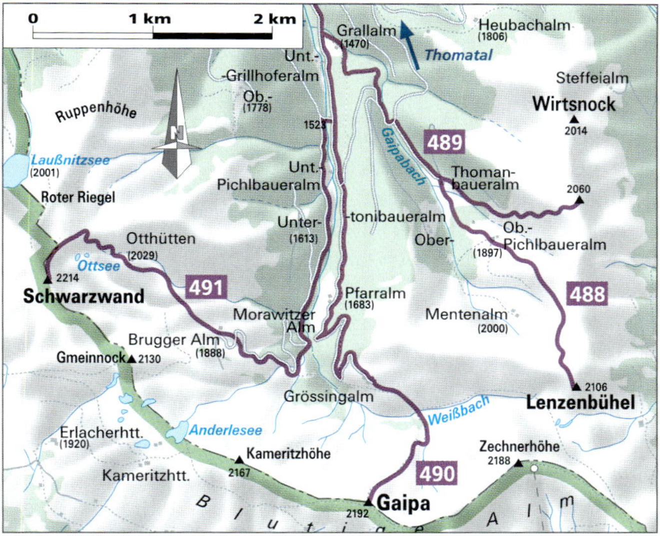

durch einen Graben zur Thomanbaueralm und nun über freie Almböden geradewegs hinauf zum flachen Gipfel. Lohnender Abstecher südwestwärts 200 hm hinunter zur Grössingalm.

Notizen:

Variante WIRTSNOCK 489

2060 m, 700 hm, ↑ 2,5 h

Anstieg zur Thomanbaueralm, weiter rund 100 hm an der Ostseite des Grabens, dann ostwärts aus diesem heraus und durch schütter bewaldetes Gelände auf den lang gezogenen Wirtsnock-Rücken.

Notizen:

GAIPA 490

2192 m, 850 hm, ↑ 3 h

Anfahrt: St. Michael – Bundschuh – Hochofen.

Anstieg auf der Forststraße südwärts durch den Graben 4 km zur Pfarralm, dann in Kehren (Abschneider möglich) zur Größingalm, ostwärts etwa 1 km weiter und nun südwärts an einem verfallenden Stadel vorbei direkt auf den Gipfel. Lohnender

Abstecher im Bereich der Größingalm ca. 200 hm nordwärts hinauf auf den Lenzenbühel.

Notizen:

---

491 Variante SCHWARZWAND

2214 m, 850 hm, ↑ 3 h, Karte S. 247

Anstieg ab Hochofen 2 km weit in den Graben, über eine Brücke auf die westliche Talseite und auf der Forststraße südwärts weiter zur Morawitzeralm. Nun westwärts durch ein riesiges Almbecken bis zu den Otthütten, nordwärts steil auf einen Rücken und auf diesem südwestwärts auf den Gipfel.

Notizen:

---

492 KARECK

2481 m, 1100 hm, ↑ 3,5 h, zweimal Gegenanstieg, nur bei stabiler Firnlage

Anfahrt: St. Michael – Katschbergpass – Straße westwärts Richtung Wh Almfried – Gantal bis zur Unterführung der Tschaneck-Piste.

Anstieg von der Unterführung entlang des Lifts auf das Tschaneck, Abfahrt nordwestwärts in das Gantal zur Pritzalm (1770 m), westwärts bis knapp an das Wh Almfried und südwestwärts auf dem ausgeprägten Rücken 700 hm zum Gipfel. Abfahrt direkt in den steilen Osthang hinunter zur Straße im Graben, Anstieg südostwärts ca. 250 hm auf das Tschaneck und Abfahrt zum Ausgangspunkt. (Abstecher beim Anstieg ab Tschaneck oder bei der Abfahrt aus dem Gantal auf die Brandleiten lohnend.)

Notizen:

---

493 OBLITZEN

2658 m, 1400 hm, ↑ 4,5 h

Anfahrt: St. Michael im Lungau – Muhr – Weiler Reit.

Anstieg südwärts auf einer Forststraße durch ein Waldstück zu einer breiteren Forst-

straße, auf dieser über den Altenbergbach, sogleich südwestwärts (rechts) auf der Forststraße ca. 500 m taleinwärts, durch eine Kehre und ostwärts ca. 500 m weit, südwärts durch den schmalen Waldgürtel zur Hiasleralm, nun direkt südwärts über den riesigen Nordhang in die Muhrscharte und westwärts über den Kamm zum Gipfel.
Notizen:

Variante ALTENBERGSCHARTE/Nordanstieg 494

2559 m, 1300 hm, ↑ 4 h, nur bei stabiler Schneelage
Anstieg von Reit bis knapp an den Altenbergbach, auf dem Almweg an der westlichen Talseite südwestwärts weiter zur Ruepbauernalm, einen engen und steilen Graben rechts umgehen und über eine Steilstufe aus einem Kessel in die Scharte. Bei günstigen Verhältnissen lohnt es, ohne Skier die Kesselspitze im Westen zu besteigen (noch 200 hm, 35 min).
Notizen:

WEINSCHNABEL/Nordanstieg 495

2754 m, 1400 hm, ↑ 5 h, steil, schwierig, nur bei stabiler Firnlage
Anfahrt: Muhr – Rotgülden.
Anstieg vom Parkplatz auf der meist nicht geräumten Straße 3,5 km durch den Schmalzgraben zu einer Kapelle neben der Muritzenalm (Jagdhaus), südwärts entlang des nicht markierten Steiges zum Karwassersee, links daran vorbei und in den Talschluss (Schwarzkarl). Nun nordwestwärts durch eine ausgeprägte Mulde, durch eine weitere Mulde westwärts und rechts steil an einem Wasserfall vorbei zum Unteren Schwarzsee, südwärts weiter durch eine steile Rinne zum Oberen Schwarzsee und beliebig zum Gipfel.

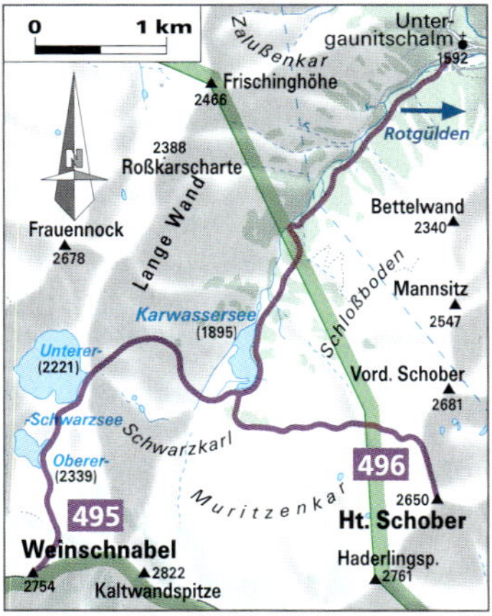

Notizen:

496 Variante HINTERER SCHOBER

2650 m, 1300 hm, ↑ 4 h, Karte S. 249

Anstieg von Rotgülden in das Schwarzkarl, aus diesem ostwärts über eine ausgeprägte Rampe zum Jägerkamp und südostwärts auf den Gipfel.

Notizen:

497 BALONSPITZE

2485 m, 1300 hm, ↑ 4 h

Anfahrt: Tauernautobahn – Zederhaus/Jägerwirt.

Anstieg südwärts unter der Autobahn hindurch und auf einer Forststraße südostwärts in mehreren Kehren bergan, an der Mesneralm vorbei in den Karteisgraben, durch diesen zur Müllneralm und über die Wastalalm in die weitläufige Mulde, durch die man beliebig auf den Gipfel ansteigt.

Notizen:

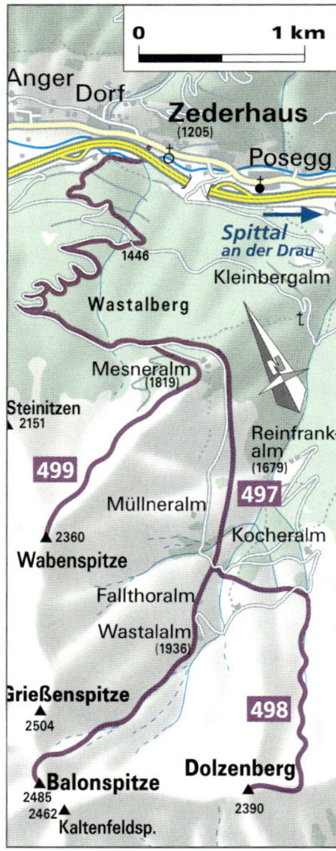

498 Variante DOLZENBERG

2390 m, 1200 hm, ↑ 3,5 h

Anstieg von der Müllneralm südwärts über die Kocheralm in das Kocherkar, aus diesem steil auf einen Sattel und westwärts zum Gipfel (oder ostwärts auf das um 15 m höhere Brettereck).

Notizen:

499 Variante WABENSPITZE

2360 m, 1150 hm, ↑ 3 h

Anstieg von der Mesneralm südwestwärts über den zuletzt steilen Rücken zum Gipfel.

Notizen:

BARLEITENKOPF 500

2431 m, 1150 hm, ↑ 3 h, nur bei stabiler Schneelage, Karte S. 252
Anfahrt: Zederhaus – 4,5 km taleinwärts bis zum Nahendfeldgraben (Parkplatz, Bushaltestelle).
Anstieg südwestwärts zum Mühlbachbauern, dann nach der Sommermarkierung in den Nahendfeldgraben zu einer breiten Almstraße, auf dieser vorbei an der Dicktlalm, westwärts in das Nahendfeld, hinauf zu einer kleinen Hütte und rechts vom Gipfel zum Schluss sehr steil auf den Verbindungsrücken Barleitenkopf – Felskarspitze und südostwärts zum Gipfel.
Notizen:

Variante PLANKOWITZSPITZE 501

2412 m, 1150 hm, ↑ 3 h, nur bei stabiler Schneelage, Karte S. 252
Von den ersten Aufschwüngen des Barleitenkopfs Anstieg nach links (südwärts) in eine deutliche Rinne, die in ein breiteres Kar ausläuft. Durch dieses Kar weiter bis zu den ersten Felsen, leicht rechtshaltend auf den Verbindungsgrat Plankowitzspitze – Barleitenkopf und ostwärts auf den höchsten Punkt.
Notizen:

Variante SEEKÖPFL 502

2250, 900 hm, ↑ 2,5 h, Karte S. 252
Von der Dicktlalm wie auf den Barleitenkopf, aber knapp hinter der Alm nach rechts in eine weitere Almstraße abzweigen. Auf dieser nach Norden bis zu einem ausgeprägten Graben, vor dem Graben westwärts durch lichten Wald steil zu einer Jagdhütte und über einen deutlichen Rücken auf den Gipfel.
Notizen:

Variante SILBERPLATTEN 503

2482 m, 1250 hm, ↑ 3,5 h, nur bei stabiler Schneelage, Orientierungssinn und Trittsicherheit erforderlich
Wie auf den Barleitenkopf bis zur Brücke ca. 700 m vor der Dicktlalm, über die Brücke auf die östliche Bachseite, südwestwärts auf schmalem Steig zur Pfeifenbergeralm. Nun etwa 200 m auf einem Almweg talauswärts und in spitzem Winkel wieder südwestwärts zur Bartlalm (1658 m). Wenige Meter später

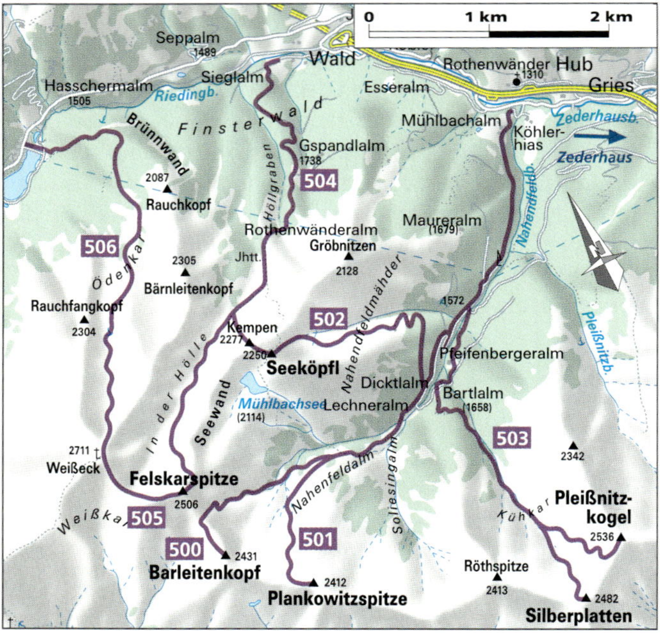

nach Süden schwenken, in einer Schneise entlang eines Jagdsteiges durch gut befahrbaren Wald in das Kühkar, südwärts bis an den Steilaufschwung, sehr steil in die Scharte rechts (westlich) neben dem Gipfel (Skidepot) und entlang des schrofigen Grates ostwärts auf den höchsten Punkt. Alternative: Aus dem Kühkar südostwärts sehr steil auf den Pleißnitzkogel (2536 m).

Notizen:

504 FELSKARSPITZE

2506 m, 1200 hm, ↑ 4 h

Anfahrt: Zederhaus – Wald.

Hinter der Unterführung laut einer Tafel auf den Güterweg südwestwärts über 300 hm durch Wald zur Spandlalm. Nun über zunehmend freies Gelände zu einer Jagdhütte und in mäßiger Steigung durch die „Hölle“ zwischen Kalkzacken zum letzten Aufschwung, den man an der Ostseite überwindet.

Notizen:

Variante WEISSECK/Südanstieg 505

2711 m, 1400 hm, ↑ 4 h, schwierig
Von der Felskarspitze flach an der die Hölle abschließenden Kante entlang zum Südgrat des Weißecks und über diesen – die Ski oft tragen – auf das Gipfelplateau. Abfahrt durch das Ödenkar.

Notizen:

WEISSECK/Nordanstieg – ÖDENKAR 506

2711 m, 1200 hm, ↑ 3,5 h, schwierig, nur bei stabiler Firnlage
Anfahrt: Zederhaus – Wald – Mautstraße in das Riedingtal bis zur Schliereralm.
Anstieg südwärts über den Staudamm auf die andere Talseite, wo deutlich erkennbar ein Weg nach links den steilen Hang bis zu einem Wald quert. Auf diesem Weg bis an die Brünnwand, an der sich der Weg verliert, nach einer Kehre südwestwärts steil aus dem Wald und in das Ödenkar. Jetzt 700 hm zunehmend steil durch das Kar hinauf und zuletzt eventuell nach links ausweichend in gut gestuften Felsen hinauf zum Gipfel.

Notizen:

JÄGERSPITZE, Karte S. 212–213 507

2508 m, 850 hm, ↑ 2 h, Zufahrt von Zederhaus/Wald in das Riedingtal bis zur Königalm (ab Muttertag geöffnet)
Anstieg von der Königalm noch etwa 600 m taleinwärts zur Örgenhiasalm, südwärts hinauf zu den Reinkarböden, weiter bis knapp vor den Sommerleitenkopf und unterhalb des scharfen Kamms zum Gipfel.

Notizen:

Variante NEBELKARECK 508

2535 m, 880 hm, ↑ 2,5 h, Karte S. 212–213
Anstieg vom Sommerleitenkopf mit möglichst wenig Höhenverlust südseitig an der Jägerspitze vorbei in die Nebelkarscharte und auf den Gipfel. Abfahrt rund 200 hm über den Osthang, Gegenanstieg auf den Sommerleitenkopf und Abfahrt wie Anstieg.

Notizen:

509 **Variante REICHESCHKOGEL**

2413 m, 700 hm, ↑ 2,5 h, Karte S. 212–213

Anstieg ab der Königalm auf dem markierten Sommerweg südostwärts bis an die zugefrorene Boarnlacke, eben weiter bis in die Riedingscharte und nun westwärts in einem flachen Bogen auf den Gipfel.

Notizen:

510 **Variante GLINGSPITZE/Ostanstieg**

2433 m, 800 hm, ↑ 2,5 h, Karte S. 212–213

Anstieg ab der Königalm erst etwa 2 km weit in den Talschluss, dann auf das Nordufer des Riedingbaches queren und je nach Schneelage beliebig über den von Rinnen zerfurchten Osthang zum Gipfel.

Notizen:

511 **Variante SCHIERECK/Ostanstieg**

2366 m, 700 hm, ↑ 2 h, Karte S. 212–213

Anstieg ab der Königalm westwärts schräg ansteigend auf dem markierten Sommerweg quer durch die Südflanke des Schierecks in das Haselloch, nun nordostwärts abermals durch die Südflanke um das Schiereck herum und über eine breite Rinne nordwestwärts zum Gipfel.

Notizen:

512 **STIERKARKOPF**

2366 m, 800 hm, ↑ 2,5 h, Karte S. 212–213

Anfahrt: Zederhaus – Riedingtalstraße (ab Muttertag geöffnet) – Abzweigung Fischerhütte.

Anstieg von der Tälerbushaltestelle auf dem markierten Weg nach Norden zur Almstraße und auf dieser weiter bis zur Eßlalm. Etwa an der Baumgrenze nach Westen, über einen kleinen Riedel und über einen Bachgraben auf den breiten Südostrücken, der sich vom Stierkarkopf herunterzieht. Über diesen (kleine Felsen links umgehen) wechselnd steil bis zu den Gipfelschrofen, die je nach Schneelage mit Skiern oder zu Fuß überwunden werden.

Notizen:

Variante WILDKARHÖHE 513

2511 m, 1000 hm, ↑ 3 h, Karte S. 212–213

Vom Stierkarkopf fährt man (Felle abziehen lohnt!) nordwärts in die Senke und steigt beliebig über den breiten Südhang hinauf zum höchsten Punkt der Wildkarhöhe.

Notizen:

Variante WINDISCHKOPF 514

2609 m, 1050 hm, ↑ 3 h, Karte S. 222–223

Von der Eßlalm nordwärts zum Zaunersee, um diesen rechts flach herum und durch das Zaunerkar zunehmend steil in die Windischscharte. Nun nach Osten – die ersten Felsriegel nördlich umgehen – in eine Mulde und südwärts auf die Fläche vor dem Gipfel. Dann flach nach Osten auf den höchsten Punkt.

Notizen:

KLEINES MOSERMANDL 515

2538 m, 1200 hm, ↑ 3,5 h, schwierig, Karte S. 222–223

Anfahrt: Zederhaus – Wald.

Von der Straße in das Riedingtal vor dem Mautschranken in spitzem Winkel nordostwärts auf einen Güterweg abzweigen und auf diesem zur Muhreralm, westwärts über die Kößlerhiasalm in das große Urbankar, weiter westwärts durch eine steile Rinne 300 hm auf die Hochfläche des Gasthofkars, südwestwärts durch eine Mulde zum Kamm und auf diesem ostwärts auf den Gipfel. Abfahrt wie Anstieg oder bei absolut stabiler Firnlage aus der Scharte zwischen Kleinem und Großem Mosermandl sehr steil südostwärts hinunter in das Jakoberkar, weiter zur Jakoberalm, südostwärts hinunter zur Seppalm und noch 1,5 km auf der Straße zurück nach Wald.

Notizen:

Variante SCHLIERERSPITZE/Südanstieg 516

2402 m, 1050 hm, ↑ 3 h, schwierig, Karte S. 222–223

Anstieg bis knapp an das Urbankar, nun östlich davon auf einem Rücken nordwärts bis nahe an die Felsabstürze, westwärts in die Schliererscharte queren und steil zum Gipfel.

Notizen:

517 **Variante WURMFELD**

2088 m, 750 hm, ↑ 2,5 h, Karte S. 222–223

Von der Muhreralm nordwestwärts zum auffälligen Entlüftungsschacht des Tauerntunnels und in weitem Bogen südwärts zum Gipfel. Abfahrt entweder wie Anstieg oder nordwärts durch die Gipfelmulde und weiter zu einem Graben, der nordostwärts direkt zur Muhreralm leitet.

Notizen:

518 **Variante SCHÖPFING**

2143 m, 800 hm, ↑ 2,5 h, Karte S. 222–223

Vom Entlüftungsschacht des Tauerntunnels über Gräben nach Westen an den dem Kleinen Mosermandl südlich vorgelagerten Rücken heran und am südlichen Ende des Rückens auf den Gipfel. Abfahrt wie Anstieg oder bei Firn nach Südwesten zur Jakoberalm. Von dort südostwärts zur Seppalm und zurück nach Wald.

Notizen:

519 **Variante RETTENWAND/Südanstieg,** Karte S. 222–223

2364 m, 1000 hm, ↑ 3 h, steil, nur bei stabiler Firnlage

Von der Muhreralm Richtung Kößlerhiasalm bis zur letzten scharfen Linkskehre des Güterweges, nun direkt nach Norden bis an einen Felsvorbau heran, wahlweise rechts oder links daran steil vorbei in eine große Mulde und nordwärts auf die Rettenwand.

Notizen:

520 **Variante KARKOPF**

2108 m, 750 hm, ↑ 2,5 h, Karte S. 222–223

Von der Muhreralm direkt nach Norden und entlang der Ostseite eines Bachgrabens in einem Rechtsbogen auf den Gipfel.

Notizen:

521 **AIGNERHÖHE**

2104 m, 750 hm, ↑ 2,5 h, Karte S. 222–223

Anfahrt: Zederhaus – Wald.

Von der Straße in das Riedingtal vor dem Mautschranken in spitzem Winkel nordostwärts auf einen Güterweg abzweigen und auf diesem zur Muhreralm, nun südostwärts über eine baumbestandene Steilstufe zur Aigneralm und über den breiten Hang zum Gipfel.

Notizen:

Variante TAFERLNOCK/Südanstieg, Karte S. 222–223 **522**

2375 m, 1050 hm, ↑ 3 h, steil, nur bei stabiler Schneelage

Von der Aigneralm entlang des Bachgrabens an die Felsen der Stampferwand heran und steil nordwärts in die mit einem Bildstock bezeichnete Taferlscharte. Aus der Scharte in einem weiten Linksbogen nach Westen drehend auf den flachen Gipfel.

Notizen:

GUGL **523**

2638 m, 1300 hm, ↑ 4 h, schwierig, Karte S. 222–223

Anfahrt: Zederhaus – Wald.

Anstieg von der Straße in das Riedingtal vor dem Mautschranken in spitzem Winkel nordostwärts auf einen Güterweg abzweigen. Knapp nach der Neuseßwirtalm auf einen Almweg nach Osten abzweigen, den Großen Kesselbach queren, entlang des Kleinen Kesselbachs zu einem Wasserschloss ansteigen, den Bach überqueren, dann durch lichten Wald ostwärts bis zur Almstraße und auf dieser zur Trimmingeralm. Von hier in weitem Rechtsbogen auf den Ecksattel, steil südwärts in die Rothenkarscharte, aus dieser ostwärts durch ein steiles Kar zum Vorgipfel und nordwärts auf die Gugl. Sollte das Kar nur schwer passierbar sein, empfiehlt sich ab der Rothenkarscharte der Anstieg südwestwärts auf die Zwillingswand.

Bei stabiler Firnlage ist die Abfahrt von der Rothenkarscharte südwärts durch das Rothenkar in das Zederhaustal möglich.

Notizen:

Variante LABSPITZE **524**

2223m, 900 hm, ↑ 2,5 h, Karte S. 222–223

Von der Trimmingeralm nordostwärts über Gräben und Kuppen und wahlweise auf die Kuppen von Labspitze oder Gebreinspitze (2167 m).

Notizen:

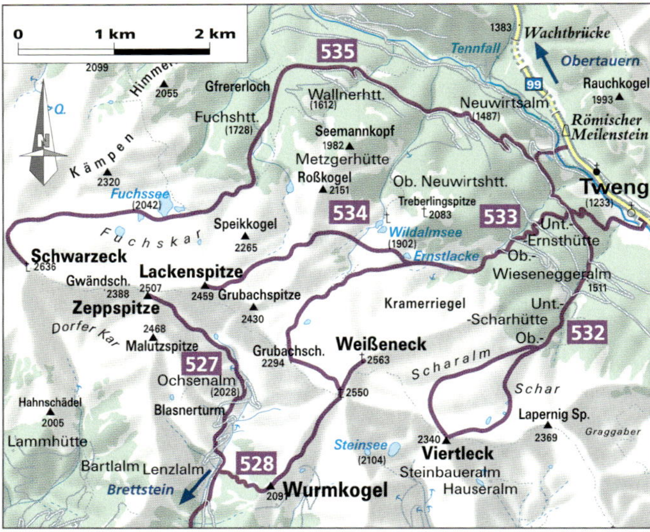

525 **Variante STAMPFERWAND,** Karte S. 222–223

2342 m, 1000 hm, ↑ 3 h, steil, nur bei stabiler Schneelage
Von der Trimmingeralm über Gräben und Kuppen nach Norden an die steile Südflanke der Stampferwand heran und durch diese sehr steil auf den Gipfel. Wahlweise kann man auch über den von der Aignerhöhe heraufziehenden Südwestrücken aufsteigen.

Notizen:

526 **MOSERMANDL/Südanstieg**

2680 m, 1200 hm, ↑ 3,5 h, im Gipfelaufbau schwierig, nur bei stabiler Firnlage, Karte S. 222–223

Anfahrt: Zederhaus – Wald – 2 km auf der Mautstraße in das Riedingtal, bis ca. 300 m vor der Schliererhütte nach rechts ein Güterweg abzweigt.

Anstieg ca. 350 hm auf diesem Güterweg nordwärts bis zur letzten Rechtskehre nahe der Jakoberalm, nun westwärts entlang des markierten Sommerweges bis unter ein Kar, das sich steil nordwärts zieht. Durch dieses Kar auf eine kleine Terrasse und nordwärts auf den Rücken, über den auch der Sommerweg zum Gipfel führt. Anstieg endet im Regelfall bei etwa Höhe 2450 m (von hier leichte Kletterei zum Gipfel).

Notizen:

ZEPPSPITZE 527

2507 m, 1350 hm, ↑ 4,5 h, zwei Steilstufen

Anfahrt: Zederhaus/Ortsteil Lamm – Lenzlbrücke/Brettstein.

Anstieg nordwärts auf der gesperrten Forststraße über vier Kehren, dann in den Znottergraben bis zur Lenzlalm und über eine Steilstufe zur weithin sichtbaren Ochsenhütte. Nun nordwestwärts in den Talschluss und direkt westwärts in den Sattel zwischen Zeppspitze und Malutzspitze und wahlweise auf einen der beiden Gipfel.

Notizen:

Variante WURMKOGEL 528

2091 m, 950 hm, ↑ 2,5 h

Anstieg von der Lenzlbrücke bis knapp an die Lenzlalm, dann aber ostwärts steil auf den Wurmkogel. Bei guter Firnlage können noch 200 hm auf dem Rücken zum Vorderen Weißeneck angestückelt werden.

Notizen:

GROSSER LANSCHÜTZ 529

2347 m, 1200 hm, ↑ 3,5 h, nur bei stabiler Firnlage

Anfahrt: Mauterndorf – Parkplatz Gondelbahn Großeck.

Anstieg vom Parkplatz westwärts entlang der Piste, bis nach etwa 120 hm eine Forststraße quert, nun auf dieser nordwestwärts 1 km zum Zallingraben, an dessen Südseite westwärts bergan in den großen Kessel ungefähr 350 hm ansteigen, nach rechts (nordwärts) aus dem Graben zur Zallinhütte und fortan parallel zum Kessel auf den Gipfel. Abfahrt zuerst ca. 200 hm entlang des Aufstieges, dann aber nach rechts über eine kurze Steilstufe hinunter in den Zallingraben, durch diesen bis zur Forststraße und zurück ins Tal.

Notizen:

530 SCHARECK

2466 m, 1250 hm, ↑ 3,5 h, erste 350 hm mühsam durch steilen Wald, als Lohn dann aber freie Almlandschaft, nur bei stabiler Schneedecke

Anfahrt: Vordertweng (ca. halbwegs zwischen Tweng und Mauterndorf) und zum Rainerbauern auf der südlichen Talseite.

Hinter dem Hof zwischen einer Waldschneise (links) und einem Bachgraben sehr steil 350 hm durch den Wald bergan auf einen Almweg. Nordwestwärts zur Holzeralm, südwestwärts in einen großen Kessel, aus diesem nordwestwärts durch eine zuletzt steile Rinne auf den Kamm und nordwärts zum Gipfel. Beim Anstieg ist darauf zu achten, wo die Waldschneise in den Almweg mündet, damit man sie bei der Abfahrt nicht verpasst.

Notizen:

531 Variante SCHÖNECK

2235 m, 1000 hm, ↑ 3 h

Von der Holzeralm in den großen Kessel, aus diesem aber bei etwa Höhe 2000 m südwärts zu einer Senke im Kamm und auf diesem ostwärts auf den Gipfel.

Notizen:

532 VIERTLECK

2340 m, 1100 hm, ↑ 3,5 h, mehrere Steilstufen, nur bei stabiler Schneelage, Karte S. 258

Anfahrt: Obertauern – Tweng.

Vom Ortszentrum über die Taurach, nach Südwesten zum Wald, auf dem Almweg hinauf zu einer Forststraße und südostwärts ca. 700 m weit bis Höhe 1300 m. Die Kehren im Direktanstieg südwestwärts durch schütteren Wald abschneiden und hinauf zur

Unteren Scharhütte. Weiter entweder westwärts über eine schütter bewaldete Steilstufe und ostseitig einer großen Mulde (parallel zum Nordostgrat des Weißenecks) über einen Rücken auf den Gipfel oder von der Scharalm südwärts durch einen Graben, über eine Steilstufe und durch die lang gestreckte Gipfelmulde.

Notizen:

WEISSENECK 533

2563, 1300 m, ↑ 4 h, Karte S. 258

Anfahrt: Obertauern – Tweng.

Anstieg vom Ortszentrum über die Taurach, nach Südwesten zum Wald und auf einem Almweg nun westwärts quer über zwei Forststraßen zur Ernsthütte. Südwestwärts über freies Gelände zur Ernstlacke, südwestwärts entlang der Westabstürze des Weißenecks über eine Steilstufe zur Grubachscharte und zuerst südostwärts durch eine Mulde und (bei genügend Schnee mit Skiern) auf den Gipfel.

Notizen:

Variante LACKENSPITZE 534

2459 m, 1250 hm, ↑ 4 h, Karte S. 258

Ab der Ernstlacke westwärts zu einer auffallenden Jagdhütte auf dem Sattel zwischen Roßkogel und Grubachspitze und südwestwärts durch das zuletzt steile Kar auf den Gipfel.

Notizen:

SCHWARZECK 535

2636 m, 1400 hm, ↑ 4,5 h, Karte S. 258 **Anfahrt:** Obertauern – Tweng – Parkplatz beim Schranken des Fahrweges in das Lantschfeldtal.

Anstieg zuerst auf einer Forststraße durch eine Kehre rund 300 m weit südwestwärts, dann scharf nach rechts (nordwestwärts) und 3 km weit über die weithin sichtbare Untere Neuwirtsalm. Vorbei an der Wallnerhütte zur Fuchshütte, eine kurze Steilstufe zum Fuchssee hinauf, weiter durch das weite Fuchskar auf den Sattel westlich des Gipfels und südostwärts noch wenige Meter zum Gipfelkreuz.

Notizen:

Anstieg durch das Lasörn

18 Liesertal – Maltatal – Hafnergruppe

MITTLERER MALTEINER SONNBLICK **536**

3000 m, 1600 hm, ↑ 5 h, nur bei stabiler Firnlage

Anfahrt: Tauernautobahn – Abfahrt Rennweg – Pöllatal bis zum Schranken in Pölla.

Anstieg taleinwärts auf dem markierten Sommerweg über die Ochsenalm bis knapp vor die Lanischseen im Seekar, südwestwärts die „Kalte Seite" zu einer Steilstufe queren, über diese südwärts in einen riesigen Kessel bis auf ca. Höhe 2750 m und nun ostwärts auf diesen östlichsten Dreitausender der Alpen.

Notizen:

Variante LANISCHECK **537**

3024 m, 1600 hm, ↑ 5 h, im letzten Aufschwung steil

Anstieg von Pölla bis auf Höhe 2750 m, jetzt westwärts über

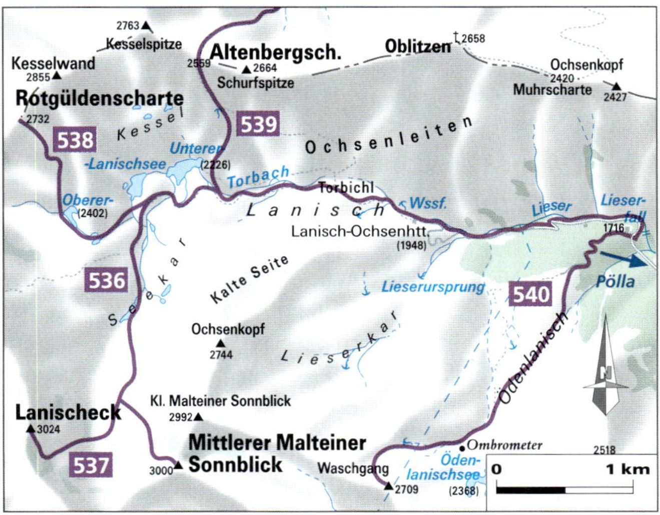

den zunehmend steilen Hang, der nordwärts in einer abflachenden Rampe zum Gipfel führt.
Notizen:

---

538 **Variante ROTGÜLDENSCHARTE**
2732 m, 1350 hm, ↑ 4 h, Karte S. 263
Aus dem Seekar südseitig um eine Steilstufe herum zum dritten Lanischsee und aus diesem kleinen Kessel nordwestwärts steil zur Scharte.
Notizen:

---

539 **Variante ALTENBERGSCHARTE/Südanstieg**
2559 m, 1200 hm, ↑ 4 h, Karte S. 263
Vom Unteren Lanischsee nordwärts und rechts an einem Abbruch vorüber zur Altenbergscharte (bei günstiger Schneelage noch 200 hm auf die Kesselspitze).
Notizen:

---

540 **Variante WASCHGANG**
2709 m, 1350 hm, ↑ 4 h, Karte S. 263
Anstieg von Pölla westwärts bis zu einer auffallenden Jagdhütte (1718 m) oberhalb des vom Kraftwerksbau trockengelegten Lieserfalls, nun südwestwärts über einen Riedel in das Ödenlanisch bis auf Höhe 2300 m, westwärts durch eine Rinne in ein Becken und aus diesem in einem Linksbogen südostwärts auf den Gipfel.
Notizen:

---

541 **SEEMANNWAND**
2822 m, 1500 hm, ↑ 4,5 h
Anfahrt: Tauernautobahn – Abfahrt Rennweg – Pöllatal bis zur Tendlalm.
Anstieg südwestwärts durch den steilen Lasörngraben auf dem markierten Almweg (Nr. 13) zur Lasörnhütte, rechts haltend über eine Steilstufe in den Lasörnkessel und westwärts zum Gipfel.
Notizen:

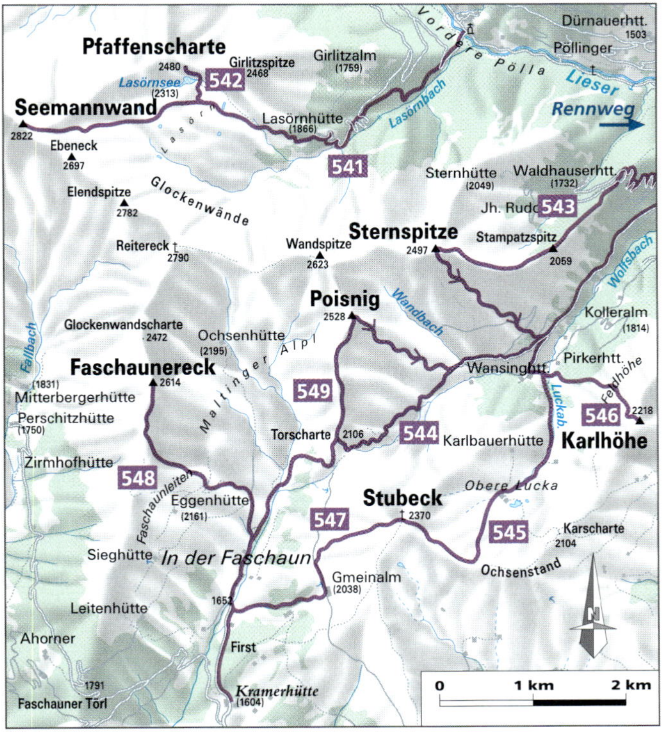

Variante PFAFFENSCHARTE 542

2480 m, 1200 hm, ↑ 4 h

Anstieg von der Tendlalm in den Lasörnkessel und aus diesem nordwärts zur Scharte.

Notizen:

STERNSPITZE 543

2497 m, 1300 hm, ↑ 4 h, nur bei stabiler Schneelage

Anfahrt: Tauernautobahn – Abfahrt Rennweg – St. Peter.

Anstieg auf der Straße ins Wolfsbachtal. Kurz nach dem Gehöft Peitler in spitzem Winkel in eine Forststraße einbiegen (Wegweiser), nordostwärts am Jagdhaus Elisabeth vorbei auf den bewaldeten Nordostrücken, dem man bis zum Stampatzspitz (2059 m) folgt. Von diesem Vorgipfel flach auf die nach Norden

abbrechende Kante und entlang dieser zum Gipfel. Abfahrt direkt über den gewaltigen Südhang bis ins Wolfsbachtal und auf der Straße zurück nach St. Peter.
Notizen:

---

544 **Variante POISNIG/Ostanstieg,** Karte S. 265
2528 m,1300 hm, ↑ 4 h, nur bei stabiler Schneelage
Anstieg auf der Straße ins Wolfsbachtal bis zur Verzweigung vor der Wansinghütte (1740 m). Hier rechts haltend, zuerst noch auf der Straße, dann eher flach in die Torscharte (2106 m) und über den Südrücken auf den Gipfel. Abfahrt wie Anstieg oder bei stabilem Firn direkt über das Poisnigbrett ins Wolfsbachtal.
Notizen:

---

545 **Variante STUBECK/Nordanstieg**
2370 m, 1150 hm, ↑ 3,5 h, Karte S. 265
Ab der Wansinghütte im Wolfsbachtal nach Süden in das gewaltige Kar der Oberen Lucka und in einem Bogen über den Südostrücken zum Gipfel.
Notizen:

---

546 **Variante KARLHÖHE**
2218 m, 1000 hm, ↑ 3 h, Karte S. 265
Ab der Wansinghütte beliebig ostwärts und über den breiten Nordwesthang auf den Gipfel.
Notizen:

---

547 **STUBECK/Südanstieg**
2370 m, 750 hm, ↑ 2 h, Karte S. 265
Anfahrt: Tauernautobahn – Abfahrt Gmünd – Malta – Maltaberg. Anstieg vom Parkplatz nahe der bewirtschafteten Leonhardhütte, an der Kramerhütte vorbei, flach – kurz sogar leicht fallend – auf der Straße nordwärts in die Faschaun hinein. Bei den ersten Hütten nordostwärts durch den lichten Lärchenbestand im Verlauf eines Grabens, auf Höhe 2000 m Querung der Almstraße Richtung Gmeinalm und weiter über den gegliederten Westhang direkt zum Gipfel.
Notizen:

Variante FASCHAUNERECK, Karte S. 265 548

2614 m, 1000 hm, ↑ 2,5 h, nur bei stabiler Schneelage
Vom Talboden der Faschaun (1700 m) nach Nordwesten, über die breite Ostflanke auf den Südkamm und über diesen nordwärts zum Gipfel.

Notizen:

Variante POISNIG/Südanstieg 549

2528 m, 900 hm, ↑ 2,5 h, Karte S. 265
Vom Talboden der Faschaun entlang des Sommerweges nach Nordosten in die Torscharte (2106 m) und über den Südrücken auf den Gipfel.

Notizen:

GROSSER MALTEINER SONNBLICK 550

3030 m, 1800 hm, ↑ 5 h, erst möglich, wenn die Maltastraße bis zur Gmündner Hütte befahrbar ist

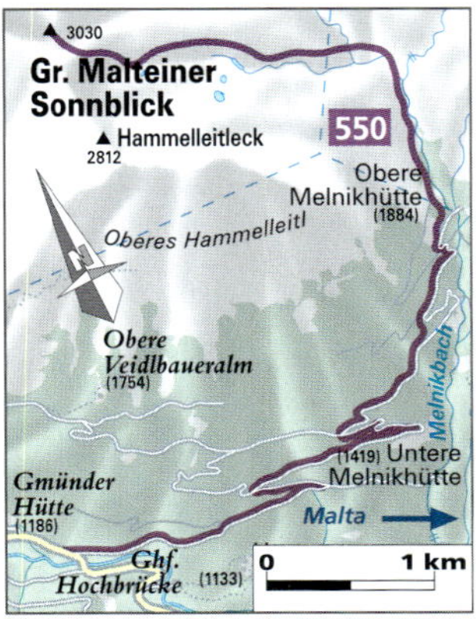

Anfahrt: Tauernautobahn – Gmünd – Maltatal.
500 m talauswärts der Gmündner Hütte auf einer ostwärts abzweigenden gesperrten Kraftwerksstraße etwa 5 km und 550 hm vorbei an den Melnikhütten in den Melnikgraben. Nun steil nordwärts in den gewaltigen Kessel der Melnikalm, auf ca. Höhe 2400 m nordwestwärts durch eine Rinne in das Becken unter dem Großen Sonnblick und aus diesem zuletzt steil auf den Gipfel.

Notizen:

HAFNER 551

3076 m, 1300 hm, ↑ 4 h, schwierig, nur bei stabiler Firnlage und wenn die Maltastraße bis zur Kölnbreinsperre geöffnet ist
Anfahrt: Gmünd – Maltatal bis zur vorletzten Kehre der Mautstraße auf etwa Höhe 1760 m (Parkplatz).

Wenige Meter nach der nächsten Linkskehre zweigt rechts (ostwärts) ein Steig ab, der nach 200 hm auf dem Zirmriegel auf den Sommerweg (Nr. 545) zur Kattowitzer Hütte führt. Weiter bergan zum „Ersten Steinernen Mandl" (2076 m), ca. 50 hm abwärts in das Krumpenkar, ostwärts Richtung Gamsleitenkopf und dann entlang der Marchkarschneid nordostwärts bis etwa Höhe 2740 m (Skidepot). Nun auf dem Sommerweg über die Marchkarschneid (schwierig!) zum Gipfel.

Notizen:

552 Variante PETERECK

2893 m, 1100 hm, ↑ 3,5 h

Anstieg von der vorletzten Kehre der Maltastraße nordostwärts durch eine schneegefüllte Rinne (falls aper, wie auf den Hafner über den Zirmriegel) in das Mittelkar, nordostwärts weiter bis knapp an den Fuß des Petereck-Westgrates, um diesen herum, ostwärts Richtung Gipfel und die letzten 80 hm über den Westgrat ohne Skier.

Notizen:

553 KÖLNBREINSPITZE

2934 m, 1000 hm, ↑ 3,5 h

Anfahrt: Gmünd – Maltatal – Kölnbreinsperre.

Vom Parkplatz neben dem Hotel ostwärts über den Rücken bis knapp unter das Lausnock, in weitem Bogen durch das Kölnbreinkar in ein Schartl südlich des Gipfels (meist Skidepot) und zuletzt durch eine auffallende Steilrinne auf den Gipfel. Abfahrt vom Gipfel südwärts ziemlich genau in der Fall-Linie zu einer von oben kaum erkennbaren Rinne (beim Anstieg unübersehbar!), die ab Höhe 2400 m steil in das Kölnbrein hinunterführt, und talauswärts zum Parkplatz.

Notizen:

LANGKAR 554

3051 m, 1050 hm, ↑ 3,5 h

Anfahrt: Gmünd – Maltatal – Kölnbreinsperre.

Anstieg vom Parkplatz über die Sperrenkrone auf die andere Talseite, über eine Leiter 10 hm hinunter auf einen deutlich erkennbaren Weg, der leicht bergab talauswärts führt. Nach etwa 400 m Beginn des Anstiegs in das Langkar. (Hierher auch – falls die Überquerung der Sperre unmöglich ist – Vom Hotel auf dem markierten Sommerweg (Nr. 537) 200 hm hinunter bis zum Fuß der Staumauer und durch sechs kurze Kehren auf einem Werksweg wieder hinauf (insgesamt zusätzlich 350 hm und 1 h). Nun südwärts in das Langkar, über eine Steilstufe südwestwärts auf einen Sattel und nun südwärts über das Langkarkees, vorbei am Langkarsee direkt auf den nördlichen Vorgipfel der Oberlercherspitze (3051 m).

Notizen:

OBERLERCHERSPITZE 555

3107 m, 1450 hm, ↑ 4 h

Anfahrt: Gmünd – Maltatal bis zum Parkplatz bei der Brücke (Höhe 1632 m) vor der Wastlbaueralm.

Anstieg von der Brücke südwestwärts im Zickzack auf einer Werkstraße zur Findelkarbach-Fassung, weiter durch den Kessel des Moosbodens, ostseitig um eine Steilstufe herum, in großem Bogen westwärts ausholend durch das Findelkar, über das Findelkarkees und je nach Schneelage (meist ohne Skier über den Nordkamm) zum Gipfel.

Notizen:

Tourenverzeichnis (Tour/Tournummer)

S

Ortsverzeichnis

Notfalls nützliche Kontakte

Alpiner Notfall: Tel. 140
Euronotruf: Tel. 112
Notruf Rotes Kreuz: Tel.144
Notruf Polizei: Tel. 133

Diese Notrufnummern können auch mit einem Handy ohne Pin und mit schlechter Netzverbindung gewählt werden!

Informationsdienste:

Alpenverein: www.alpenverein.at oder Tel. 0662 822692
Bergrettung Salzburg: Tel. 0662 830888
Bahn- und Busauskunft: Tel. 051717

Naturfreunde: www.naturfreunde.at
Lawinenwarndienst Salzburg: www.lawine.salzburg.at
Österreichischer Lawinenwarndienst: www.lawinen.at
Lawinenwarndienst Kärnten: www.lawinenwarndienst.ktn.gv.at
Lawinenwarndienst Tirol: www.lawine.tirol.gv.at
Wetterbericht: www.zamg.ac.at

Bildnachweis:

Coverfoto: Peter Mathis
Foto S. 20: Michael Furch
Foto S. 26: Clemens M. Hutter
Foto und Grafik S. 27: „Stop or Go – Risikomanagement auf Skitour" wurde mit freundlicher Genehmigung des Oesterreichischen Alpenvereins abgedruckt.
Grafik S. 33: Salzburger Lawinenwarndienst. Zu finden auf www.lawine.salzburg.at
Foto S. 126: Ernst Rickl
Alle weiteren Fotos stammen von Thomas Neuhold.

Clemens M. Hutter

Dr. phil., geboren 1930, war Ressortchef für Außenpolitik bei den Salzburger Nachrichten. Publikationen zu historischen und ökologischen Themen. Bisher erschienen rund 50 Bücher mit den Schwerpunkten Sozialgeschichte, Totalitarismus und Alpinistik. Verfasser zahlreicher Bildbände, Wander- und Themenführer im Verlag Anton Pustet.

Thomas Neuhold

geboren 1965, ist Salzburg-Korrespondent der Tageszeitung „Der Standard". Als Alpinjournalist betreut er seit 1997 die Kolumne „Gipfelbuch" im Salzburger Fenster. Autor für alpinistische Fachmagazine und Mitbegründer des Salzburger Bergfilmfestivals. Lehraufträge an der Universität Salzburg. Zahlreiche Bergreisen und Expeditionen nach Bolivien, Chile, Pakistan, Nepal, Ecuador, Marokko, Russland, Rumänien und in den Iran.

Siegfried Hetz

ERLEBNIS SALZBURGER LAND
Band 1: FLACHGAU

192 Seiten
durchgehend farbig bebildert
11,5 x 18 cm, französische Broschur
EUR 19,95
ISBN 978-3-7025-0629-2

»Ein äußerst gelungener Band«
Salzburger Fenster

Der Flachgau steckt voller Überraschungen und offenbart sie jenen, die mit offenen Augen durch seine landschaftliche Vielfalt wandern. Im Gürtel um die Stadt Salzburg setzen sich prächtige Schlösser in Szene, die vom sagenumwobenen Untersberg und der Wallfahrtskirche Maria Plain flankiert werden. Auen und Moore prägen die kontemplative Flusslandschaft an der Salzach. Im Nordosten strahlen die Seen, eingebettet zwischen Haunsberg, Buchberg und Tannberg, eine heitere Melancholie aus. Zwischen Fuschl und Strobl zeigt sich das Salzkammergut quirligtemperamentvoll und damit von seiner besten Seite.

Siegfried Hetz hat 45 Ausflüge zu landschaftlichen Gustostückerln und kulturhistorischen Kleinodien ausgewählt. Dabei ist er auf Verstecktes gestoßen und hat auf das Altbekannte einen neuen Blick geworfen. Dass der Flachgau alles andere als flach ist, zeigt sich schon auf den ersten Schritten.

Siegfried Hetz

ERLEBNIS
SALZBURGER LAND
Band 2: PINZGAU

ca. 200 Seiten
durchgehend farbig bebildert
11,5 x 18 cm, französische Broschur
EUR 19,95
ISBN 978-3-7025-0643-8
April 2011

AB IN DIE BERGE!

Der Pinzgau ist eine Gegend der Superlative, wo auch das Unscheinbare groß rauskommt. Schneebedeckte Dreitausender, mächtige Gletscher, imposante Täler, reißende Achen und tosende Klammen prägen das Salzachtal zwischen Krimml und Lend.

Siegfried Hetz hat 55 Ausflüge zu grandiosen Naturschauspielen, technischen Meisterleistungen und kulturhistorischen Kostbarkeiten ausgewählt. Vom Nachmittagsausflug für die ganze Familie bis zur anspruchsvollen Zwei-Tages-Tour ist alles dabei. Und da der Pinzgau immer auch das Gegenteil seiner Klischees ist, steckt jeder Schritt voller Überraschungen.

Wenn Sie sich für die weiteren Bände interessieren, können Sie diese (auch schon im Voraus) unter Tel. +43 662-873507-55 oder buch@spv-verlage.at bestellen. Sie erhalten das Buch dann sofort nach Erscheinen:

Band 1: Flachgau (bereits erschienen)
Band 2: Pinzgau (April 2011)
Band 3: Lungau (Herbst 2011)
Band 4: Pongau (Frühling 2012)
Band 5: Tennengau (Herbst 2012)